★ 京津冀协同与创新驱动发展研究

科技与产业创新研究

基于天津的战略思考

李晓锋◎著

知识产权出版社
全国百佳图书出版单位

图书在版编目（CIP）数据

科技与产业创新研究：基于天津的战略思考/李晓锋著. —北京：知识产权出版社，2018.12

ISBN 978-7-5130-5949-7

Ⅰ.①科… Ⅱ.①李… Ⅲ.①产业—技术革新—研究—天津 Ⅳ.①F127.21

中国版本图书馆 CIP 数据核字（2018）第 260119 号

内容提要

天津是全国首批沿海开放城市之一，改革创新波澜壮阔，科技发展日新月异。本书基于科技战略研究视角，由理论到实践，对天津科技与产业融合创新、科技与产业服务平台建设、海外创新资源协同发展、重点产业科技发展战略四个方面进行了研究和论述，提出天津在新的历史时期应痛定思痛、抓住机遇、大胆创新，高标准推进产业链、创新链、资金链和服务链的融合建设，高水平建设科技创新服务平台，高效率推动科技型企业海外合作与并购，高质量发展战略新兴产业等新思路、新战略，加快形成天津发展新动能，将天津打造成为具有国际影响力的产业创新中心和国际创新型城市。本书主要针对天津发展的现实问题提出实践战略，相关经验可为其他省市建设提供参考，可作为高校、科研院所、科技智库等工作人员、学生及相关社会大众的参考读物。

责任编辑：黄清明　韩　冰　　　　　　**责任校对：**王　岩

封面设计：邵建文　　　　　　　　　　**责任印制：**孙婷婷

科技与产业创新研究

——基于天津的战略思考

李晓锋　著

出版发行：知识产权出版社有限责任公司		**网　　址：**http://www.ipph.cn
社　　址：北京市海淀区气象路 50 号院		**邮　　编：**100081
责编电话：010-82000860 转 8126		**责编邮箱：**hanbing@cnipr.com
发行电话：010-82000860 转 8101/8102		**发行传真：**010-82000893/82005070/82000270
印　　刷：北京虎彩文化传播有限公司		**经　　销：**各大网上书店、新华书店及相关专业书店
开　　本：720mm×1000mm　1/16		**印　　张：**17
版　　次：2018 年 12 月第 1 版		**印　　次：**2018 年 12 月第 1 次印刷
字　　数：300 千字		**定　　价：**69.00 元

ISBN 978-7-5130-5949-7

序 言

FOREWORD

习近平总书记指出，发展是第一要务，人才是第一资源，创新是第一动力。天津科技的发展始终面向世界科技发展前沿、面向"一基地三区"发展定位、面向科技改革开放，天津科技发展以科技促进经济发展为核心，紧紧围绕科技与产业发展相结合、科技创新体系与制度创新体系相结合、科技体制改革与对外开发开放相结合。本书的写作也体现出天津科技的这些发展特点，可以看出本书作者对科技体制改革的深入思考，对区域科技创新的深入思考。

第一，科技和产业"两张皮"的现象多年来一直存在，这是我国多年来科技体制改革的重点，从世界范围内来看，美国、韩国、德国等国家紧紧将产业与技术、资本、人才相结合的做法其实就是"四链"融合的显化，是促进科技与产业融合的有效措施，本书针对产业链、创新链、资金链和服务链的融合研究对天津乃至我国的产业发展提供了新的思路。第二，天津一直推动创新型城市建设，强调科技创新体系建设，注重发挥自身优势推进众创空间、产业技术研究院、工程技术研究中心、生产力促进中心等创新创业服务机构建设，本书对科技与产业创新平台的布局和完善进行了深入研究，有助于引导创新平台更好地发挥产业"助燃剂"的作用，有助于促进天津科技创新体系能级的提升，有助于天津开展科技创新生态系统的建设。第三，天津作为一个沿海开放城市，始终强调科技发展要与世界发展同步，始终坚持"走出去"和"引进来"两手抓、两手都要硬的战略方针，本书围绕科技创新开发开放渲染了较多笔墨，"走出去"重点推动科技型企业参与海外合作与并购，整合利用海外先进技术促进企业转型升级，"引进来"重点强调对外资研发机构的管理，将外资研发机构与天津科技创新体系建设相融合，旨在为天津经济发展注入强劲活力。

第四，科技的发展与产业的创新需要聚焦前沿技术，要早布局、早谋划、早发展，一个重要的途径就是做好产业前沿技术的选择，本书作者多年来一直从事相关产业的发展研究，对于产业发展具有较为深入的认识，书中提出的产业技术抉择和发展战略不失为一个良好的参考案例。

总体来看，本书理论和实践研究并重，涉及面较广，应用性和实战性较强，针对天津乃至我国在科技发展中的实际问题进行探索。正值改革开放四十年之际，本书的写作不仅是对天津科技发展的回顾，更是对天津创新未来建设的展望，对天津在新时代实现新发展具有重要参考意义。

作为一名青年科研人员，晓锋善于思考、勤于写作，十三年来经历了天津的一些重要创新活动，本书是他的初探之作，点点滴滴汇集成册，记录了他工作以来对天津科技创新事业的思考，也见证了他对天津科技创新事业的奉献，希望晓锋在未来发展之路上更攀高峰，在天津科技智库建设之路上有更大作为，在天津科技创新事业上有更大贡献！

马虎兆

天津市科学学研究所副所长

2018 年 9 月

前　言

PREFACE

科技和产业是促进经济发展的核心要素，天津作为全国先进制造研发基地、北方国际航运核心区、金融创新运营示范区、改革开放先行区，更是将科技和产业建设放到了经济发展的首位。近年来，天津在通过科技进步促进产业发展方面取得了显著的成效，科技和产业的发展达到了改革开放40年来的新高。面对新旧动能转换的今天和科学技术迅猛发展的明天，机遇与挑战并存，天津科技和产业应如何抉择，走向何方？不禁令人深思。

本书是笔者对过去十多年来天津科技和产业发展研究成果的梳理，主要是笔者对天津部分科技和产业领域建设的思考，研究内容在一定程度上也折射出近十年来天津科技和产业的发展历程和建设模式，在此希望与读者共同分享。笔者按照研究领域将本书分为4个篇目：

第1篇主要论述天津科技与产业如何实现融合创新。当前，充分发挥技术、资本、服务等资源在产业发展中的融合效能已经成为世界各国制定科技创新战略的焦点，天津面对经济增长阶段转换和寻求新平衡的重大战略机遇，通过产业链、创新链、资金链、服务链的融合来培育新技术、新产品、新服务、新业态和新商业模式，正成为推动天津转入创新驱动发展轨道的强劲动力。本篇从理论到实践，通过对产业链、创新链、资金链、服务链融合理论研究、经验分析和规律总结，遵循"围绕产业链部署创新链，围绕创新链完善资金链和服务链"的指导思想，对天津22条产业链进行深入分析，提出天津高标准推进"四链"融合的战略与路径。

第2篇主要论述天津如何推进科技与产业服务平台的建设。科技和产业服务平台是活跃天津经济的重要支撑体，在天津近十年的发展中，科技企业孵化转化载体、工程技术研究中心、生产力促进中心、众创空间、高

III

新技术产业园区等各类创新载体、服务机构对天津的科技发展起到了重要的推动作用。其中，科技企业孵化转化载体的概念是天津在全国范围内首次提出并实践建设的，没有成熟的经验可供参考。对于天津应如何布局和建设这些服务平台，笔者进行了理论探索，并根据天津发展的实际情况，提出了相关建议和措施，部分建议已经编入相关科技发展规划。笔者相信，未来科技与产业服务平台必将成为天津科技创新的辉煌篇章。

第3篇主要论述天津的科技与产业如何做好与海外创新资源的协同发展。当前，全球产业结构深度调整，与海外优势机构保持协同发展，整合、集聚、利用海外优势创新资源成为天津加快发展步伐、提高国际竞争力、推动产业转型升级、促进企业实现跨越式发展的重要手段，面对新机遇、新挑战，笔者通过实践调查和企业座谈，从典型企业"走出去"经验、国外主要国家和地区的做法、天津科技型企业海外合作并购战略、知识产权护航"走出去"企业战略、天津融合外资研发机构对策这5个方面展开论述，研究提出了相关发展思路、战略与措施。

第4篇主要论述天津科技与产业的实践发展战略。科学技术是第一生产力，是引领发展的第一推动力，产业需要怎样的科技，科技又怎样促进产业的发展，不同的产业发展模式和发展战略不同。基于此，本篇进行了区域战略性新兴产业的核心竞争力识别、高技术产业的科技需求能力比较研究；同时结合近年来笔者承担的相关课题，开展了区域前沿科技战略抉择、互联网跨界融合、传统产业转型升级等热点、难点问题的实践研究，从理论和实践两个层面进行了战略分析，提出了相关对策和建议。在此，也寄希望于天津能够早日建设成为具有国际影响力的产业创新中心。

由于笔者水平有限，加之时间仓促，本书难免有不足和疏漏之处，敬请读者谅解并予以指正。

李晓锋

2018 年 8 月

目 录

CONTENTS

第1篇　论科技与产业之融合创新

第2篇　论科技与产业之服务平台建设

第 3 篇　论科技与产业之海外协同发展

论科技与产业之融合创新

第 1 章

链条融合与创新生态系统

1.1 ▶ 引　言

当前，全球科技革命和产业变革交织，新的技术经济范式正在酝酿和形成，充分发挥技术、资本、服务等资源在产业发展中的融合效能成为各国创新战略的焦点。我国正面临着经济增长阶段转换和寻求新平衡的重大机遇，基于互联网的产业跨界融合发展、人人创新创业"众创空间"的构建更好地释放了产业的创新活力。通过产业链、创新链、资金链、服务链（简称"四链"）的融合来培育新技术、新产品、新服务、新业态和新商业模式正成为推动我国转入创新驱动发展轨道的强劲动力。习近平总书记在 2014 年 6 月份召开的两院院士大会上明确指出，要围绕产业链部署创新链、围绕创新链完善资金链，聚焦国家战略目标，集中资源、形成合力，突破关系国计民生和经济命脉的重大关键科技问题，首次把促进产业链、创新链与资金链的有机协同和融合视为推动我国高技术产业化的重大战略，为我国产业发展指明了方向和道路，对加快我国产业向全球价值链高端跃升具有十分重要的战略意义。

创新生态系统（Innovation Ecosystem）的概念起源于 20 世纪 90 年代，在 21 世纪初期进入到了应用决策层面，当前已成为世界各国研究创新问题的主要方式，怎样科学、合理、有效地提升创新生态系统的能级，更是当前世界各国迫切需要解决的重要问题。从理论研究层面看，国内外学者对创新生态系统能级提升方式的研究主要有三种思路：一是基于企业视角，从加强企业与其他社会组织的协作与竞争、共同演化、提高自身能力的角度来寻求创新生态系统能级提升的路径；二是基于产业视角，从产业内部各创新主体与产业发展制度环境之间协同互动的角度，寻求创新生态系统能级提升的路径；三是基于区域视角，强调集群或群落的概念，从创新群体与创新环境之间相互影响、相互作用的角度来寻求创新生态系统能级提升的路径；前两种思路范式突出了创新个体之间的互动，忽略了群体、集群对创新生态系统的作用效果；后一种思路范式突出了群体的作用，但个体之间的关系作用未能很好地体现。从实践层面看，通过促进产业链、创新链、服务链和资金链这"四链"融合发展来加快培育新技术、新产品、新服务、新业态和新商业模式，已经成为世界各国新的科技创新举措，我国也把"围绕产业链部署创新链、围绕创新链完善资金链"作为加快科技创新战略的重要部署，北京、深圳、四川、山西等地先后制订了产业链、创新链和资金链的融合发展计划，一批富有活力的区域创新生态系统正在逐步形成。针对理论研究不足，结合实践层面的经验做法，同时考虑到产业链、创新链、服务链和资金链这四个链条既是产业集群（群体）的核心构成要素，又是各类创新个体的有机组合体，以"四链"为载体，研究创新生态系统能级提升更具有系统性、整合性和联动性等优点，因此，本章探索从产业链、创新链、服务链和资金链"四链"角度来寻求创新生态系统能级提升的路径。

本研究属于开拓性研究和理论性探讨，采用定量分析，其数据不易获得，而且很难定量描述，因此，本文侧重定性研究，采用归纳总结、逻辑演绎、模型构建、对比分析等更为有效、合理的研究方法；同时，遵循逐步递进的研究思路，首先从研讨"四链"的内涵与实质入手，对"四链"与创新生态系统的内在联系、"四链"促进创新生态系统能级提升的理论逻辑进行分析研究，然后尝试性构建"四链"融合框架模型，最后总结得出相关理论路径，希望能够引起学界共鸣，为学界研究提供参考。

1.2 ▶ "四链"促进创新生态系统能级提升的理论逻辑

1.2.1 "四链"的内涵与实质

（1）关于产业链。1958 年美国经济学家赫希曼在《经济发展战略》一书中，从产业的前向联系和后向联系角度出发，首次提出了产业链的概念，随后西方经济社会逐渐将其演变为生产系统、商品链、增值链等概念（蔡坚，

2009）。我国学者主要是在西方产业链概念基础上进行了延伸研究，普遍认为产业链是基于企业价值增值、分工协作、产业发展的需要，企业之间依据特定的逻辑联系和时空布局形成的上下关联、动态联结的链式中间组织（王富贵，曾凯华，2012）；本文认为产业链是用于描述某种具有内在联系的企业群结构，是不同企业之间以供给与需求关系为纽带的关联组织，其主要载体是企业和产品，核心是上下游企业配套，实质是企业之间的供给与需求。

（2）关于创新链。国内外学者一般将从基础科学研究到形成科学知识，再利用科学知识指导技术革新，并最终实现大规模市场应用的过程默认为是创新链；还有部分学者认为创新链是政产学研用紧密结合的结构模式，主要围绕某一核心创新主体，以满足市场需求为导向，通过知识创新将相关的创新主体连接起来，以实现知识经济化过程与创新系统优化目标的功能链节组织（代明，梁意敏，戴毅，2009）。可见，创新链主要反映知识、技术在整个商业化过程中的流动、转化和价值实现情况，核心是不同环节的创新主体在知识、技术商业化过程中的合作与衔接，实质是各创新主体之间的研发协同。

基于创新系统整体优化、细化研究需要，本文将所研究的创新链界定为两类：一类为横向创新链，另一类为纵向创新链。横向创新链视为围绕某一单项产品开发，以满足市场需求为导向，以创新性知识供给、技术供给和配套产品供给为载体，通过技术创新、组织创新和管理创新，将相关的创新主体整合起来，以实现技术产业化和市场化过程的功能链接组织，其具体环节可分为：需求分析、技术预测、提出创新构思、基础研究、应用研究、设计开发、生产制造、市场化等活动，概括起来主要体现为创意激发、研究开发、知识物化、产品制造、市场实现五大模块，其中的创新主体包括了企业、高等院校、研究机构、各类研发平台等，详见图1-1。

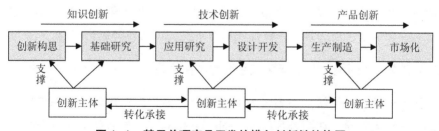

图1-1　基于单项产品开发的横向创新链结构图

将纵向创新链视为围绕产业链上下游不同环节的零部件（或产品）进行研发、改造或创新时，由产业链上下游技术的关联性、匹配性或融合性而构成的链条式创新结构，其目的是更好地实现产业终端产品的集成创新，详见图1-2。

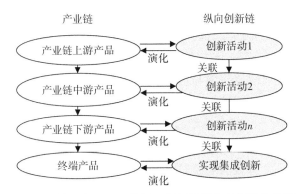

图1-2　基于产业上下游协同创新的纵向创新链结构图

（3）关于科技服务链。传统服务链的概念是以信息技术、物流技术、系统工程等现代科学技术为基础，以满足顾客需求最大化为目标，把服务相关的各个部门，如银行、保险、政府等，按照一定的方式有机组织起来，形成的完整消费服务网络。基于此，结合科技服务特点，本文认为科技服务链应是以信息服务、知识产权服务、技术交易服务、检验检测服务、市场开发服务等为基础，以满足科技创新需求、促进科技成果研发、转化和产业化为目标，把科技服务相关的各个主体，按照创新的进程需求有机组织起来，形成的链状服务组织。其中，合作互补是科技服务链建设的实质，系统化服务是科技服务链建设的导向，行业及跨行业服务联盟或协会组织是科技服务链的衔接枢纽。

（4）关于科技资金链。科技资金链不同于一般企事业单位经营过程中资金链的概念，本文认为科技资金链是一项支持科技成果，从创意到产品，再到商业化经营整个过程的资金布局链条，其实质是满足创新主体在不同创新环节的资金需求，目的是加快科技成果的研发、转化和产业化进程。

1.2.2　"四链"与创新生态系统的内在关系

国内外学者对创新生态系统方面的研究较多，但对创新生态系统概念认识仍存在较大差异。在国外，Luoma-aho 和 Russel 等学者认为，创新生态系统是由跨组织、制度、经济、政治和技术等各种要素联结而成的有机系统，经过信息、资金、知识等在系统中的流动，来催化和促进系统的持续成长，从而实现共生与延续。在国内，杜德斌和黄敏等学者认为，创新生态系统是在一定区域内，具有相互作用关系的各类创新主体（高校、企业、其他科研机构等）与服务主体（政府、中介、法律、金融等服务机构）与创新环境之间形成的统一整体；张利飞和张运生等学者认为，创新生态系统是基于企业研发协作、标准合作、专利许可等不同战略模块之间的协同配合来满足客户需求的技术创新体系；此外，还有学者认为，创新生态系统是由政府、企业、科研单位、中介机构、孵化器等具有某种上下游关联性、配套性、支撑性的要素组成的一种网络体系（柯文等，2012）。综合上述观点，可初步归纳得出：①创新生态系统是由不同创新主体和创新运行机制构成的，这里所说的创新主体包括了企业、高校、科研院所、政府、中介组织、市场等要素；②不同创新主体之间存在网状化的相互影响、相互作用关系，正是这种相互影响与作用关系推动着创新生态系统的演进与发展。据此，再结合"四链"内涵与实质分析，可以看出：①创新生态系统与产业链、创新链、服务链和资金链之间在内部构成方面具有要素一致性特点；②在内部关联方面，创新生态系统的内涵包括了产业链、创新链、服务链和资金链的概念范畴，两者具有包含与被包含的关系。绘图描述详见图1-3。

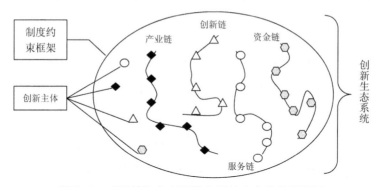

图1-3 "四链"与创新生态系统内在关系示意图

1.2.3 "四链"提升创新生态系统能级的理论逻辑

波特的竞争优势理论认为，要把一个区域的生产要素转化为竞争优势，除了劳动力、资本、物质资源等生产要素外，还需要具有较强的生产要素整合能力（刘芹，2007），而产业链、创新链、服务链和资金链作为产业的一种链式组织结构具备这种功能。"四链"的高级化程度直接决定了区域生产要素的整合绩效，由此，创新生态系统能级提升就可以看作是以提升创新主体能力、加强创新主体合作、优化制度环境建设等为条件与基础，以强化产业链、创新链、资金链与服务链协同互动为核心，通过不断提升链条上各类创新主体的势力与协同能力，来实现创新生态系统向高级阶段、高附加值状态转变的一种演化过程。再深入分析，从"四链"自身角度看，产业链、创新链、资金链与服务链自身发展的高级化，可视为是促进产业发展壮大的"直接"动力，以及促进创新生态系统能级提升的"外在"显性动力；"四链"之间通过相互融合、相互协同、相互合作而产生的作用力，就可视为是促进产业发展壮大的"间接"动力、促进创新生态系统能级提升的"内在"隐性动力；再从"四链"之间的关系来看，通过归纳与逻辑分析可以看出：产业链是产业发展的直接创造组织，在"四链"中处于核心位置；创新链是以产业链为导向的，源于产业链并服务于产业链，是促进产业链发展壮大的最根本动力；服务链作为一种生产力促进组织，在产业链、创新链和资金链之间扮演着"黏合剂"的角色；资金链作为产业中最活跃的流动要素，担负着促进产业链、创新链和服务链发展壮大的"资粮"作用。正是通过"四链"自身及"四链"之间的相互融合、相互协同、相互作用，才将各类创新要素、创新资源转化为产业显性竞争力，不断推动创新生态系统能级的提升（见图1-4）。

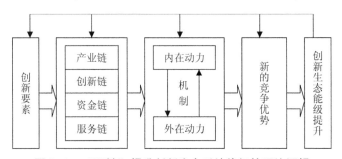

图1-4 "四链"提升创新生态系统能级的理论逻辑

1.3 ▶ "四链"融合提升创新生态系统能级的框架模型分析

通过比较分析不难发现，在现有资源条件下，依靠外在动力提升创新生态系统能级，需要较多的人力、物力、财力等方面的"硬"投入；依靠内在动力提升创新生态系统能级，需要更多的是增强"软"实力建设。从投入产出的价值与效果看，后一种提升途径更具有现实意义。为深入研究，本文尝试从"四链"融合这一"软"实力角度来构建创新生态系统能级提升的框架结构模型。

发现问题、解决问题是模型构建的初衷。本文基于问题导向探索构建四链融合框架模型，根据"四链"在现代产业体系中的表现，初步凝聚出"技术孤岛""黏结荒地""融资难地"和"模式困境"四个方面的问题，再结合上文"四链"关系研究，模型构建分析如下。

（1）围绕产业链部署创新链，从解决"技术孤岛"角度促进融合。目前，我国科技创新活动的最重要问题就是碎片化和孤岛化。因此，在设计产业上下游纵向创新链接时，应注重产业链上下游技术的关联性和融合性，把重点推动单项技术突破转变为促进多项技术集成创新，并要依托产业链来布局技术创新项目，将技术创新活动进行统筹和串联，使创新成果能够相互衔接、集成，协同支撑产业链发展。在设计基于单项产品开发的横向创新链时，应更加注重研发机构建设的关联性和承接性，形成由技术开发到产业化整个链条的研发机构无缝化布局，解决弱链、断链问题，并重点针对技术开发的关键环节进行强链建设。

（2）围绕创新链完善服务链，从解决"黏结荒地"角度促进融合。科技服务机构的服务目的是帮助企业做好产品的研发、转化和产业化，实现区域内经济效益最大化，其定位是充当创新链和产业链之间的"连接剂"或"胶黏剂"。因此，科技服务链的建设布局应注重与产品创新链的需求保持协同，重点做好对企业产品从概念阶段到市场销售阶段的整个链条的服务，做好对创新链条中的薄弱环节或"空洞部分"的补偿服务，并能够根据产品创新链条的延长及时做好与之匹配的延伸服务，促进创新链发展壮大，促使创新链充分发挥对产业链的支撑和推动作用。

（3）围绕创新链完善资金链，从解决"融资难地"角度促进融合。现行科技计划体制下，无论是基于关键技术支持、研发机构支持，还是基于企业成长过程的资金支持链条，都需要认真考虑由创新到产业化过程中的"活力强地"和"死亡高地"等环节问题，这部分往往风险较高、融资较难，市场机制在其中难以发挥作用，但又是关键环节部分，例如，创新创业环节、瞪羚企业发展环节等，针对这些既是"发展重地"又是"融资难地"的关键部分，更多的应是做好资金链条布局，提高创新资金的杠杆作用、撬动作用，促进创新资金总体效能的提升；同时，还应加强并完善政府对技术创新的支持机制，加快形成便利化的资金落实渠道。

（4）围绕"四链"融合关键节点，从解决链条融合"模式困境"角度促进融合。融合模式直接决定了"四链"的融合效果，在融合模式的设计上既要注重其实用性，又要注重其前瞻性，结合我国产业实情。本文认为，应重点考虑的融合方式有：集群方式（创新集群和产业集群融合）、联盟方式（行业骨干企业与高校、科研院所联合组建产业技术创新联盟、合作联盟等）、大企业和小企业群体互动方式（由大企业牵头、小企业配套组织实施重大科技专项等）、"互联网+"融合方式（借助互联网技术、移动通信技术实现互联网与各产业融合，与金融服务机构、中介机构融合等）、创新型孵化器方式（企业孵化与金融投资相结合、众创空间与创业投资相结合等）、产学研合作创新方式等。

根据以上四链融合分析，设计四链融合提升创新生态系统能级的框架结构模型如图 1-5 所示。

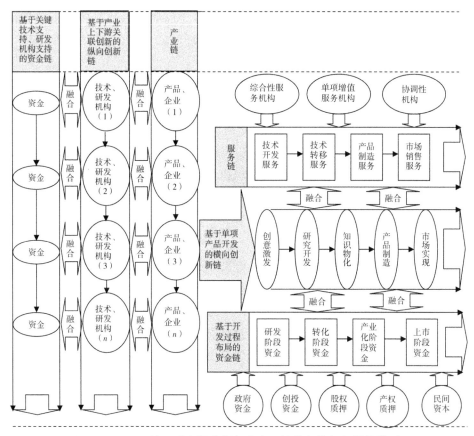

图 1-5   "四链"融合提升创新生态系统能级的框架结构模型

1.4 ▶　研究结论及政策建议

1.4.1　研究结论

本研究发现,产业链、创新链、资金链和服务链是创新生态系统的重要内容,两者具有要素一致性特点,深化"四链"融合是提升创新生态系统能级的有效途径;"四链"融合的实质就是企业、高校、科研院所、中介机构、服务机构、创新联盟、创投机构、金融机构等不同的创新主体之间的协同深化过程;挖掘其中的一些融合规律能够发现:创新链处于"四链"衔接的中间环节,是整个科技创新生态系统承上启下建设的关键;企业是技术创新的主体,区域内创新主体的能力和数量决定着四链融合的成败;企业集群、创新集群、产业基地、科技园区是实现四链深度融合的空间载体;产学研合作组织、产业研发转化大平台、创新联盟、大企业是创新链和产业链深度融合的关键节点;产业重大项目可视为一种最基本的"四链融合单元",推进产业重大项目建设是加快四链融合的最直接方式。

1.4.2　政策建议

围绕创新链,从强化"四链"融合角度,提出科技创新生态系统能级提升的理论路径建议。

(1)促进创新链与产业链的融合。重点要对产业上下游的核心、关键以及共性技术进行识别,梳理出一批产业发展急需的关键技术和共性技术,形成技术创新链条;引导创新资源向产业链上下游企业集聚,以企业为主体围绕上下游产业链建设一批企业重点实验室、工程中心、企业技术中心等科技研发机构,推动研发机构链条式发展;围绕产业链,以协会、联盟等产业组织机构为纽带,整合各类研发机构、研发平台,推动各类研发机构进行网络化衔接。

(2)促进创新链与服务链的融合。重点要围绕科技创新能力(创新链)向产业创新能力(产业链)的转化过程,以促进创新链和产业链的紧密结合、加速技术扩散与转移、推动研发与产业化的有效衔接为宗旨,瞄准从技术到

11

产品再到市场的研发、转化、产业化各个环节，系统推进技术转移、成果转化、知识产权、科技中介、工业设计、检验检测、市场咨询等各类科技服务机构建设，构建系统化、全方位的科技服务链条。

（3）促进创新链与资金链的融合。重点要以资金使用效用最大化为目标，围绕创新链不同阶段的创新主体、创新技术，合理布局创新资金，构建科学合理的资金支持链条：一是，围绕产业链上下游相互关联的创新机构（纵向创新链），构建形成创新平台建设资金支撑链条；二是，围绕处于创新链不同环节的创新机构，支持其重点产品开发（横向创新链），形成从技术研发到产品产业化全过程的项目研发资金支撑链条；同时，要积极调动社会风险投资，围绕资金链条布局，建设一批具有较强服务能力的科技金融服务平台。

说明

本章内容是笔者在执笔《天津市科技创新"十三五"规划》前期的一些理论思考。当时正值召开两院院士大会，习近平总书记在会上提出"要围绕产业链部署创新链、围绕创新链完善资金链，聚焦国家战略目标，集中资源、形成合力，突破关系国计民生和经济命脉的重大关键科技问题"。随后，天津市科委也立题研究产业链、创新链、资金链和服务链的融合问题。笔者认为，做好"四链"融合的根本目的是促进区域科技创新生态系统的完善，由此展开了本章研究，并于 2015 年 10 月成文，相关内容在《科研管理》（2018 年第 9 期）上发表。

第2章

国内外"四链"融合的经验、规律及启示

随着全球科技、经济一体化的加速，产业链、创新链、服务链和资金链的融合更加紧密，产业融合发展逐渐成为世界各国发展的主题。国外，美国硅谷、韩国大德、印度班加罗尔等知名产业园区通过产业与技术、资本、服务、人才等要素的融合，取得了领先于世界的发展。国内，上海、北京、深圳、四川、山西等地先后制订并实施了产业链、创新链和资金链的融合发展计划。其中，一些经验做法具有较强的借鉴意义。

2.1 ▶ 国外推动四链融合的经验分析

2.1.1 美国硅谷——网络化融合模式

美国硅谷的主导产业包括计算机和通信硬件、电子元件、软件、生物医学、创意和创新服务业等，其中，创意和创新服务业已经成为硅谷仅次于软件业的第二大产业。纵观硅谷不同产业高新技术发展的历程，其产业的创新与技术创新、金融创新、服务创新密不可分，通过促进产业与技术、资金、服务的深度融合，硅谷形成了与全球经济高度互动的发展模式。主要经验如下：

（1）加强企业间合作，构筑网络化合作体系。硅谷的产业发展是以企业合作链条、合作网络为基础的，企业之间的高度互动，使硅谷构成了链条式、网络型的产业体系和企业组织结构，反过来这种结构又快速推动了硅谷企业集群式发展。另外，硅谷的这种产业合作体系是开放型的，强调不断试验和开拓进取的创业精神，支持各企业之间分散的学习过程，促进链条上各企业相互学习、相互促进、共同创新。

（2）强化科技成果转化机制，促进创新链与产业链融合。硅谷坚持促进大学、科研机构与企业的相互依赖、有机结合和高效互动，形成了从知识创新、技术创新到成果转化，再到产业化的紧密合作链条。例如，斯坦福大学始终坚持密切与企业合作，通过制订产业联盟计划、促进大学院系、研究人员与企业合作等措施，力促科研成果转化。另外，硅谷政府也设立了许多鼓励科研人员创新的政策和制度，例如，允许教授 1~2 年脱离教学岗位，专门从事研究工作或到硅谷创办高科技公司，同意每周 1~2 天去企业兼职。这些措施大大提高了研究人员从事技术开发和创业的积极性，促进了科技成果的转化。

（3）优化投融资体制机制，促进资金链与创新链融合。活跃的投融资环境是促进硅谷高技术产业发展的根本保障，硅谷企业的投融资来源主要有三个方面：一是各级政府的财政资金投入，二是企业自身的研发资金投入，三是市场的风险资金投入。其中，政府的财政资金投入重点用在硅谷基础设施建设领域，市场风险投资主要侧重于高新技术产品的研发。从 20 世纪 60 年代以来，风险投资一直是促进硅谷产业发展的中流砥柱，硅谷风投不仅为高科技企业提供资金支持，还帮助企业进行流动资金的融资运作，向企业推荐人才，帮助企业组织和改造管理团队等，硅谷的风投已经演化为多元化服务模式。

（4）打造便捷化科技服务环境，促进服务链和创新链融合。在硅谷，围绕科技发明和高科技产品的市场化过程，催生了数量庞大、门类齐全的硅谷服务型企业，进而通过市场作用形成了硅谷的"专业科技服务区域"。硅谷的服务型企业大致可分为四类：中介服务行业、商业服务行业、金融服务行业、生活服务行业。这样，在硅谷的创新创业企业有了新的概念、新的设计思想，往往不需要自己劳心费力，服务型企业便可以在 1~2 周内做出商业化的样机，并且能够提供全套的生产工艺，从而大大缩短了设想变为现实的周期。

2.1.2　韩国大德——一体化融合模式

韩国大德科技园（Daedeok Valley）始建于 1970 年，大德科技园的重点产业包括信息技术、生物医学、新材料、精细化工、航空航天等战略性产业。2005 年，韩国将大德科技园的发展规划写入国家法案体系，明确提出大德科技园的功能定位是促进科技成果转化和支持企业产品上市。目前，大德科技园已成为韩国最大的产学研综合园区。其"四链融合"的经验总结如下。

（1）注重复合型技术人才培养，促进创新链和产业链融合。大德科技园有韩国电子通信研究院、韩国科学技术院（KAIST）、韩国生命工学研究院等各类研究机构、教育机构 200 多家。大德科技园的快速发展与这些研究机构的人才培养模式密不可分，其产业化的人才培养模式遵循从博士、硕士学位供读者→顶尖技术人才→产品开发人才→产品产业化生产人才→复合型技术人才的培养流程，使单个人才培养跟进了整个产品的研发、转化、产业化过程，直接把掌握尖端技术的优秀人才投入到了制造业的领域，实现了从技术成果直接转化为商品的目的，同时也极大地满足了韩国产业界和研究机构两方面对创新型人才的需求。

（2）推动大学、研究机构和服务机构的一体化发展，促进创新链和服务链的融合。为了加速科技成果转化，韩国大德科技园鼓励大学、研究机构、政府和私人公司等设立自己的商业孵化器和技术创新中心，促使研究机构由单纯的研究开发功能向生产企业、供应商、金融机构、服务机构等复合创新功能体发展，使大学、研究机构和服务机构融为一体，既方便了研究人员从事产品研发工作，也缩短了科技成果的转化时间。

（3）充分利用风险资本，促进创新链和资金链融合。风险资本的运作对于大德科技园区发展起到了巨大的推动作用，大德科技园建立了对外合作的资本窗口，加强与外部研究机构的联系和合作，形成了雄厚的网络资本；同时，注重规避高技术产业化风险，组建了风险资本网络体系，系统性地降低了园区的投资风险系数。

2.2 ▶ 我国推动四链融合的经验分析

"十二五"期间，我国上海、北京、深圳、四川、山西等省市开展了围绕产业链部署创新链，围绕创新链完善资金链和服务链的实践工作，取得了显著成效，为我国四链融合建设积累了实践经验。

2.2.1 上海市——链条式融合模式

促进四链融合是上海"十二五"期间高技术产业化的关键战略，其融合的主要目的是把创新前端的基础研究，中端的关键技术和共性技术研究、技术服务、技术交易，后端的创业孵化、投融资服务等整合成一个有机化、链条式融合网络。融合经验如下：

（1）构建新型产学研合作机制，促进产业链与创新链融合。以产业为主导，支持企业与高校建立长期的合作关系，通过强化产学研合作，开发具有自主知识产权的技术、产品和品牌，提升产业竞争力。支持以企业为主的产学研合作联盟承担对产业发展重大项目，提升联盟对产业链的聚合和集成能力。制定专业化的产学研合作技术路线图，并出台相关配套政策支持产学研合作，同时建立产学研投融资体系，充分发挥金融资本在产学研合作中的支撑作用。创新产学研合作的组织机制、激励机制、分配机制，保障形成长效的融合与合作。

（2）构建不同阶段企业需求的投融资体系，促进产业链与资金链融合。上海针对不同发展阶段企业的融资需求，以市场机制为导向，搭建专业化的科技金融服务平台，促进投融资机构与产业的发展对接，强化政府引导、强化多元化途径，促进社会化资金向有竞争力的优势企业集聚，支持具有较强创新能力的企业发展壮大；通过帮扶企业上市、加强创业投资、发行企业债券等，提升企业的融资能力，促进产业与资本的结合。

（3）构建促进创新创业的链式服务体系，促进产业链与服务链融合。瞄准企业孵化的薄弱环节，建设企业加速器，注重发挥加速器的保驾护航作用，采取专业化、市场化服务方式，重点对高成长性企业提供融资咨询、管理咨询、财务咨询和上市咨询等深度服务。注重促进加速器与孵化器、创新基地的服务衔接，形成从孵化器到加速器再到创新基地的"三级跳"链式服务体系，并强化服务体系的发展升级，注重打造国家级科技成果转化基地、示范基地。

2.2.2 四川省——关键环节攻关模式

2014年4月，四川省科技厅按照"围绕产业链部署创新链、匹配资金链"的要求，在生物医药、环境保护、电子信息、汽车工程、现代农业、钒钛产业等多个领域，着重从科技对经济社会发展贡献角度，突出特色、优势和专有三个标准，推动产业链、创新链和资金链的融合，其经验做法总结如下。

（1）凝练关键技术，布局重大项目。通过召集领域专家，研究划定重点发展产业领域，提出一批需重点发展的产业链，围绕产业链建设凝练出一批重大关键技术、共性技术和前沿技术，提出产业发展的主要节点、重要环节和关键瓶颈，重点布局一批技术开发项目和重大平台建设项目；同时，实施人才配套支撑计划。

（2）加强产学研用协同攻关。邀请高校、科研院所，召开专家座谈会，围绕打通产业链，提高产业竞争力，集成资源、集聚创新要素，构建高校科研院所与企业协同创新的新模式，通过产学研用等协同攻关，促进将科技资源有效配置到产业链的关键环节上，从而支撑并引领产业发展。

2.2.3　山西省——项目布局融合模式

2014 年 3 月，山西省发布《关于围绕煤炭产业清洁、安全、低碳、高效发展重点安排的科技攻关项目指南》，按照产业链配置创新链、创新链匹配资金链的建设原则，提出从煤基创新链的角度重点打造国家煤基科技及产业创新高地，编制了煤基产业的创新链，凝练、遴选了一批重大攻关项目，推动产业链、创新链和资金链的融合。其经验做法如下。

（1）围绕市场需求进行创新链关键技术攻关。山西省充分抓住当前能源领域低碳环保、循环经济的发展机遇，重点围绕煤炭产业对清洁、安全、低碳、高效方面的发展需求，进行关键技术突破，并且有重点地将煤气化、煤制烯烃、煤制油等三大煤化工关键技术项目列为重要的科技联合攻关方向，以市场需求为导向进行关键技术研发。

（2）围绕产业链的关键环节布局重大项目。围绕产业链部署创新链，选择煤层气、煤电、煤焦化、煤化工、煤机装备、煤基新材料和富碳农业 7 个重点产业链，凝练出 76 个重大项目，重点以项目为抓手、以项目为载体，推进产业链、创新链和资金链的融合。

2.3 ▸ 关键成功要素及融合规律剖析

根据上述对国内外主要地区促进四链融合的实践分析，剖析关键成功因素详见表 2-1。

表2-1　国内外促进四链融合的关键成功因素异同分析

地　　区	关键成功因素	共性因素
美国硅谷科技园	①企业网络化密集合作（产业集群） ②顺畅的科技成果转化机制（产学研合作组织） ③活跃的风投环境（便捷的投融资体系） ④数量庞大的科技服务企业（便捷的市场化科技服务体系）	①产学研合作创新 ②便捷的投融资体系
韩国大德科技园	①一体化的人才培养模式（产学研深度结合的一种方式） ②研发机构多元化发展（产业研发转化大平台的一种模式） ③活跃的风投环境（便捷的投融资体系）	
上海市	①以产业为主导的产学研合作机制 ②满足不同阶段企业需求的投融资体系 ③创新创业链式服务体系	①产学研合作创新 ②关键技术攻关 ③重大项目布局
四川省	①关键技术攻关 ②产业重大项目布局 ③加强产学研用协同攻关	
山西省	①关键技术攻关 ②产业重大项目布局	

再深入分析，本文总结得出五点四链融合的内在规律：①企业是技术创新的主体，区域内创新主体的能力和数量决定着四链融合建设的成败；②企业集群、创新集群、创新平台是实现四链深度融合的"主战场"；③产学研合作组织、产业研发转化大平台、创新联盟、大企业是创新链和产业链融合的关键节点；④产业重大项目布局是推进四链融合的主要方式，同时，产业重大项目可视为一种最基本的"四链融合载体"，是推进四链融合最直接的手段；⑤区域间协同发展、科技招商工作是产业链、创新链、服务链和资金链进行"补链、强链、延链"的重要举措。

2.4 ▶ 对天津开展四链融合建设的启示

根据以上对国内外四链融合经验的比较和规律剖析，提出促进四链融合建设的五点启示，为天津开展四链融合建设提供参考。

2.4.1 持续加大企业技术创新主体的培育力度

加快制定鼓励创新创业的扶持政策，激励 "大众创业、万众创新" 活力，着重构建一大批 "众创空间" 服务平台，铺天盖地培育具有较大潜力的原创型 "金种子" 企业；坚持不懈地发展领军企业、龙头企业、小巨人企业，加强大企业研发、转化能力建设以及对产业的整合、带动建设；促进不同类型企业之间的互动，加强大企业与中小企业的合作与配套。

2.4.2 加强链条整合平台建设

一是注重建设产业创新大平台。围绕产业链、创新链的升级需要，通过引进国内外高端创新资源、整合现有优势资源等方式构建产业创新大平台，创新大平台建设运营机制，发挥大平台的纽带功能，促进产业链与创新链结合互动。

二是注重加快产业联盟和创新联盟建设。重点依托大企业、协会建立产业联盟，依托产学研合作组织等推进创新联盟建设，发挥联盟优势资源集聚效应，提升产业整体竞争力，重点攻克产业关键技术、共性技术。

三是注重推进高水平服务联盟建设。组建一批知识产权运营联盟、工程中心联盟、生产力促进中心联盟、孵化器联盟等服务联盟组织，构建市场化的科技服务体系，推进面向行业上下游不同阶段的服务分工与协作，促进服务链与创新链、产业链的融合。

2.4.3 加快高水平产业跨界融合服务平台建设

抓住 "互联网+" 产业跨界融合发展趋势，围绕天津各区域产业发展实际需求，构建基于电子商务的线上线下服务、智能制造服务、3D 设计服务、互联网金融服务等跨界融合服务平台，促进产业融合发展，加快产业链延伸。

2.4.4 加强各类园区、集群向创新驱动型转变

鼓励国家级高新区、市级高新区、科技园区、工业园区、开发区等高新技术产业集聚园区引入更多的创新要素、服务要素和金融要素，引导其建设成为创新链、服务链、资金链的集聚区和融合区，加速其由劳动力要素驱动园区（加工型园区）向创新要素驱动园区（知识型园区）的转型。引导产业集群融入更多创新要素，加速产业要素和创新要素的融合，促进产业集群的技术升级，推进产业集群向创新集群的转变。

2.4.5 围绕产业链、创新链开展全国乃至全球科技招商行动

绘制天津产业链、创新链招商路线图，大力度吸引全球优势企业、国内百强企业、领军企业、科技企业，引进聚集海内外更多的研发机构、原创性成果、创新团队，弥补创新链、产业链薄弱环节，增强创新原动力，快速推动产业发展。

说明

本章内容来源于天津市科技创新"十三五"规划专题研究之一"围绕产业链部署创新链，围绕创新链完善资金链和服务链，实现四链融合"（项目编号：14ZLZLZF00101），原文内容在《科技与产业》杂志（2016年第9期）和天津市《科技战略研究内刊》（2015年第11期）发表。笔者通过比较分析美国硅谷、韩国大德科技园和我国上海、四川、山西等省市促进四链融合的经验做法，旨在识别出这些区域促进四链融合的关键成功要素及成功异同，总结出融合规律，并得出相关融合启示，以更好地为天津科技与产业融合提供经验借鉴。

第3章

天津产业链、创新链、资金链和服务链的融合战略

为促进四链深度融合，天津从战略引领、经济支持、生态健康3个角度重点围绕新一代信息技术、生物医药、节能环保、高端装备制造、航空航天、新能源、新兴海洋、新材料和现代农业9大产业，确定集成电路、移动互联网、物联网、大数据与云计算、智能装备、海洋工程装备、航空航天制造、新能源汽车、可再生能源、新型功能材料与复合材料、高性能金属材料、绿色化工材料、工业节能、废弃物资源化、污染治理和生态修复、海水淡化、创新药物、医疗器械、健康产业、生物种业、新型兽药、农产品加工22条细分产业链进行深入调查研究，剖析其产业现状与特点如下。

3.1 ▶ 天津四链融合的现状与特点剖析

（1）产业链初步形成并呈现融合发展态势。整体而言，天津22条细分产业链的上下游合作链条已形成，但建设尚不完善，各产业链发展状况差异性较大，具体而言，涌现出高端装备制造、化工新材料等产业链和创新链均较强的"双强"产业3个，涌现出海洋工程装备、新能源、航空航天等产业链较强、创新链较弱的"强产弱创"产业4个，涌现出集成电路、创新药物等创新链较强、产业链较弱的"强创弱产"产业8个，涌现出移动互联网、物联网、工业节能等研发基础和产业基础均较弱但未来发展潜力巨大的产业7个。同时，出现了产业跨界融合创新发展态势，信息技术与高端装备制造、节能环保、新材料、新能源、新能源汽车等其他战略性新兴产业的关系越来越紧密，尤其是信息技术与装备制造业相融合，催生形成的智能制造业成为天津经济的重要增长点。

（2）创新链布局较为完善但整体水平不高。目前，天津产业创新研发资

源布局较为完善，创新机构数量不断增多，围绕 22 条产业链，建有工程技术研究中心、重点实验室、工程实验室、企业技术研究中心、产业技术创新联盟等市级以上研发机构 500 多家；但水平高、影响大的研发机构不多，每条产业链上平均建有国家级工程技术研究中心仅 1.5 家、国家及部委级重点实验室仅 2 家；另外，不同环节创新机构之间协同性较差，创新链与产业链、服务链的融合度远远不够；企业自身研发体系建设与产业创新发展需求存在较大差距，创新型企业数量不多、企业科技含量不高。

（3）科技服务机构数量较多但服务链条尚未形成。天津科技服务环境建设日趋完善，建成了市级生产力促进中心 140 家、科技企业孵化器 130 家、大学科技成果转化中心 13 个，各类科技服务机构数量达到 2000 多家，构建了科技淘宝超市、大型仪器设备共享网等网络化科技服务平台，能够为科技型中小企业提供综合性、便捷化和定制化服务；但是，科技服务机构的深度服务能力不足、服务水平普遍不高，整体氛围不够活跃，基于市场需求的服务合作链条尚未形成，新的服务模式和服务业态更是稀少。

（4）资金链布局较为完善但创投氛围还不够活跃。天津已经形成了从创业投资到上市扶持的较为完整的投融资资金支持链条，资金支持力度逐年增大，但整体资金投入额度与北京、上海、深圳相比差距较大：2015 年，天津市级财政科技拨款分别为北京、上海的 1/3、1/4，R&D 经费投入分别为北京、上海的 1/3、1/2；另外，天津对社会资金的撬动能力还不足，企业融资难度较大，活跃的投融资氛围远未形成。

3.2 ▶ 基于融合视角呈现的主要问题

在新的发展阶段和新的发展形势下，天津主导产业发展正处于转型升级的关键阶段，从四链融合的角度及表现特征看，主要面临四个方面的问题：一是协同性差。产业链、创新链和服务链的区域协同力度不足，产业要素、创新要素和服务要素在区域间流动不畅，对高水平的创新资源集聚力度不够强。二是集聚度低。产业集群和园区的专业集聚程度还不足，集群空间分布较为分散，难以发挥集群效应，目前，仅有电子信息、风电、航空航天等少数几个产业空间布局较为集中，具有一定的集群效应。三是整合力弱。具有较强产业整合、创新整合的组织机构较少，缺乏研发转化大平台、产业技术创新联盟等高水平的产业组织机构，缺乏能够满足产业融合发展的新型产业组织业态。四是配套不足。大企业与中小企业之间的配套合作力度不足，大企业的龙头带动作用与产业整合功能还不显著，中小企业的产业配套跟进也显著不足。

3.3 ▸ 天津推进四链融合的基本原则

一是坚持产业需求导向原则。坚持新兴产业和优势产业相结合，注重产业发展的高成长性和高技术性，重点围绕产业发展需求进行创新资源整合和布局、进行高技术研发和突破，着力提升产业的核心竞争力。

二是坚持市场机制导向原则。强化市场、政府、社会三主体❶的融合，注重改革社会组织管理制度，激发社会活力，鼓励和支持社会力量参与产业创新资源的配置，形成市场主导、政府引导、社会组织广泛参与的开放型、多元化共建格局。

三是坚持合理布局导向原则。围绕天津各区县、功能区的特色产业、优势产业、优势资源，坚持宏观规划、合理布局、协调发展的原则，重点依托高新区、科技园区、工业园区、特色产业基地等，整合创新资源，布局具有国际竞争力的产业创新集群。

四是坚持资源集聚导向原则。充分发挥政府协调作用和市场配置资源的基础作用，针对天津产业链、创新链关键环节，加强对北京和海内外人才、资本、技术等各类创新要素和资源的集聚，强化技术集成和商业模式创新，提高持续创新能力和整体效能，推动产业高端发展。

3.4 ▸ 天津推进四链融合的路径剖析

产业融合理论最早可追溯到美国学者卢森伯格对于美国机械工具产业（machine tool industry）早期演变的研究当中，他认为在 19 世纪中期，当相似的技术应用于不同产业时，一个独立、专业化的机械工具行业出现了，

---

❶ 市场主体包括企业、科研机构、创新创业服务机构等，政府主体包括各级与科技创新相关的政府部门，社会主体则包括各类科技类社会组织、社会团体等。

他将这个过程称为技术融合，最典型的技术融合产业就是 19 世纪的火器制
造业、缝纫机制造业和自行车制造业。这些技术的融合与形成主要是基于
分工协作、价值增值、产业内自身考虑和选择的结果，以追求长远发展和
自身利益最大化为目标，其实质是在一定的空间范围内，不同企业或产业
部门与其他企业或产业部门围绕不同中间产品的生产或交换横向或纵向联
盟、合作形成的动态网络组织。基于此，本文研究认为，天津促进四链的
深度融合应按照"围绕产业链部署创新链、围绕创新链优化服务链和资金
链"的总体要求，结合天津四链发展的现状、特点和面临的主要问题，遵
循"点—链—网"的建设原则，推进形成四链深度融合的路径。形成的启
示性建设思路详见图 3-1。

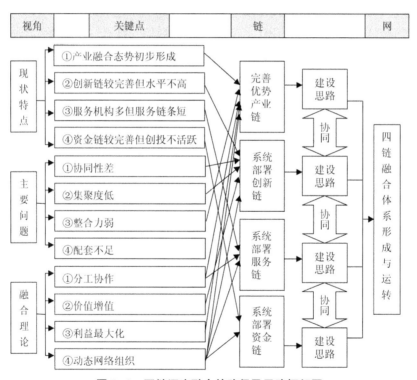

图 3-1 四链深度融合的路径及思路框架图

根据天津实际，对四链深度融合的路径及思路再进一步细化，分别形成
"链"和"网"的建设思路如下。

3.4.1 完善优势产业链思路

以"补链、强链、延链"建设为重点，以提升产业技术创新能力和核心竞争力为目标，重点进行产业链的构成和产业融合载体分布情况梳理，根据产业发展需求，引导创新资源向产业链上下游企业集聚，开发一批重点新产品，促进产业链的完善。

3.4.2 系统部署创新链思路

紧紧围绕产业链的发展布局和需要来部署创新链，重点对产业上下游的核心、关键以及共性技术进行攻关梳理出一批产业发展急需的关键技术和共性技术，形成技术创新链条；引导创新资源向产业链上下游企业集聚，以企业为主体，围绕上下游产业链建设一批企业重点实验室、工程中心、企业技术中心等科技研发机构，推动研发机构链式发展。围绕产业链以协会、联盟等产业组织机构为纽带，整合各类研发机构、研发平台，推动各类研发链条的网络化衔接。

3.4.3 系统部署服务链思路

围绕科技创新能力（创新链）向产业创新能力（产业链）的转化过程，以促进创新链和产业链的紧密结合、加速技术扩散与转移、推动研发与产业化的有效衔接为宗旨，瞄准从技术到产品再到市场的研发、转化、产业化各个环节，系统推进技术转移、成果转化、知识产权、科技中介、工业设计、检验检测、市场咨询等各类科技服务机构建设，构建较为完备的科技服务链。

3.4.4 系统部署资金链思路

以资金效用最大化为目标，围绕创新链不同阶段的创新主体、创新技术，合理布局创新资金，构建科学合理的资金支持链条。一是，围绕产业链上下游相互关联的创新机构及其关键技术和共性技术开发，形成创新平台建设资金支撑链条。二是，围绕处于创新链不同环节的创新机构及其创新技术开发，形成从技术开发到产品产业化全过程的项目研发资金支撑链条。同时，积极调动社会风投资金，围绕资金链条布局，建设一批具有较强服务能力的科技金融服务平台。

3.4.5　推进体系形成与运转思路

通过创新资、服务链、资金链与产业链的相互作用、相互融合，充分调动各元素融入科技创新的积极性，并按照其功能设计和定位要求发挥作用，同时，发挥技术创新市场导向机制作用，及时进行系统运行纠偏，最终构建成一个多元主体共同参与、主动协作、运营高效的四链融合体系。

3.5 ▶ 天津推进四链融合的工作着力点

按照高标准的建设要求，选择 9 个重点领域、22 个细分产业进行产业链、创新链、资金链和服务链的顶层设计，开展"弱链强链、缺链补链、短链延链"建设，按照优势互补、协同互动的原则，推进创新链、产业链、资金链和服务链的有机衔接与融合，打通科技与经济结合的通道，形成有机、协同的科技创新生态系统。对于产业基础较好、产业规模较大，但研发和技术支撑较弱的产业，主要包括航空航天、海洋工程装备、新能源、高性能金属材料 4 个产业，要加强创新链建设，强化资金链支持。重点补建重点实验室、工程中心、产业技术创新联盟等研发机构和产业组织机构建设，并围绕研发机构建设、重点技术研发来加强科技项目资金布局。对于研发基础较好、科研成果较多，但转化能力较弱的产业，主要包括集成电路产业、大数据与云计算、新能源汽车、创新药物、海水淡化、新型功能材料与复合材料、污染治理和土壤修复、生物种业 8 个产业，要补强产业链、强化服务链建设。重点进行产业研发转化大平台、产业集群、产业基地、科技园区等载体建设，并围绕科技成果转化，加强技术转移中心、生产力促进中心等科技服务机构建设。对于研发基础和产业基础均较弱，但未来发展空间较大的产业，主要包括移动互联网、物联网、工业节能、固体废弃物资源化、健康产业、新型兽药、农产品加工 7 个产业，要加强创新资源集聚强化创新链，搭建产业整合平台强化产业链，加强关键环节资金支持强化资金链。重点进行首都创新资源集聚、海内外大企业和研发机构招商建设，整合行业资源进行产业技术创新联盟、工程中心建设，并围绕产业创新资源集聚、研发机构建设等进行专项资金布局。对于研发基础和产业基础均较强，且未来发展空间较大的产业，主要包括高端装备制造、化工新材料和医疗器械 3 个产业，要围绕创新链提升集成创新能力、围绕服务链发展高端生产性服务业，推进产业向高价值环节发展。重点进行产业创新大平台、产业协同创新机构建设，进行智能制造、工业设计、研发服务外包等高端服务机构建设。在推进四链深度融合的过程中，具体应突出以下5个共性的工作着力点：

一是加强各类园区、集群向创新驱动转变。鼓励天津国家级高新区、市级高新区、科技园区、工业园区、开发区等高新技术产业集聚园区引入更多的创新要素、服务要素和金融要素，引导其建设成为创新链、服务链、资金链的集聚区和融合区，加速其由劳动力要素驱动园区（加工型园区）向创新要素驱动（知识型园区）的转型。引导产业集群融入更多创新要素，加速产业要素和创新要素的融合，促进产业集群的技术升级，推进产业集群向创新集群的转变。

二是建设高水平产业跨界融合服务平台。围绕移动互联网、物联网、智能化制造、三维设计等产业发展趋势，构建电子商务线上线下服务、智能制造服务、3D设计服务、互联网金融服务等跨界融合服务平台，促进新一代信息技术与高端装备制造、科技服务业等融合发展，加快产业链延伸，尽快形成新的产业增长点。

三是加强产业链整合与创新平台建设。①建设产业创新大平台。围绕产业链、创新链的升级需要，通过引进国内外高端创新资源、整合现有优势资源等方式构建产业创新大平台，创新大平台建设运营机制，发挥大平台的纽带功能，促进产业链与创新链互动结合。②加快产业联盟和创新联盟建设。重点依托产业协会建立产业联盟，依托产学研合作组织等进行创新联盟建设。发挥联盟的优势资源集聚效应，提升产业整体竞争力，攻克产业关键技术、共性技术。③推进同行业高水平服务联盟建设。完善或组建一批工程中心、生产力促进中心、孵化器、知识产权等服务联盟组织，构建专业化的科技服务体系，推进面向行业上下游不同阶段的服务分工与协作，促进服务链与创新链、产业链的融合。

四是加强企业技术创新主体的培育与配套。①加大对企业创新创业的扶持力度，激励"大众创业、万众创新"，铺天盖地地培育具有较大潜力的原创型"金种子"企业。②坚持不懈地发展领军企业、龙头企业、小巨人企业，加强大企业研发、转化能力建设以及对产业的整合、带动建设。③促进不同类型企业之间的互动，加强大企业与中小企业的合作与配套。

五是促进京津冀产业链、创新链的协同发展。以京津冀创新共同体、京津塘高科技新干线、京津走廊等建设为依托，全面对接京冀的高校、科研院所、金融和服务机构，使每个产业领域建设都与国家战略、北京原创资源、公共平台资源进行有效衔接，加快实现三地产业链、创新链的优势互补、共同发展。

3.6 ▶ 天津推进四链融合的发展战略

围绕以上构建的建设思路，结合天津 22 条产业链发展定位与发展需求，提出四链深度融合的实践战略。

3.6.1 完善优势产业链战略——重点促进科技型企业培育和企业合作配套

（1）开展创新创业引领行动。把创新与创业结合、创业与网络结合、孵化与资金结合，采用信息化手段构建便利化、低成本、全要素的"众创空间"。一是适应当前新服务、新生态、新潮流、新概念、新模式、新文化的发展要求，支持高校科研院所、领军企业设立类似"1985 创业咖啡""闯先生"空中孵化器等新型创业服务机构，激发大众创新活力。二是选择一批基础条件较好的孵化器、大学科技园，重点培育一批创新型孵化器，更加有效地组织人才、技术、资本、市场等各种要素，提升孵化能力。三是重点依托天河等大数据、云计算企业，构建网络化创客服务平台，支持创客在线注册和经营，为创客提供在线创新创业咨询服务、创新资源对接服务、市场宣传与开拓服务、在线培训服务等。四是支持领军企业、高校科研院所、创新型孵化器设立特色天使投资基金，加大对创新创业企业的风险补贴支持额度，支持原有天使投资机构设立连续支持创业者的投资基金。

（2）深化实施科技型中小企业成长计划。围绕企业成长关键阶段，重点促进创新创业企业、瞪羚企业、领军企业的培育和发展。重点支持纳入成长计划的企业承担重大研发项目、融资贷款、股权改革等，鼓励其加大关键技术、共性技术的研发投入，加快生产工艺和装备的升级换代；优先支持成长计划企业建立工程中心、企业技术中心、企业重点实验室等研发机构，加强产学研合作，增强自主创新能力；重点面向成长计划企业推进"一企一策"行动，引导企业建立规范的现代企业制度，强化管理培训，提升企业科学化、精细化、信息化管理水平。

（3）鼓励大企业进行产业链整合。重点鼓励和支持高性能金属材料、高端装备制造、海洋工程装备等传统优势产业领域内大公司、领军企业，例如重点支持大型钢管集团通过兼并、联合、重组、联动、合作、控股等资源整合方式，加快与科技型中小企业的联结互动，构建以大企业、领军企业为主导、中小企业为配套的多层次企业群，实现产业资源的优化配置。

（4）鼓励大企业与中小企业合作构建创新网络。重点在集成电路、物联网、移动互联网等战略新兴产业领域鼓励大企业积极发挥产业创新组织功能，构建由大企业主导、小企业配套的多层次创新网络，强化体制机制设计，发挥大型企业与中小企业在技术开发、技术应用等方面的协同效应，降低整个产业的创新风险。

3.6.2　系统部署创新链战略——重点推进产业创新组织建设

（1）加强产业创新大平台建设。整合创新链资源，尤其是海外高端创新资源，以促进科技成果研发、转化、产业化为目标，重点围绕天津集成电路、高端装备制造、创新药物等优势产业链，集中力量、建设天津清华先进制造研究院、天津北大信息技术研究院、集成电路产业技术研究院、工业机器人研究院、天津市海洋工程装备协同创新中心、直升机产业研究院等产业综合创新大平台，把创新前端的基础研究、前沿研究，中端的关键技术和共性技术的研发，后端的应用研究、规模化生产整合成一个有机整体，加速四链融合。

（2）加强产业技术创新战略联盟建设。围绕22条产业链重大技术创新需要，建立一批以大企业和领军企业为龙头、产学研紧密合作、利益分配机制完善的产业技术创新战略联盟；以联盟为载体，打造上中下游配套协调、发展高端的产业技术创新布局；重点把一些重大科技项目委托联盟组织实施，形成以项目为纽带、以科技成果产业化为目标的优势互补、利益共享、风险共担的联盟合作机制。

3.6.3　系统部署服务链战略——重点推进高水平科技服务联盟建设

围绕22个产业领域，构建生产力促进中心、孵化器、知识产权、科技咨询、无形资产评估、会计审计等服务联盟组织，形成纵向、横向联合服务网络，增强各机构联动，实现服务、信息、知识、空间等资源的共享，打破目前这种服务机构孤立、信息闭塞、服务分割的困局。

3.6.4　系统部署资金链战略——重点推进互联网金融创新发展

（1）加强互联网金融平台建设。鼓励企业开展互联网与金融相结合的技术创新和商业模式创新，支持企业设立网络小额贷款、众筹、第三方支付、金融产品搜索、金融大数据分析、信用评价等互联网金融相关机构，为创业企业和早期科技成果项目提供金融服务。

（2）推进传统金融机构开展网络化服务。推动银行、证券、保险等金融机构利用移动互联网、云计算、大数据技术，开展互联网与金融融合创新，加速资金融通、在线支付和信息中介等金融业务发展，促进传统金融资本进入新兴产业领域。

（3）加强互联网金融风险管理机制建设。支持成立互联网金融创新服务联盟，支持联盟规范行业发展，重点构建互联网金融信用信息服务平台，构建基于大数据的信用评价和风险管理体系，推动互联网金融机构纳入信用评价，并实现信用信息互联互通，评比结果公示、公开。

3.6.5　促进体系融合与形成战略——重点推动融合组织和融合共同体建设

（1）加强产业跨界融合组织平台建设。一是抓住网络化发展契机，采用O2O线上线下服务模式，从产业关联、产业创新资源的最佳匹配、调度、优化和充分利用角度考虑，建立分产业的移动联网服务中心，重点考虑在集成电路、物联网、移动互联网等领域，鼓励龙头企业构建网络化的资源统筹服务平台，促进各产业发展模式创新，推进产业实现最大创新效能。二是抓住制造业智能化发展契机，在高端装备制造业领域，依托赛象科技、长荣印刷、天锻压力等研发实力较强的企业共同建设制造业智能制造服务平台，共同推动产业研发创新。三是抓住三维设计与三维制造发展契机，引进北京大学、清华大学先进研发资源与天津企业联合共建3D设计服务平台。

（2）加快京津冀产业、研发、服务共同体建设。加快推动京津冀三地区域同体、载体同建、产业同链、创新同动、利益同享机制建设，围绕京廊津唐科技干线，在京津冀三地着重布局建设一批创新共同体；以创新共同体为载体，推动京津冀三地开展产业链、创新链、服务链协同发展行动：①根据三地研发、转化、配套的不同功能定位，规划京津冀协同发展产业链，围绕产业链，加大企业在三地创新共同体的集聚；②围绕三地共同关注的关键技术或共性技术，共建一批高水平协同创新机构，例如产业创新大平台、产业技术创新联盟、国家重点实验室、国家工程研究中心、国家技术转移中心等，形成创新机构共同体；③抓住大众创新、万众创业这一发展形势，重点在创新共同体加强三地科技服务机构之间的业务合作与交流，形成面向三地的开放的科技服务共同体。

3.7 ▶ 天津推进四链融合的保障措施

（1）构建跨行政、跨部门的政府协调机制。围绕产业规划、资源配置、政策供给等方面构建相对统一的跨行政、跨部门的政府工作协调机制，加强各级行政主管部门在产业发展规划制定、科技创新政策制定、科技创新项目支持、科技创新人才培养、科技活动举办与宣传等方面的相互协同、相互衔接力度，提升天津科技创新资源优化配置的整体效率，为四链深度融合创造良好的管理体制环境。

（2）构建相互协同的科技创新政策体系。以产业全局高度科学设计创新政策体系，重点围绕创新链构建政策链，形成从科技创新前端的基础研究、前沿研究，到中端的关键技术和共性技术研究、技术服务、技术交易，再到后端的投融资服务、创业孵化、成果转化及产业化等相互协同的创新政策体系，增强创新政策之间的系统性、综合性和协调性，避免政策设计的碎片化、片面性、短期行为和政出多门的情况。

（3）激发社会活力，构建社会化科技创新治理体系。一是建立社会公众参与科技创新的激励机制。重点支持科学家、企业家、高校、科研院所、科技社团、商会、协会、基金会、联盟等各类社会组织参与科技规划、科技政策、决策咨询、科技评价、科技服务、科技奖励等活动，激发全社会创新活力，形成全民参与科技创新的体制机制。二是建立有利于社会各界参与科技创新的交流平台。重点建立集约、共享、智能、协同、安全的科技创新治理平台，开通专业网站、微博、微信、微门户等信息网络，在政策制定与各类科技创新活动过程中，随时公开征求公众意见，使公众能够随时参与到科技创新的过程当中。

说明

　　本章内容源于"围绕产业链部署创新链，围绕创新链完善资金链和服务链，实现四链融合"课题的战略研究部分，在李春成所长的指导下，原文部分内容修改后在《天津经济》杂志（2017年第4期）和天津市《科技战略研究内刊》（2015年第12期）上发表。促进产业链、创新链、资金链和服务链的深度融合是一项系统工程，其中，产业链是四链融合的核心，创新链是促进产业链壮大的根本动力，服务链是创新链、产业链之间的"黏合剂"，资金链是四链融会贯通的"血液"，四链之间的相互融合、相互作用、相互转化是促进产业体系发展壮大的内在动力。值得注意的是，在实践应用中，还需要进一步加强对不同链条之间的作用方式进行实践研究，深入挖掘四链融合的基本规律，按照规律优化科技创新资源配置，以达到最佳融合效果。

第2篇

论科技与产业之服务平台建设

从广义的平台理论来看，科技企业孵化转化载体、科技企业孵化器、产业技术创新联盟、众创空间、工程技术中心、生产力促进中心、高科技园区等机构，都可视为能够促进科技与产业融合与发展的服务平台。这些平台是促进产业发展的创新环境，也是集聚创新资源、汇聚创新资本、吸引创新人才的有效组织形态和空间形态。它具有传递性、承载性和催化性等基本特性，能够在一定范围发挥示范和带动作用，很好地扮演科技与产业融合桥梁的角色。

第4章

天津科技中介服务机构协同创新模式探讨

随着天津市的经济发展转型以及创新体系的不断完善，科技和经济的紧密结合超过了历史上任何一个时期，为此，天津紧密围绕科技中介机构促进科技型中小企业发展这一主线，重点加强中介机构在科技成果产业化、促进技术创新方面的作用，各种技术服务机构、技术交易机构等已经成为转移、扩散科技成果和有效配置科技资源的重要渠道；但同时，随着企业对科技服务需求力度的加大，天津市科技中介服务体系呈现出来的问题越来越多，挑战逐渐加大，为了缓和矛盾，天津市科委联合相关研究机构进行了调研，重点从促进科技中介机构加强科技体制改革，推动科技中介机构开展协同创新角度，进行了建设研究，这对整合天津科技中介服务资源、促进科技创新具有重要意义。

4.1 ▶ 天津市科技中介服务体系的主要特点

4.1.1 民营机构增多，服务活力增强

目前，天津基本形成了公共机构与民营机构并存，公共机构与民间机构相互补充共同发展的科技服务格局。一大批民营机构已经成为科技服务业中迅速成长的中坚力量。2011年，民营机构已占科技咨询机构的60%以上，并表现出了很强的活力和快速增长的趋势，民营企业逐渐成为孵化器建设、生产力促进中心建设的主力。同时，一批新的有影响力的科技服务机构应运而生，效果突出，例如，国家863计划产业促进和技术转移服务中心、国家863计划科技成果交易所、天津市滨海国际知识产权交易所等新建机构积极探索科技成果转化的模式与路径，有效活跃了滨海新区技术交易市场。另外，老

的科技服务机构创新活力、服务活力逐渐增强，例如，北方技术交易市场、泰达创业中心和滨海国际技术转移服务中心等三个中介机构被确认为国家级创新驿站等。

4.1.2　注重建设科技服务大平台，突出服务集成

进入"十二五"后，天津围绕服务科技型中小企业，注重构建服务大平台，先后出台了《科技企业孵化转化载体建设试点工作实施方案》《关于支持天津区县示范工业园区科技园区创新发展的实施方案》等文件，着力提升科技服务大平台建设，先后根据各区县、产业园区建设需求，建设了 15 家高水平科技企业孵化转化产业化一体化载体，认定了 5 家市级高新区，建设了天津国际生物医药联合研究院、美国亚历山大国际生物医药产业孵化器、国家超级计算天津中心、中科电子产业园、天津大学滨海工业研究院等一批创新大平台和研发转化机构。

4.1.3　逐渐呈现出多元化和网络化发展趋势

天津市各种科技中介服务由于功能和性质不同，经营主体不一样，有的科技中介服务是私人公司形式运作，有的是依托大学、科研院所、研究中心等非营利形式运作，还有的则属于混合型，呈现出了明显的多元化趋势。另外，随着城市网络、区域性网络和国际化网络技术的发展，天津科技中介服务行业的组织方式也发生了一定的变化，逐渐出现了科技中介连锁经营以及网络化的发展态势，科技中介的服务方式也更加系统和深入。

4.2 ▶　科技中介服务机构开展协同创新的模型构建

4.2.1　协同创新理论与体系

协同创新最早可以追溯到协同学理论。协同学理论认为，自然界和人类社会的各种事物普遍存在有序、无序的现象，一定的条件下，有序和无序之间会相互转化，无序就是混沌，有序就是协同（曹洋，陈士俊，王雪平，2007）。协同学理论中，协同是指元素对元素的相干能力，表现了元素在整体发展运行过程中协调与合作的性质；结构元素各自之间的协调、协作形成拉

动效应，推动事物共同前进，对事物双方或多方而言，协同的结果使个个获益，整体加强，共同发展。

关于"协同创新"的概念最早出现于 20 世纪 80 年代，主要有创新体系理论、创新三螺旋理论、创新集群理论等流派，这些理论的共同特点，均强调各类创新主体的互动联结和集体创新，以协同创新方式促进区域创新活动的内生发展；基于此，区域协同创新体系可认为主要由异质的参与者构成，包括企业、客户、大学、研究机构和中介组织等通过形成垂直或水平的关联节点所构成（崔永华，王冬杰，2011），其主要特征是：①在社会联系及技术经济基础结构的协同作用下，形成多元主体参与创新的多种创新资源流动模式；②不同主体交流、渗透的复杂联系结构，具有相对稳定的积聚功能，对其他参与者具有链接作用；③协同创新体系中的企业、大学、研究机构与政府部门的合作互动，能够促进体系内各参与者的持续壮大；④协同创新体系以企业为中心，可以分成垂直协作创新网和水平协作创新网：垂直协作创新网由企业、顾客、供应商合作构成，水平协作创新网由企业、大学、研究机构、中介服务机构等构成。

4.2.2　协同创新概念模型构建

基于以上协同创新体系的结构与特点，构建科技中介协同创新概念模型，通过分析和经验总结，本文认为构建该模型的关键在于形成以科技中介服务机构为核心的协同网络或体系，该网络或体系应该具有以下几个特点：①以加速科技创新、推动成果转化为战略目标；②体系内各要素的协同作用，能够产生凝聚力，产生集合效应，在现有基础上能够提升中介机构整体服务能力，实现"1+1>2"的服务效果，能够显著促进科技要素的流动；③体系的演进动力应该以市场需求拉动和科技发展推动为主；④体系的可持续发展与运作应该由与区域发展相适应的科技服务协同机制来实现，而该机制设计的好坏和实施的力度应是中介机构协同创新能否实现的关键；⑤人才、政策、资金等方面的要素是该体系运作与实现的重要支撑和保障。通过以上分析，构建科技中介协同创新概念模型如图 4-1 所示。

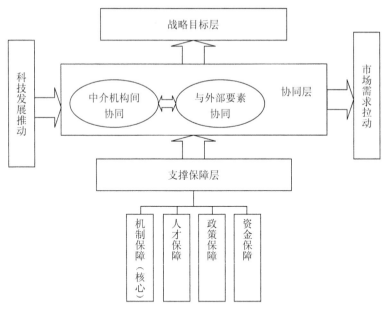

图 4-1　科技中介机构开展协同创新的概念模型

4.2.3　协同要素分析及系统模型构建

任何一个创新主体都不能够控制技术创新活动所需的全部资源，必须依靠其他的主体提供支持，才能有效利用其他资源，形成协同效应（洛光林，2008）。中介机构的协同创新也不是一个主体或机构就能够解决的，往往需要多机构、多部门、多企业，甚至多行业的协作配合才能实现，因此，中介结构需要协同的要素以及与各要素协同的方式就成为协同创新实现与运作的关键。本文主要从以下三个方面来考虑科技中介服务机构的协同要素和协同方式。

从中介机构之间合作与交流角度考虑，首先，同类中介机构之间应该形成相互学习机制，不同类中介机构之间应形成互补合作机制，共同促使区域内中介机构之间形成合作网络，达到整合资源、挖掘潜力、实现整体利益最大化的目的，这就要求中介机构之间做好合作协同；其次，区域内中介组织应该着眼于大环境，注重学习、联合或引进区域外优秀科技中介机构的服务力量，尽快弥补自身服务的不足，提升自我服务能力，这就要求做好与区域外优秀中介机构的合作协同。

从科技中介机构功能定位角度考虑，科技中介组织是在政府的引导下，按照相关法律制度，遵循市场规律，以专业知识、专门技能为基础，通过整合科技资源，承担起为技术创新主体（企业）和科技成果提供者（大学、科研院所）服务的任务；科技中介组织在帮助技术供需双方对接的过程中，使得大学和科研院所积累的大量科研成果顺利进入到企业，促使双方有效沟通，达到双赢的目的；从这个角度考虑，中介机构应该及时掌握企业需求，做好与企业发展需求的协同；还应该及时将企业需求信息反馈给大学、科研院所，并及时掌握其最新研发动态，做好与高校科研院所研发动态的协同；另外，中介机构的服务必须以政府政策为导向，在政府的指导下开展工作，避免方向性错误，这就要求中介机构要做好与政府工作动态的协同。

从中介机构终极服务目标角度考虑，应该与产品创新链需求保持协同。科技中介机构服务的最终目的是帮助企业做好产品创新和上市，实现区域内经济系统效益最大化，因此，科技中介机构应该做好对企业产品从概念阶段到规模化销售阶段的链条式服务，重点对链条中的薄弱环节或"空洞"提供补偿，并根据产品创新链条的延长做好延伸服务，最终实现与链条上每一个环节的需求形成协同。

基于以上分析，构建中介机构协同创新系统模型详见图 4-2。

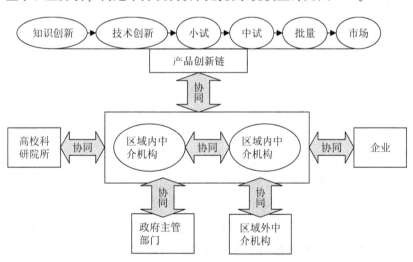

图 4-2　科技中介机构的协同创新系统模型

4.3 ▶ 天津科技中介机构协同创新的方式

中介机构与其他机构的协同方式是实现协同创新的根本路径，根据以上协同模型的分析，需要做好六个方面的协同；同时，由于区域发展情况的不同，可以围绕这六个方面划分主次。天津市主要考虑本区域科技中介机构发展的特点、阶段、需求与趋势，形成以构建中介机构之间的协同为核心，以构建与高校、科研院所、政府的协同为重要支撑，以构建与产品创新链的协同为未来发展方向，以构建与区域外中介机构的协同为重要保障的建设格局。具体协同方式建议如下。

4.3.1 深化天津市范围内科技中介机构之间的协同合作方式

一是，开展同业交流，促进跨行业协作。充分发挥天津市科委的宏观导向作用，建立各投资机构、中介机构之间的横向联系，实现资源共享，营造投融资环境，增强联动支持功能，共创"多赢"局面；注重共同培养一批具有较高综合素质的科技中介服务队伍，形成联合培养人才的机制。二是，打造服务联盟，促进协同互动。鼓励各中介机构，尤其是天津市市级孵化器、生产力促进中心参与组织和建立"产学研联盟用"体系，充分发挥天津市高校、科研院所的知识创新能力，调动各机构之间的互动与联系，形成以技术成果产业化为目标，以资产为纽带的优势互补、共存共荣、利益共享、风险共担的一体化的科技服务体系新格局。三是，组建行业协会，规范行业建设。以会员制为主要形式，按照自愿、平等的原则组建行业协会，建立科学决策程序和行之有效的管理模式，强化行业协会职能，建立行业行为规范、服务标准、资质认定、信誉评估等行业自律制度。四是，构建服务网络，形成系统效应。对不同产业、不同领域的服务，构建快捷高效的信息资源服务平台，形成纵向、横向联合服务网络，实现服务、信息、知识、资金、空间等资源的共享，彻底打破天津市的科技信息和资金信息孤立、闭塞、分割、垄断的局面。

4.3.2 健全科技中介机构与各类研究机构之间的协同方式

天津聚集了一批国家级大院大所和重点高校，每年有大量的科研成果沉淀在科研院所中，主要是缺乏有效转化渠道，因此建议：①建立"中介—研究机构"协同创新网络，双方建立长期、深层的合作关系，促使中介机构直接参与到大学和科研机构的创新活动中；②推动中介机构参与企业与研究机构之间的共建实验室、中试基地、企业技术中心、孵化中心等活动，降低交易成本和合作风险，提高创新效率。

4.3.3 优化科技中介机构与企业创新活动的协同方式

一是，建设"中介机构—企业"协同创新网络，重点加强技术中介、风险投资组织、技术市场、行业协会、学会、技术转移中心、生产力促进中心等与企业的合作。二是，针对天津市中小企业普遍存在的融资难、信息不对称、管理不佳等问题，要充分发挥中介机构的"黏合"和"纽带"作用，促进金融机构的融入、市场信息的传递、先进技术的转移和高水平管理咨询机构的介入，帮助企业解决技术、资金、管理等各方面问题。

4.3.4 建立科技中介机构与政府管理导向相一致的协同方式

一是，使中介机构积极响应政府号召，以政府政策为导向，积极参加政府组织的行业内和跨行业之间交流、座谈和研讨活动，协助政府发现产业发展过程中存在的问题。二是，中介机构应积极抓住政府下放的部分职能，特别是抓住科技项目评审、项目监理等职能，扩展发展空间，从各方面做到与政府管理导向的协同。

4.3.5 构建科技中介机构与产品创新链需求相一致的协同方式

一是，加强科技中介机构服务于创新链的建设，瞄准创新链薄弱环节，加强中介机构对产品创新的服务深度。二是，瞄准创新链的缺失环节，弥补中介机构服务链条，从根本上推动创新链与产业链的融合，提高产业创新水平和成果转化力度。

4.3.6 构建天津科技中介机构与国外优秀机构的协同创新方式

推动天津与国内外知名机构的合资合作，加快天津中介服务机构的国际化进程，推动区域产业的国际化：一是，积极吸引国外知名机构进入天津拓展业务，设立办事机构或与天津本地中介服务机构合作或合资成立公司。二是，组织天津各类中介服务机构，采取走出去和请进来的方式，通过培训、学习、考察发达国家中介服务的模式，借鉴先进的经验，提高服务质量和水平。三是，根据科技体制改革和天津科技中介组织发展的需要，积极引进优秀人才和专业化管理经验、运作模式，支持留学人才回国创办科技中介机构。

4.4 ▶ 本章小结

推动科技中介机构的协同创新是科技服务体系建设的必然趋势，是提升区域科技服务水平的重要手段和最有效途径。本文从加强科技中介机构之间交流合作、功能定位、服务目标三个角度提出了科技中介机构的协同要素，在分析区域协同创新体系特点的基础上，构建了科技中介服务机构协同创新的概念模型和系统模型，并以天津市为案例，提出了中介机构与其他机构的协同方式，形成了一套较完整的以科技中介机构为核心的协同创新体系。值得注意的是，在实际操作过程中还应该注重促进科技中介协同创新的扶持政策的制定，同时加强对科技中介机构的宣传力度，鼓励社会各界兴办科技服务机构，形成浓厚的社会环境氛围。

> **说明**
>
> 本章内容是对 2012 年天津市科委开展中介机构协同创新工作的思考，成文后发表于《科学管理研究》期刊（2012 年第 6 期）。时值天津科技创新体系建设如火如荼，但是科技中介机构的作用尚未充分发挥，中介机构应该与谁协同？怎样协同？带着这样的疑问，我从加强科技中介机构之间交流合作、功能定位、服务目标三个角度提出了科技中介机构需要协同的要素，构建了科技中介服务机构开展协同创新的概念模型和系统模型，以天津建设为原型，提出了中介机构与其他不同机构的协同方式。

第 5 章

天津科技企业孵化转化载体建设的理论与实践

5.1 ▶ 科技企业孵化转化载体建设理论

5.1.1 载体概念的提出

不同成长阶段的科技型中小企业都存在着"死亡"的可能，为了保障科技型中小企业顺利度过"死亡之谷"，实现企业快速成长，我国先后出台了多项措施，搭建了多种服务平台，其中，科技企业孵化器和加速器建设效果最为明显。从企业发展需要经历初创期→发展期→成熟期→衰退期→死亡期（或二次成长）的发展阶段来看，科技企业孵化器主要服务于初创期的小企业，其政策目标是促进企业创业，减少企业创业失败率；科技企业加速器主要服务于发展期企业，其政策目标是突破企业成长瓶颈，平抑成长风险，加速企业成长。孵化器和加速器从企业成长的前两个阶段给予了一定的发展保障，对于企业进入成熟期以后的发展阶段则没有形成明确的、具有针对性的服务体系。鉴于此，部分省市已经做出了对科技企业的整体成长过程进行科技服务的谋划。例如，深圳市在建设企业加速器后，已有对高新技术企业的培育形成"孵化器—加速器—专业产业园"的系列平台支持模式的计划（钟卫东，孙大海，2007）；无锡也在酝酿企业加速器的"三级跳"模式，"在高新区建立一个从创业项目到孵化服务，再到加速器加速发展，进而进入大园区发展的科技企业培育体系"（何科方，钟书华，2009）。综上，目前我国对于科技型中小企业不同发展阶段的支持，还停留在需要不同种类服务平台来完成的状态，即需要不同的机构配合完成，还没有形成一个统一的管理机构可以实现对同一个企业不同发展阶段的"一站式"服务。

2010 年，《天津市科技小巨人成长计划》的实施，大力促进了科技型中小企业的发展。天津市加大了对科技服务机构建设的力度，从更好、更深入、更快实现企业发展壮大的角度考虑，创造性地提出了"科技企业孵化转化载体"（简称"载体"）的建设概念，认为该载体是科技企业孵化器和转化基地（或产业化基地）的总和，在理论上汇聚了孵化器、加速器、产业园区相关功能及生活娱乐等服务配套设施于一体的广义概念科技服务平台。

5.1.2 载体的理论功能

从服务效果看，目前这种多机构、多阶段服务模式不利于对企业形成连续性、深入性服务，同时也会造成部分服务资源的重复和浪费；从企业成长过程看，这种服务模式需要企业付出较多的精力进行服务机构选择、沟通和交流，从而造成企业人力、财力资源的浪费。因此，下面拟从科技型中小企业的成长特征和需求出发，结合孵化器、加速器、科技园区等相关服务功能，从理论上深入探析一个较为完整的科技企业孵化转化载体所需具备的功能，并给出孵化转化载体的运作实质。

（1）科技型中小企业成长需求

在分析科技型中小企业成长需求时，本文主要结合查询的参考文献及本人多年从事的科技型中小企业服务工作对科技型中小企业不同成长阶段的风险进行深入识别（傅梅烂，秦辉，王义嘉，2005），结果见表 5-1。

表 5-1　科技型中小企业不同阶段风险状况分析表

	核心风险	技术方面	资金方面	人才方面	管理结构	市场方面
初创期	创业风险（经营风险、技术风险、产品风险、市场风险的综合）	技术转化风险深层技术开发风险后续技术开发风险	资金需求量大投入强度大筹资难度大	高技术人才匮乏往往创业者掌握核心技术	一人多责一般为直线职能结构	市场认可度低市场份额少
成长期	市场风险管理风险	技术已经较为成熟，基本排除技术风险	资金需求量大筹资渠道多筹资难度小	人才队伍趋于成熟，更关注于市场开发人才和管理人才的引进	分工较细、规章制度较多、多采取矩阵式组织结构	市场份额逐步提高，具有一定的市场定位，销售方式和服务方式需要提升

续表

	核心风险	技术方面	资金方面	人才方面	管理结构	市场方面
成熟期	技术风险 管理风险	技术趋于稳固，缺乏突破性创新，技术风险较大	资金需求相对缓和，融资相对容易	人员较为稳固，流动性较小	管理已经成熟，组织结构稳固，并逐渐趋于固化	市场稳固，但存在较多的潜在竞争者
衰退期（二次创业）	企业转型风险（即资源重组和置换风险）	技术相对老化，急需进行技术更新	资金需求量很大	人员老化，急需进行新鲜血液的注入和能力提升	管理固化、程序化、急需进行管理流程再造	具有一定影响力和知名度，新产品容易被市场接受

（2）基于企业成长需求的载体功能构建

针对科技型中小企业普遍面临的上述问题，以解决或缓解这些问题为出发点，结合目前天津市颁发的《科技企业孵化转化载体建设试点工作实施方案》要求，拟合科技企业孵化转化载体应具备的功能，见图 5-1。

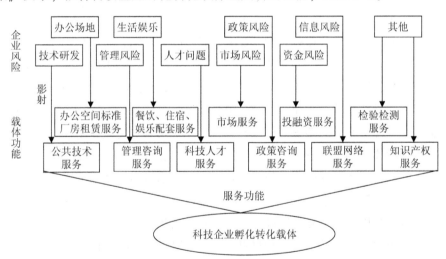

图 5-1　基于科技型中小企业成长风险控制的载体功能影射图

经过拟合孵化转化载体需要提供四类针对性服务：

一是办公场地（空间）服务。为不同类型、不同规模的企业提供企业运转所需的物理空间，包括初创期企业的孵化场地、发展期及壮大企业的转化基地和产业化基地。

二是餐饮、住宿、娱乐配套服务。主要为入驻企业员工提供基本的住宿、饮食、休闲等基本生活设施保障。

三是各种公共服务平台（机构）建设服务。主要包括市场服务平台协助企业举办各种会展、论坛、宣传、搭建国际合作通道等，增强企业对外的联系，了解市场动态，提升企业知名度；构建投融资服务平台，搭建企业和各类风投机构的信息交流和合作通道，帮助企业构建多层次、多元化的投融资体系，解决企业融资难题；构建管理咨询服务平台帮助企业进行企业家培训、战略指导、管理优化、绩效考核、薪酬设计、业务重组、跟踪调研等各类企业诊断与咨询服务，帮助入驻企业提升管理水平，提高资源使用效率，明确企业成长路径；构建科技人才服务平台，以人才代理和人员培训服务为重点，代理企业发布人才需求信息，为企业代聘、推荐高级人才和急需人才，并负责向企业派遣创业导师、科技特派员等服务，解决企业成长过程中普遍面临的人才匮乏问题；构建公共技术服务平台，为载体内企业提供专业技术咨询服务、研发服务、信息服务、产品设计、测试服务等，降低企业技术创新成本，加速企业的科技成果转化、产业化、市场化进程；构建检验检测服务平台，为企业产品检测提供便利，缩短企业检测时间和节省企业检测费用；构建政策服务平台，向企业提供全面的政策解读和科技咨询服务，使企业发展与国家政策导向相接轨，争取更多国家和地方优惠政策和资金支持，缓和企业发展压力，加速企业发展步伐；构建知识产权服务平台，帮助企业进行专利、商标、标准等的申请培训服务、申报代理服务、布局方案策划，发展战略制定等，使企业形成知识产权保护意识，从而增强企业竞争力。

四是载体网络服务平台建设服务。构建专家网络、设备资源共享网络、信息资源共享网络、联盟伙伴网络、管理支持服务网络、产品信息展示网络、企业宣传网络等，帮助企业广泛地结网和建立深入的合作伙伴关系，使其在积极有效地利用外部资源的基础上实现跨越式发展（程郁，王胜光，2009）。

以这四类服务为基础，孵化转化载体对科技型中小企业的服务功能主要体现在三个方面：一是向企业提供从初创到壮大的整个成长过程所需的物理空间环境，解决企业"住宿"问题，使企业来之能用，用之能产，避免企业不必要的厂房扩建和巨大的资金投入，减轻企业发展负担，缩短企业成长历程；二是帮助企业突破成长资源的束缚，引入各种服务机构，帮助企业获得成长过程中所必需的资金、技术、人才、信息、政策等诸多方面的有效资源，为企业发展提供更多的"营养成分"（王国红，陈中源，唐丽艳，2008）；三是帮助企业形成神经网络，通过搭建载体网络服务平台，使服务载体具备一个巨大的"神经"系统，企业可以借助该系统，加强企业与上下游企业、行业、市场、客户等外界信息的联系，扩充企业的信息源。

5.1.3　载体建设的实质

孵化转化载体的管理机构既是服务的提供者，又是载体管理者和各类平台服务机构的中介连接者，作为服务提供者，载体运营机构以提供生产厂房、基本生活配套设施为基础，其他商务服务、技术服务、融资服务、管理咨询服务、政策咨询服务等服务项目由运营机构的特点和能力决定。作为平台服务机构的中介联系者，孵化转化载体要组织和整合外部优势资源，包括大学、科研院所等技术研发机构，管理咨询公司等企业咨询机构，偏好科技企业的投融资服务机构，各类检验检测机构、知识产权服务机构、政策服务机构等，建立长期的战略合作伙伴关系，并广泛与国内外的行业协会、联盟、相关政府机构、俱乐部等密切沟通，形成联合，掌握行业最新动态。作为载体的管理者，既要全盘考虑各种机构的整合模式和协作关系，又要形成顺畅的运营模式和服务链条，以促进企业又快又好地成长为目标，成为企业成长的乐土和家园。

通过上述分析不难看出，构建这样一个"超级"服务机构，资源汇聚和整合是关键，而要很好地做到资源汇聚和整合，保证载体成为一个有机整体、一个体系，那么构建良好的政策性制度框架必然成为其核心内容。因此，笔者认为孵化转化载体实质上是一个政策性的制度框架，其政策目标就是为了加速企业发展，从而带动某产业的发展和区域的经济繁荣，其发展手段和服务方式就是对载体内企业的"成长支持计划"，其有效运作的关键就是合理的制度和政策的制定与实施。

5.1.4　载体的管理模式和内部机制

对于孵化转化载体建设，制度创新是关键，天津市孵化转化载体建设尚未形成明确的管理模式，只是在形式上有原建设单位部分人员负责，普遍存在着管理人员分工模糊，责任不明确，管理各部门协作力度和执行力度较差等情况，更没有形成明确的孵化转化载体内部管理制度。

对于载体的管理模式建设，本文建议根据建设者的实际状况采取三种方式：一是由建设方成立专门管理小组负责载体运行，管理小组采取企业化管理模式，针对小组成员建立绩效考核和相关激励约束制度，使考核结果和奖金、政绩挂钩；二是由建设方成立管理公司，再以公司名义招聘专职管理人员对载体进行运营管理，每年对管理公司规定任务目标，年末进行考核，以此决定管理人员来年聘用计划和薪酬水平；三是委托或联合专业管理服务机构进行代管，根据管理业绩或双方合同约定支付相关管理费用。

对于载体的内部管理机制建设，一是重点突出载体对外部服务资源的整合和集聚能力，着重探索各类服务机构的业务合作机制和信息共享机制，注重产业服务链条和服务集群的形成；二是注重各个建设单位之间的分工与合作机制建设，避免出现问题时各建设单位之间互相推诿；三是积极探索在企业化管理模式下，孵化转化载体如何实现更好的企业服务和培育模式；四是需要探索孵化转化载体管理小组的管理能力培养、绩效考核、激励约束制度的建设。

5.1.5 载体建设的理论路径

根据对孵化转化载体的功能理论分析、实质性认识、天津市孵化转化载体建设状况，并结合近几年对科技服务平台的建设经验，从建设模式、政府管理、品牌和形象、文化氛围、长远规划等五方面对载体建设提出深化建设路径。

（1）建设模式深化路径。一是探索多元投资模式，形成多方共建方式。面对目前天津孵化转化载体投资主体过于单一的问题，建议探索载体多元化建设模式，形成政府、园区、大学、科研机构、大企业、民间机构甚至国外资本共同参与的投资新模式，积极探索形成有利于官产学研金用的多方共同建设方式，充分整合各方优势资源，发挥各方能力，调动载体建设积极性。二是不断创新招商模式，切实加大招商力度。招商引资是区域发展的龙头，同样，科技招商是科技创新的突破口。面对载体建设，应注重强化科技招商，积极调动载体管理团队的招商积极性，不断创新招商模式，不再局限于对某个项目的单体引进，而是利用载体具有的孵化功能、转化功能、产业化功能等各项功能互补的综合优势，把握产业转移的规律特性，挖掘企业的产业聚集能力，着力实施"管理+制造+研发+配套"四位一体的复合招商模式，实现招商理念、模式和招商效率的全面跃升，推动载体科技产业集群式发展。三是探索风投合作模式，解决企业融资难题。企业融资是实现企业创业和发展的关键成功要素之一，投资机构进行有效投资的前提是对投资企业和投资项目有一个全面、深入的了解，而孵化转化载体具有天然的地理优势，具有深入的对在孵企业、项目的了解和掌握能力，如果孵化转化载体能与专业风险投资机构相联合，实现双方优势互补，发挥各自所长，选择某些重点企业进行种子期、发展期或壮大期风险投资，不仅能够加速该企业的成长，而且还可以使载体和投资机构获得较高的投资回报，一举两得，互赢互惠。四是建设载体网络联盟，提升资源整合能力。载体网络联盟不仅包括各个孵化转化载体之间的联网，还包括大量的能够帮助企业成长的咨询服务机构或相关科技服务企业，这个网络组织实际上就是把所有与企业服务有关的主体联合起来，纵向协调和组织孵化转化载体内已有的各类中介机构，横向联合企业、高校、科研院所等相关机构，形成合力，结成网络，实现服务、信息、知识、资金、空间等资源的共享，为在孵企业建立一个快捷高效的信息资源服务平台，提高企业整合外部资源的能力。

（2）管理效能提升路径。重点完善政府配套制度，加大政策支持力度，从加强政府管理角度考虑，尽快制定完善的载体配套管理制度。依法建立、资助、管理孵化转化载体，构建科学、合理的评价指标体系，重点推行孵化转化载体建设期的监理制度、建设期满的验收制度、优秀孵化转化载体的后续支持制度等。积极探索现有半政府管理模式下，实现孵化转化载体企业孵化培育功能的最佳途径和方法，孵育载体要通过自身优势集聚更多的科技服务优势资源来实现更好地为成长企业服务的目的，为此，考虑采取怎样的政策和办法来加大对载体建设的支持力度，才能使载体更好地发挥资源集聚能力，成为政府部门考虑的重要问题。鼓励载体创新管理机制、产学研合作机制、人才管理机制、载体运作机制建设等，帮助载体寻求实现良性运转、快速发展的最佳途径。

（3）品牌形象塑造路径。品牌建设是指孵化转化载体在对外服务过程中，有意识地向外部打造载体自身的品牌，并注重发挥载体知名效应。例如，充分发挥广播、电视、报纸宣传的舆论导向作用，加强对孵化转化载体服务成果的宣传报道；发挥网络平台展示作用，开辟载体宣传栏目，及时报道和更新孵化转化载体的重要新闻；广泛调动统计部门的应用统计等手段，及时向社会展示载体服务成果等。

（4）文化氛围渲染路径。重点形成了一种独特的企业培育环境和文化氛围，增强载体内各主体之间的相互支持、共同学习以及成长发展的意愿和动机，运用环境与氛围满足企业创业、成长、发展、壮大的精神需求。形成、强化这种文化环境要素，要注意加强载体与外界的联系与沟通，建立多元化的合作与交流窗口，广泛接纳和吸引多样化的服务主体和要素；要形成载体内企业的动态合作机制，加强信息沟通与共享，促进各组织之间的合作与对话，加强组织开展各种企业培育活动，宣传快速成长企业的发展经验，树立成功典范，形成"赶、超、比"的文化氛围。

（5）长远发展规划路径。重点帮助载体做好成长发展路线图，注重载体内外部的产业结合及产业链条的形成。建议政府主管部门划拨出部分专项资金，聘请专业咨询机构，针对不同产业、不同类型的孵化转化载体制定专门的孵化转化载体成长发展路线图，做好载体建设长远规划，使各孵化转化载体发展紧密围绕天津高技术产业发展战略。同时，在建设过程中，注重加强各企业之间的分工与合作，注重载体内部之间、载体内部与外部之间形成产业链条、形成产业集群，提高载体凝聚力，提高载体内企业的抗风险能力。

5.2 ▶ 天津科技企业孵化转化载体建设实践

5.2.1 天津载体建设的历程

2011 年，天津市委市政府颁布了《科技企业孵化转化载体建设试点工作实施方案》，组建了 15 家载体。地理位置上，15 家载体分布在天津的 11 个区县，其中，坐落在滨海新区 5 家，河东区、红桥区、河北区、东丽区、西青区、津南区、武清区、宝坻区、静海县、蓟县各 1 家，覆盖了天津大多数区县。15 家载体服务设施建设逐渐完备，按照原来的发展规划建成了孵化基地、转化基地和产业化基地。其中，孵化基地累计达 52.92 万平方米，转化基地191.7 万平方米，产业化基地 16.03 平方千米，同时，建成了相关配套生活公寓、食堂和基本的休闲、娱乐等公共设施，这些设施绝大部分已经开放，基本能够满足企业职工的生活需求。

15 家载体试点通过发挥自身政策优势、环境优势、成果转化优势等，同高校、科研院所、检验检测机构、金融服务机构等建立了长期合作关系，并根据载体产业发展需求，把一些优势科研资源、金融资源和科技服务资源等引入载体。2012 年，载体集聚各类服务机构达到 110 家，其中，孵化器 23家，生产力促进中心 10 家，其他技术服务平台、金融服务平台、检测服务平台、信息服务平台、人才服务平台和技术转移中心等 77 家（具体见表 5-2），形成了相对完善的科技服务体系，基本能够满足载体内企业成长过程中对资金、技术、人才、信息、政策等诸多方面的需求。

表5-2　天津市科技企业孵化转化载体基本情况

序号	载体名称	产业布局	发展现状（2012年统计）			
			各类服务平台（家）	孵化器（家）	生产力中心（家）	企业数量（家）
1	开发区生物医药产业孵化转化载体	生物医药	4	2	1	235
2	滨海高新区软件与集成电路孵化转化载体	软件与集成电路	9	2	0	420
3	国家动漫产业孵化转化载体	动漫设计	1	2	0	67
4	国家数字出版产业孵化转化载体	数字出版	4	1	0	42
5	东丽区华明低碳产业孵化转化载体	电力电气、电子信息、新能源	1	3	1	56
6	西青区凌奥创意产业孵化转化载体	动漫创意	5	1	0	120
7	武清区京滨科技企业孵化转化载体	新材料、电子信息、石油设备	4	1	1	50
8	红桥区电气产业孵化转化载体	电气及自动化	7	1	1	70
9	河东区电气节能产业孵化转化载体	电气节能	4	1	0	105
10	河北区绿领低碳创意产业孵化转化载体	文化创意	8	3	1	65
11	蓟县专用汽车产业孵化转化载体	整车制造及专用零部件加工	9	1	1	18
12	子牙循环经济产业区孵化转化载体	环境与再生资源	1	1	1	16
13	津南区八里台电子信息产业孵化转化载体	电子信息	6	1	1	18
14	宝坻九园新能源和机械装备制造产业孵化转化载体	新能源、机械装备制造	9	1	1	28
15	塘沽海洋高新区科技企业孵化转化载体	装备制造、汽车、航空航天	5	2	1	161
合计			77	23	10	1471

载体建设单位在招商引资、项目建设等方面主要围绕载体的特色产业和优势产业进行。2012 年，15 家载体共集聚企业 1471 家，平均每个载体 98 家。滨海高新区软件与集成电路孵化转化载体集聚企业数量最多，达到 420 家，占总数的 28.5%；子牙循环经济产业区孵化转化载体集聚企业最少，仅有 16 家，占总数的 1.08%。这些企业主要集中在生物医药、电子信息、新能源、新材料、集成电路、数字出版、动漫设计、电气及自动化、文化创意、汽车制造、环境与再生资源、机械装备制造、航空航天等 13 个领域。同时，企业的集聚促进了宝坻九园锂离子动力电池产业集群、京滨工业园石油装备产业集群、津南区八里台电子信息产业集群等多个集群的快速形成与发展。

5.2.2　天津载体建设的模式与经验

根据不同区域的特点和建设需要，孵化转化载体建设分为三类：中心城区主要依托大学、科研院所的科技优势，集聚初创期、培育壮大期科技型中小企业，建设"科技企业孵化器+转化基地"模式；滨海新区主要依托其区位优势，重点吸引国内外高科技成果在新区转化、优秀科技团队来新区创业、高新技术企业在新区聚集，建设"科技企业孵化器+转化基地和产业化基地"一体化模式；其他区县主要依托区域空间及资源优势，重点聚集成长期和壮大期科技型企业，培育科技"小巨人"，建设"科技企业孵化器+产业化基地"模式。

科技企业孵化转化载体建设是一项系统工程，根据笔者的建设体会和实践分析，总结出了十个方面的建设经验。

（1）加强资源整合能力，健全科技服务平台。鼓励科技企业孵化转化载体发挥自身优势，加强资源整合，通过自建、引进、鼓励社会力量新办等多种方式创办公共科技服务平台，在载体内构建完善的科技服务体系，基本满足了载体内企业在成长过程中对资金、技术、人才、信息、政策等诸多方面的资源需求；另外，积极鼓励现有各类科技服务平台创新运行机制，建立健全市场化运作、企业化运营、服务绩效激励为导向的平台运行模式，定期实施绩效考核，根据考核结果，从相关科技专项资金中给予一定资金补助，帮助平台实现了可持续发展。例如，先后对东丽区华明低碳产业孵化转化载体、河北区绿领低碳创意产业孵化转化载体内的生产力促进中心、孵化器等进行了考核支持，显著提升了这些机构的服务层次和服务能力。

（2）加强资本市场建设，推动科技与金融结合。针对中小企业融资难题，在孵化转化载体内加强资本市场建设，鼓励有条件的载体设立创业投资引导基金，带动风险投资、股权投资基金投向科技型中小企业，例如，武清区京滨科技企业孵化转化载体与团市委共同设立了300万元天使投资基金，专门针对载体内初创期的科技型中小企业实施股权投资，降低企业创业风险。鼓励大连银行、浦发银行等金融机构探索符合企业特色的多样化担保方式，积极开展产品和服务创新，加大对载体内企业的金融支持力度，先后有布柯玛蓄能器、海林环保工程技术有限公司等10余家企业获得了银行贷款。加强与担保机构的合作，强化其服务科技型中小企业职能，例如，天津滨海高新区软件与集成电路孵化转化载体加强与海泰担保合作，海泰担保为载体内10多家企业提供了一系列与产业发展相适应的投融资渠道。引导民间资本开展与载体内的支柱产业、高技术服务业进行对接投资，发挥创业投资和资本市场等资源配置作用。支持鼓励符合条件的载体内高新技术企业在银行间债券市场发行短期融资券、中期票据、中小企业集合票据等债务融资工具，丰富企业的融资手段，拓宽融资渠道。鼓励具备条件的科技型企业利用自身专利、非专利技术等知识产权进行质押贷款，先后有必利优科技发展有限公司、必佳药业集团等20余家企业获得了专利质押贷款。

（3）创新科技招商模式，切实加大招商力度。加强对载体的科技招商建设，积极调动载体管理团队的招商积极性，不断创新招商模式，加大招商力度，重点支持利用载体产业聚集效应，吸引相关产业到园区发展，利用载体独特的区位优势和载体品牌，吸引企业到载体投资兴业等；另外，还鼓励载体针对产业链条、延伸产业服务、培育产业集群等建设的"空白点"进行招商，实现了招商理念、招商模式和招商效率的全面跃升。例如，东丽区华明低碳产业孵化转化载体招商时，不再局限于对某个项目的单体引进，而是利用载体具有的孵化功能、转化功能和产业化功能等各项功能互补的综合优势，把握产业转移的规律特性，挖掘企业的产业聚集能力，创造了"管理+制造+研发+配套"四位一体的复合招商模式。

（4）加强载体人才引进，推动高端人才集聚发展。积极鼓励载体试点制定人才引进、管理和培养方面的发展战略，重点根据载体内产业技术发展需求，指导载体试点完善引人、用人和育人机制，加强载体试点落实天津市及载体所在区域的人才配套政策，经过建设，各项人才政策创新在载体试点进行了很好尝试。通过沟通，加强天津市人才专项资金和人才项目安排等向载体试点倾斜。鼓励和引导各类人才把载体试点作为创新创业的主阵地，大力引进和培养国内外高端科技研发人才、高层次管理人才、高水平网络营销人才和高技能人才。对引进的高层次科技人才、创新团队,在科研项目、研发平台建设、人才培养、户口、子女就学等方面给予了重点照顾。例如,西青区凌奥创意产业孵化转化载体对引进的高层次创新创业人才和团队,提供150万元创新创业启动资金和50万元安家补贴,三年内全额补贴场地租金,优先解决创业人员配偶、子女的户口及社会保险等。塘沽海洋高新区科技企业孵化转化载体实施了创新人才激励计划,加大对优秀科技人员和优秀科技成果的奖励力度,充分调动创业人才的积极性和创造性。国家动漫产业孵化转化载体注重人才培养建设,与国内外高等院校、职业技能培训机构、软件开发商合作,共同打造了基于网络协作的远程快速部署教育系统。

(5) 加大载体政策支持,助推企业快速成长。对现有科技政策进行梳理,全面建立有利于载体发展壮大、功能完善的政策体系,提高政策支持的综合协同效应,例如,市科委重点对符合贷款条件的孵化转化载体,鼓励申请市财政"小巨人"专项周转资金,并且要求区县政府按照市财政的支持力度,以1:1的比例匹配;优先组织创业导师、科技特派员为载体试点单位服务等。积极鼓励载体试点制定适合自身发展的特色政策。例如,华明低碳产业孵化转化载体先后制订了载体内技术服务机构支持政策、市级孵化器认定补助政策、企业知识产权奖励政策、企业新产品研制支持政策等7项优惠政策,取得了良好效果。另外积极鼓励载体大力开展"小巨人"企业的培育工作,辅导企业申报科技型中小企业创新资金、周转资金、高新技术企业等科技项目,加快科技型、高技术服务型企业发展。例如,滨海高新区软件与集成电路孵化转化载体针对不同种子企业的特色,量身定制"一对一"小巨人企业培育计划及实施方案,显著加快了种子企业向小巨人企业转化的速度。红桥区电气产业孵化转化载体聘请业内专家开展了各类项目申报辅导会,在各类科技及产业化项目数量上和资助金额上都取得了较大突破。

(6) 注重完善产业链条,推动形成产业集群。注重加强载体内产业上下游及横向产业的联系,注重产业集群发展的实际需求,使孵化转化载体建设符合市场经济运作规律,加强企业培育与市场需求相结合,注重加强各企业之间的分工与合作,推动在载体内部形成产业链条,打造特色产业集群,形成集群品牌,提高载体试点的资源凝聚力、整合力、协同力和创新力,提升载体内产业集群和企业的品牌效应。例如,滨海高新区软件与集成电路孵化转化载体结合国家和天津市信息产业发展重点和高新区细分产业优势,抢抓机遇,重点发展曙光、鑫天和、大宇宙、猛犸、天地伟业数码等区内龙头企业，完善产业链条，逐步形成了计算机制造、集成电路、软件与服务外包、动漫游戏、嵌入式软件等具有高新区特色的产业集群，为产业招商打响了品牌。武清区京滨科技企业孵化转化载体协调和配置京津两地逾百所高校科研机构，推进政府、企业、研究机构、高校、金融机构以及其他中介服务机构之间的合作，推动产业上下游企业、同环节的企业在空间上集聚，形成了新材料、石油机械设备制造业、电子信息三大优势产业集群，形成了石油设备设计→石油设备生产→产业配套→物流营销的石油机械设备等 5 个产业链条，并申请了"京滨"这一天津市著名商标，加速了载体依托单位从传统工业型转向总部基地型、科研孵化型和产业链延伸型方向的转变。

（7）创新载体建设模式，形成多元共建新格局。以提升载体试点的孵化转化能力为出发点，以提升、完善载体的服务功能为立足点，积极鼓励载体创新建设模式，进行多元化联合共建。积极鼓励主建设单位联合政府或企业出资共建；鼓励与租赁公司合建，采用先建后租的模式建设；鼓励由工业地产商投资建设；鼓励各园区、大学、科研机构、科技服务机构、民间机构等联合参与载体建设；形成了多种灵活、有效的建设模式，充分整合了各方优势资源，发挥各方能力，调动了载体建设的积极性。例如，开发区生物医药产业孵化转化载体以泰达科技发展集团为建设主体，联合天津市生物医药联合研究院、亚历山大（天津）科学孵化器有限公司以及开发区西区生物医药园联合共建，形成了"政府引导、企业主导、市场运作、综合平衡"的建设模式。塘沽海洋高新区科技企业孵化转化载体形成了以海洋开发总公司为主建单位，海洋高新区创业中心为共建单位，以海洋高新区管委会、天津大学、南开大学、天大银泰快速制造生产力促进中心为协建单位的建设模式，逐步实现了载体运营由"政府推动型"向"市场导向型"的转变，进而实现了载体提供服务、经营创效的"双轮驱动"。

（8）科学规划布局，合理空间利用。在遴选载体建设试点时，注重科学规划布局，发挥区县特色产业集群优势，充分考虑当地区县产业集群发展特色、发展优势，选取产业集聚度高、特色优势明显、经济发展带动力强的产业园区、工业园区等作为载体建设单位；已经建设的 15 家载体试点单位分布在全市 11 个区县，具有鲜明的产业特色和发展优势。其次，注重各载体规划方案的制定和实施，注重载体空间的合理利用，例如，开发区生物医药产业孵化转化载体采取"三区一体"格局，把科技企业孵化基地、成果转化基地和产业化基地三个功能区归为一体，这样可专门用于生物医药企业孵化、成果转化的空间面积达到了 171000 平方米，大幅度提升了载体空间利用率。再次，注重载体主导产业发展规划和产业升级规划制定。例如，塘沽海洋高新区科技企业孵化转化载体，根据区域特色，形成了海洋工程产业、装备制造产业、电子信息产业和现代服务业四大产业发展规划，为载体产业发展指明了方向。最后，注重对载体内企业的管理和提升，对不符合规划要求的企业，通过能耗控制、安全执法、环保监管等措施，实施关、停、并、转、迁、治，推动企业改造提升，加快形成优胜劣汰、"腾笼换鸟"的转型发展机制，最大程度上做到了孵化空间的高效利用。

（9）创新载体管理模式，制定载体内部运行机制。建立健全独立的管理领导小组专门负责载体运行，注重优化管理人员知识结构，完善服务管理职能，提高办事效率，针对小组成员建立绩效考核和相关激励约束制度，使考核结果与奖金、政绩挂钩。积极鼓励载体建设相关职能部门密切配合领导小组，集成配置各类有效服务手段和服务资源，集中力量，强化对载体提升建设的指导和服务。鼓励载体所在地政府把加快载体服务转型升级作为创新驱动、内生增长、促进工业由大变强的一项重要举措，明确目标任务和政策措施，帮助载体试点协调解决有关重大问题。例如，国家数字出版产业孵化转化载体通过采取国家新闻出版总署、天津市政府共建的模式，通过领导小组协调显著加快了载体相关工作进展。注重载体内部管理运行机制建设，一是注重"孵化基地、转化基地、产业化基地"三者之间的合作机制建设，形成了科技企业孵化器、转化基地和产业化基地三个层面的互动发展；二是注重载体对外部中介服务资源的整合和集聚能力机制建设，形成了各类服务机构竞相参与的合作机制；三是注重孵化转化载体管理层管理能力提升、业绩考核等机制的建设；四是注重各建设单位之间的分工与合作机制建设，避免了出现问题互相推诿现象的发生。例如，滨海高新区软件与集成电路孵化转化载体，在各建设单位之间制定了合作机制，明确规定软件孵化服务工作由天津市华苑软件园建设发展公司负责，集成电路设计孵化服务工作由天津市集成电路设计中心及行业协会负责，整体产业促进工作由天津火炬 IT 服务创新联盟负责等，明确了各自的责任、义务和利益关系，保障了载体建设的顺利实施。

（10）健全载体考评制度，加强载体运行考核。制定和完善了载体管理考评制度，建立了第三方评价和考核机制，构建了科学、合理的评价体系，重点推行了建设期的监理制度、建设期满的验收制度、优秀孵化转化载体的后续支持制度。对载体试点实行了动态管理，每两年对载体试点进行一次绩效考核，对考核优秀的给予滚动支持；对考核不合格的，分别给予黄牌警告，并责成限期整改；连续 2 次考核不合格的，予以摘牌，取消载体建设资格；逐步形成了"优胜劣汰、动态替补、梯次接力、示范推广"的激励约束机制，形成了"比、学、赶、追、超"的载体建设格局。

5.2.3 天津载体建设的成功要素剖析

（1）得益于政策助"跑"。

1）市级层面。市科委先后制定了创业导师和科技特派员制度，重点帮扶载体试点管理人员提升管理水平、完善科技服务体系、增强孵化能力、指导公共技术服务平台建设等；制定了贷款申请政策，允许符合贷款条件的孵化转化载体申请市财政"专项周转资金"支持；鼓励区县做好财政匹配，要求区县政府按照市财政支持力度，以1∶1的比例匹配。

2）区（县）级层面。大部分区县政府在载体发展规划、用地、财政、扩大孵化面积、公共服务能力建设、吸引人才、融资等方面予以优先支持，将载体建设列入区县发展重点。

3）载体层面。部分载体制定了一些特色政策，通过政策引导，促进载体服务企业。例如，华明低碳产业孵化转化载体先后制定了载体企业知识产权奖励政策、企业新产品研制支持政策等 7 项优惠政策，以促进"小巨人"企业的培育，2012 年新增"小巨人"企业 2 家，科技型企业数量突破百家；滨海高新区软件与集成电路孵化转化载体针对不同企业需求，量身定制"一对一"小巨人企业培育计划及实施方案，显著加快了培育企业向小巨人企业转化的速度。

（2）得益于融资助"飞"。

1）设立投资基金。部分载体单位注重资本市场建设，自发设立了创业投资引导基金，带动风险投资、股权投资基金投向科技型中小企业，缓解了企业融资难题。例如，武清区京滨科技企业孵化转化载体与团市委共同设立了300 万元天使投资基金，专门针对载体内初创期的科技型中小企业实施股权投资，降低企业创业风险。

2）强化金融合作。加大了载体与大连银行、浦发银行等金融机构的合作力度，共同探索符合企业特色的多样化担保方式，加大对载体企业的金融支持力度，先后帮助博斯特石油等 10 余家企业获得了银行贷款；红桥区电气产业孵化转化载体充分发挥中小企业信用担保中心与融资机构的建设合作，先后与天津银行第六中心支行、天津渤海融资担保有限公司、天津市虹融创业投资担保有限公司等 10 多家投资机构、银行、会计事务所建立了合作关系，共同搭建了投融资平台，先后帮助科技型中小企业融资 6100 万元，成功支持了正本电气等有条件的企业实现上市发展。

（3）得益于合作助"强"。强化合作集聚，部分载体单位利用载体空间优势、服务优势和区位优势等，加大对国内外优秀研发机构的引进和聚集力度，注重研发机构与企业的交流与合作，搭建以企业为主的产学研合作模式，提高企业的凝聚力、协同力和创新力，把企业打造为科技成果转化的主战场。例如，塘沽海洋高新区科技企业孵化转化载体加强与天津大学、南开大学、天津市科学学研究所、天津工业设计协会、北京工业设计促进会等多家机构合作，聘请不同学科领域的 20 多名专家，为 30 多家企业提供了技术指导和创业咨询服务，解决技术难题 30 余项，达成产学研合作项目 10 余项，为载体企业发展提供了强有力的支撑。宝坻区九园新能源和机械装备制造产业孵化转化载体通过与清华大学、河北工业大学、天津大学、天津科技大学等多所高校建立长期合作关系，重点面向载体新能源、新材料类企业加强辐射，帮助企业开发了储能装置项目、电子设备项目、电池组装项目、光伏发电设备等 10 多个项目，加强了华夏鸿源、贝特瑞、东皋膜锂离子电池等企业的行业龙头地位。

5.2.4 武清区京滨科技企业孵化转化载体建设分析

2012 年，武清区京滨科技企业孵化转化载体孵化基地达到 2.2 万平方米，转化基地达到 10 万平方米，产业化基地达到 1 平方公里；招商中心、星级酒店、蓝领公寓、学校、消防站、超市、医院等配套设施陆续投入使用。服务功能较为完善，载体已经建成各类公共技术服务平台 6 个，与 30 多家高校科研院所，5 家金融机构，35 家会计师事务所建立了长期合作关系，帮助 50 多家企业开展了产学研合作，帮助 35 家企业获得扶持资金 360 万元，帮助 6 家企业融资担保 2.3 亿元，帮助 14 家企业申报贴息贷款 6700 万元。企业集聚力度强劲，载体先后集聚了 150 多家科技企业，其中，上市公司 8 家，分别是阿里巴巴、当当网、大禹节水、世凯威、日本特殊电机、雅致活动厂房、新奥集团等；世界 500 强 4 家，分别是美国 AMB 公司、英国默泰克公司、荷兰 TNT 物流、美国凡士通公司，入驻载体的企业年产值总计达到 60 亿元。催生了产业链和产业集群的形成，先后搭建了"石油关键设备研发→石油关键设备设计→石油关键设备生产→物流营销"等 5 个产业前沿技术的研发、转化、产业化大链条，形成了石油关键设备、新材料和电子信息三大产业集群。武清区京滨科技企业孵化转化载体建设的成功关键在于：

（1）得益于联投共建、发展共赢的建设模式。载体在基础设施建设方面，由天津京滨工业园开发有限公司联合天津景军投资有限公司共同投资建设。一方面，京滨工业园管委会借助景军公司提供的办公楼、厂房作为孵化转化载体的孵化基地，直接服务科技型中小企业发展，既缓解了载体目前的用地压力，又提高了现有工业地产的土地利用率；另一方面，景军公司通过房屋租赁获取了一定房租收益，并且选择入孵企业的优秀项目进行投资，既为企业解决了融资难题，又使景军公司获得了一定投资回报，实现了多方利益共赢。

（2）得益于分工细化、全面整合的招商模式。一是完善载体招商中心的工作机制，将招商体系按照区域和行业划分为四个招商分部，进行招商分工细化。二是深入梳理载体区位优势、政策优势、环境优势，实行"招商实效化""策略多元化"的招商模式，面向全国高科技资源区、人才集聚区宣传推广载体优势，吸引高端企业入驻。

（3）得益于优势集聚、强化引进的产学研合作。一是载体试点充分发挥地处京津"黄金点"的区位优势，发挥高铁、城际交通优势，注重选择实力较强的科研机构作为重点合作对象，以达到优势资源集聚目的。例如，产学研合作伊始就优先选择同中国科学院化学研究所、中国机械研究总院、石油大学等知名院所建立合作关系。二是注重高校科研院所等产学研合作对象分支机构的引进。例如，通过无偿划拨土地、无偿使用办公场地等方式，引进了中国科学院化学研究所天津研究院、中国光电研究院天津分院、中国石油大学研究基地等，加大了研发机构的集聚力度。

（4）得益于发展高端、内外共建的投融资模式。一是注重外部高端投融资机构和财务中介机构的引进。例如，瞄准国际高端，重点引进了盛世投资、IDG 技术创业投资等知名风险投资机构；围绕京、津、冀地区，先后走访了200 多家会计师事务所，最终与 35 家优秀会计师事务所建立了长期合作关系。二是在载体内部建设了 300 万元的天使投资基金（种子资金），以股权或债权的方式帮助创业企业解决融资难题。

5.2.5 天津载体建设存在的主要问题

（1）管理模式不清晰，管理制度不明确，少部分单位甚至没有明确的管理部门。对于孵化转化载体建设，机制和制度创新是关键，目前，天津市孵化转化载体建设尚未形成明确的管理模式，绝大多数在形式上由原建设单位部分人员负责，这些人员身兼多职，普遍存在着分工不清、责任不明确、管理部门协同力差、执行力度低等情况。另外，15 家载体单位都没有明确的孵化转化载体内部管理制度，例如，沟通机制、信息共享机制、例会制度、财政建设资金使用制度、管理人员激励约束制度等，还有少部分单位甚至没有明确管理部门，导致了载体部分职能的空白。

（2）部分单位没有抓住载体建设重点，导致建设出现偏颇。科技企业孵化转化载体是一种新生事物，没有成功的经验可供借鉴，也没有成熟的模式可供参考，导致载体建设出现了偏颇。一是部分建设单位对载体建设的实质性认识显得不够充分，对载体建设的关键问题和关键环节把握不够准确，导致大多数载体建设单位对孵化转化载体的建设方案不够明确，建设细节不够详尽。二是没有把整合资源、支持内生性的科技创业作为建设重点，而是继续以往简单的"招商引资"和"房屋租赁"工作，偏重于尽快实现税收增长。

（3）普遍缺乏运作活力，且服务功能与企业需求存在脱节。15 家孵化转化载体均依托于地方园区管委会或区县政府控股的投资公司，致使载体建设含有不少行政机关气息色彩，载体建设的任务与目标也带有不少官方强制性特点；载体的运转基本是按照半事业单位机制进行，市场需求考虑不足，企业需求接轨不够。另外，大部分载体内的孵化器建设没有与科技部孵化器认定和管理办法相衔接，很难获得孵化器行业认可，这在很大程度上致使孵化转化载体建设的动力不足，难以实现自我良性循环。

（4）资源整合措施较少，凝聚力不强。大多载体建设单位尚没有出台明确的科技服务资源整合办法，也缺少有效的资源整合手段，更缺少相关政策和措施的执行和实施。虽然部分载体建设单位进行了相关资源的整合，但由于其信息资源的闭塞、政策支持力度的匮乏等原因，导致其资源整合力度和整合效果并不理想。

5.2.6 天津载体建设的优化思路

"科技企业孵化转化载体"是为了满足天津企业的成长需求而专门提出的，具有较强的地方特色，是天津建设科技服务大平台的典型做法，结合载体发展现状和特点，按照提升现有载体服务能力，做好未来载体规划布局的整体要求，本文提出深化载体建设的发展思路：一是从解决目前存在的典型问题角度入手，重点理顺载体管理机制和运行体制，强化载体建设重点，加强高端人才的引进和培养，增强运营活力。二是从孵化转化载体功能定位和提升服务能力角度入手，重点加强对科技服务机构的引进和建设力度。三是从整合产业资源，加强内生竞争力角度入手，重点推进载体内企业之间的分工与合作，促进产业链和产业集群的形成。四是从强化政府管理角度入手，重点加强载体建设财政支持资金的引导力度和载体后期运营的绩效考核。五是从载体建设布局入手，重点瞄准各区县的优势产业和具有活力的产业集群，做好载体建设顶层设计。具体各专项优化思路如下：

（1）管理体制和机制优化思路。一是摒弃目前单一机构建设模式，形成多元共建新格局。以提升载体的孵化转化能力为出发点，以完善载体的服务功能为立足点，鼓励载体进行多元化联合共建；鼓励主建设单位联合企业出资共建；鼓励与租赁公司合作，采用先建后租的建设模式；鼓励由工业地产商投资建设；鼓励各园区、大学、科研机构、科技服务机构、民间机构等参与载体建设，充分整合了各方优势资源，提升建设活力。二是创新管理模式。摒弃目前各部门"联合共管、谁都不管"的混乱现象，建立独立的管理领导小组专门负责载体运行，提高办事效率，针对小组采取企业化的绩效考核和激励约束机制，使考核结果和政绩挂钩。同时，鼓励建设单位的其他部门密切配合领导小组工作，集成配置各类有效服务手段和服务资源，协助小组工作。三是理顺载体内部运行机制。注重"孵化基地、转化基地、产业化基地"三者之间的合作机制建设，形成科技企业孵化器、转化基地和产业化基地三个层面的互动发展；注重载体对外部中介服务资源的整合机制建设，推动形成各类科技服务机构竞相参与的建设局面；注重在多元化建设格局下，各建设单位的分工与合作机制建设，避免出现问题互相推诿。

（2）科技服务机构的引进与建设优化思路。一是鼓励科技企业孵化转化载体发挥自身优势，加强资源整合，通过自建、引进、鼓励社会力量新办等多种方式建立健全公共技术、技术交易、技术转移、检验检测、科技咨询、政策服务、知识产权服务、管理咨询等科技服务机构，在载体内形成完善的科技服务体系，提升对企业的全方位服务能力。二是划拨出专项资金鼓励载体内科技服务机构进行管理创新和服务能力提升建设，加快形成市场化运作、企业化运营、服务绩效激励为导向的管理模式，推动这些机构尽快实现可持续发展。三是鼓励各类科技服务机构之间开展跨行业协作、同行业交流，形成服务联盟，促进科技服务链条和科技服务网络的形成，延长服务利益链。

（3）内生竞争力持续提升思路。一是注重对载体内企业的管理和提升，对不符合发展要求的企业实施关、停、并、转、迁、治，推动企业升级改造和转型发展。二是由载体管理机构推动，由行业龙头企业或优势科研院所牵头，通过建立区域性行业协会、产业技术创新联盟、联合协作中心等，加强载体内上下游及横向企业的联系，注重企业发展的实际需求，加强各企业之间的分工与合作，推动载体内部形成产业链和特色产业集群。三是注重形成集群品牌，注重发挥集群品牌效应，提高载体单位的资源凝聚力、整合力、协同力和创新力，加速推动产业集群从无序化发展向有序化合作转变，从个体化研发向网络化联合研发转变。

（4）政府管理和引导强化思路。一是载体所属政府管理部门应把加快载体服务转型升级作为加速区域创新驱动、实现内生增长的一项重要举措，明确目标任务和政策措施，帮助载体单位协调解决有关重大问题。二是用好财政资金，探索建立以财政资金投入为引导，社会各类风险投资资金为主体的载体投资建设新模式。三是鼓励载体引进风险投资机构、担保机构为载体内企业进行项目融资提供投资担保，鼓励银企联手，促进金融、资本、科技三结合，加快载体科技融资服务平台建设，重点解决中小企业贷款融资难题。四是健全载体考评制度，加强载体运行考核，建立第三方评价考核机制，构建科学考评体系，重点推行建设期的监理制度、建设期满的验收制度和优秀载体的后续支持制度；对载体单位实行动态管理，每 2 年对载体单位进行一次绩效考核，对考核优秀的给予滚动支持；对考核不合格的，分别黄牌警告，并责成限期整改，连续 2 次考核不合格的，予以摘牌，取消载体建设资质，逐步形成"优胜劣汰、动态替补、梯次接力、示范推广"的激励约束机制，形成"比、学、赶、追、超"的载体建设新格局。

（5）载体布局与规划提升思路。一是摒弃以往按照各区县"平均主义"为主的空间布局思想，形成从天津市整体产业发展格局出发，按照产业发展强度、产业发展需求为主，兼顾区县发展特色的布局新思路，充分考虑区域产业集群发展特色、发展优势，选取产业集聚度高、特色优势明显、经济发展带动能力强的产业园区、工业园区、特色产业基地等作为载体建设单位。二是注重各载体发展规划的制定和实施，重点加强载体建设空间的规划，探索孵化基地、成果转化基地和产业化基地"三区一体"建设新思路，提升空间利用率；注重载体主导产业发展和产业升级方面的规划制定，为载体产业发展指明方向。

5.2.7 进一步优化天津载体发展的实践战略

（1）进一步深化载体功能目标，优化载体组织模式。加强各区县主管部门对载体的建设指导，聘请专家团队深入开展载体建设需求调研，采取"一体一策""集中培训""轮流指导"等多种方式帮助建设单位明确载体功能定位、深化载体规划布局。根据《科技企业孵化转化载体建设试点工作实施方案》的总体要求，进一步细化和明确各个载体的短期、中期和长期建设目标，重点明确科技型中小企业、小巨人企业和高水平创业企业家的培养目标。鼓励载体建设单位探索多元共建模式，除鼓励主建设单位联合企业出资共建，主建设单位与租赁公司合建，委托工业地产商投建以外，还要积极鼓励主建设单位探索与大学、科研机构、科技服务机构和民间机构等共建载体新模式。鼓励载体进行管理模式创新，重点引导载体建设单位建立管理领导小组，并对管理小组制定明确的绩效考核制度，进行定期考核，并使考核结果与其政绩直接挂钩。

（2）进一步完善载体的服务功能，提升载体服务能力。加强载体对科技服务机构的建设需求调研和服务能力评估研究，引导载体有重点、有目标地引进科技服务平台和金融服务机构，形成较为完善的科技服务体系。鼓励各区县政府制定面向科技服务机构的服务补贴政策，划拨出专项资金作为载体对科技服务机构的管理基金，定期对科技服务机构进行考核，根据考核结果，选择优秀机构给予服务后补助。建立公共服务机构的固定服务机制和流动服务机制，即在引进服务机构的模式上，除在载体建设固定的服务场所、进行长期驻园服务外，还鼓励载体定期、不定期地邀请外部服务机构入园服务，形成流动服务模式。制定载体高端人才、团队引进政策，对引进的高层次科技人才、创新团队，在科研项目、研发平台建设、人才培养、户口、子女就学等方面给予重点照顾；同时，鼓励载体建设单位落实天津市及载体所在区域的人才配套政策，确保现有人才政策能够在载体内发挥功效。注重载体社会化、网络化服务体系的构建，重点引导载体加强各类科技服务机构开展协作交流，鼓励载体外部社会服务机构的参与，鼓励共同形成服务联盟，促进载体社会化服务链条和服务网络的形成。

（3）进一步出台企业激励政策，促进载体企业发展。市级层面，建设有效的市、区（县）、载体三级联动政策体系，尽快出台面向企业的科技服务补贴政策。即对购买科技服务的企业给予一定费用补贴，激活企业的科技服务需求；同时，鼓励企业进行产学研合作，对企业的产学研合作项目予以重点支持。区级层面，制定载体对创新型企业的引进集聚鼓励政策。按照载体引进创新型企业的数量和质量，给予载体建设单位在用地、扩大孵化面积、财政等方面的优先支持，鼓励载体引进优势企业。载体层面，制定创新型企业评价机制。定期对引进的企业进行创新评比，对评比优秀的企业，优先推荐为创业导师、科技特派员试点服务单位，优先享受载体组织的科技沙龙、企业管理培训等公共服务。

（4）进一步创新载体招商模式，切实加大招商力度。积极调动载体管理团队的招商积极性，不断创新招商模式，加大招商力度，建议重点支持利用载体产业聚集效应，吸引相关产业到载体发展，利用载体独特的区位优势和载体品牌，吸引企业到载体投资兴业；建议载体针对产业链条、产业服务延伸、产业集群培育等关键环节"空白点"进行招商，实现招商理念、招商模式和招商效率的全面跃升。

（5）进一步加强载体人才引进，推动高端人才集聚和发展。鼓励载体制定人才引进、管理和培养方面的发展战略，重点根据载体内产业技术发展需求，指导载体单位完善引人、用人和育人机制，加强载体单位落实天津市及载体所在区域的人才配套政策；鼓励和引导各类人才把载体单位作为创新创业的主阵地；对引进的高层次科技人才和创新团队，在科研项目、研发机构建设、人才培养、户口、子女就学等方面给予重点倾斜。

（6）进一步建立健全支持载体建设的政策和措施。对现有科技政策进行梳理，全面建立有利于载体发展壮大、功能完善的政策体系，提高政策支持的综合协同效应。重点建议市科委对符合贷款条件的孵化转化载体，鼓励申请市财政"小巨人"专项周转资金，并要求区县科技主管部门按照市财政1:1的比例匹配；建议优先组织创业导师、科技特派员等为载体单位服务；建议载体单位制定适合自身发展的特色政策，例如制定技术服务机构支持政策、市级孵化器认定补助政策、企业知识产权奖励政策、企业新产品研制支持政策等。

（7）进一步健全载体考评制度，加强载体运行考核。制定和完善载体管理考评制度，建立第三方评价和考核机制，构建科学、合理的评价体系，重点推行建设期的监理制度、建设期满的验收制度和优秀载体的后续支持制度。对载体试点实行动态管理，每2年对载体试点进行一次绩效考核，对考核优秀的给予滚动支持；对考核不合格的，给予黄牌警告，并责成限期整改；连续2次考核不合格的，予以摘牌，取消载体建设资格；力争形成"优胜劣汰、动态替补、梯次接力"的建设格局，形成载体自我发展的良性模式。

（8）进一步加强载体宣传，树立载体品牌。鼓励载体建设单位充分利用广播、电视、报纸宣传的舆论导向，加强对载体服务职能、服务成果的宣传报道；发挥网络平台展示作用，开辟科技企业孵化转化载体专门宣传栏目，及时报道和更新载体建设和服务的重要成果，努力提升载体知晓度，扩大载体影响力，力争把科技企业孵化转化载体打造成天津知名品牌。

5.3 ▶ 本章小结

科技企业孵化转化载体是一种新型的科技服务平台，它为企业构建孵化、转化和产业化为一体的创新型空间，提供各种生活、娱乐等基本服务配套设施，提供企业从初创到壮大发展的全程管理咨询服务、技术咨询服务、融资服务、检测服务、人才服务、知识产权服务、信息服务、网络服务等多种服务方式，其目的为加速企业成长、实现企业跨越式发展。从本文的研究可以看出，孵化转化载体不仅仅是一个物理形态的楼宇和空间，而更重要的是一种政策性的制度框架，该制度框架集聚了各种科技服务资源、企业成长性环境与文化，形成了企业快速成长的渠道。因此，在建设孵化转化载体过程中，不应该局限于其物理空间限制，而应该突出其内涵与功能，重点构建合理有效的资源整合制度、政策保障措施和强有力的政策执行办法，并形成载体可持续发展模式。

> **说明**
>
> 本章内容源于《天津市科技小巨人成长计划》科技服务体系配套建设方案的研究，成文后，部分研究内容发表于《科技与经济》期刊（2011年第6期）、《科技战略研究内刊》（2013年第2期）和《天津经济》（2013年第2期）。回忆载体建设历程，笔者认为，天津市科技企业孵化转化载体是具有天津特色的新生科技服务平台，它体现了当时企业对科技服务需求的发展趋势，也是天津乃至全国大平台建设的一个方向，从天津建设实践看，做好该载体的建设绝不可能一蹴而就，更应该把它看作是一项长久的系统工程，一方面要继续进行深入的理论研究，另一方面需要强化实践建设探索，整体上形成以加强政府引导、管理和做好顶层建设布局为重点，以加强体制机制建设为基础，以优势科技服务资源的引进、聚集和功能发挥为核心，以促进各类科技服务机构之间的合作为方向的建设模式。

第6章

谈创业载体：从车库咖啡到众创空间

6.1 ▶ "车库咖啡"：内涵与实质

自 2011 年以来，北京中关村先后涌现出车库咖啡馆、3W 咖啡馆、贝塔咖啡、创新工场、常青藤创业园、亚杰商会、创业邦、创投圈、天使汇、天使湾等十多家新型创业服务机构，这些创业服务机构形成了一个被称为"创业服务业"的新型行业，这些机构的存在和出现弥补了中关村科技服务体系对企业创业前端服务的不足，向前延长了科技服务体系链条，更有利于发现、培育发展潜力较大的"金种子型企业"；在这些机构中，主要面向"草根"阶层进行开放式创业服务的"车库咖啡"影响力最为突出，其服务效果比较显著，其运作模式和成功经验对我国进一步完善科技孵育体系，尽快催生一批优秀科技中小企业具有很大的参考价值。

中关村"车库咖啡"成立于 2011 年 4 月，全称为北京创业之路咖啡有限公司，它是一家以创业和投资为主题的咖啡厅，占地 800 平方米，能容纳 150人左右，主要为创业者提供办公场所，为投资者搭建投资平台，促进创投者的合作与交流。目前，"车库咖啡"已经成为北京中关村科技与文化发生碰撞、融合并催生创新的场所，也是科技和资本结合并创造价值的新领地。

6.1.1 "车库咖啡"的运营与管理

"车库咖啡"发起人苏菂，后又联合艾瑞创始人杨伟庆、联众创始人鲍岳桥、海虹控股副总裁上官永强、天使投资人安盟、春秋资本合伙人刘军、千淘资本合伙人李华兵等 10 位投资人共同出资入股。"车库咖啡"是以咖啡为载体的创业服务机构，定位是为广大创业者提供服务，特别是最早期的创业者；并与创新工场、天使会等孵化机构、投资机构等合作，为在车库咖啡的创业者们牵线搭桥。

（1）服务模式。借鉴了北美的 SUMMIT、Gitizin Place、RocketSpace 等"开放式办公服务模式"，以每天一杯咖啡的办公成本为创业者提供场地及各种办公所需的设备等。

（2）盈利模式。"车库咖啡"除卖咖啡的销售收入外，其盈利主要来自于楼道内每年数十万元的广告位售价和车库咖啡俱乐部的会员费（每人每年 1200 元，考虑到资源的配置效率，目前其会员限定在 50 人）。为缩减成本，"车库咖啡"积极与各类厂商合作，例如，与阿里云合作，阿里云向其提供了云计算存储及带宽，搭建免费移动 APP 真机云测试平台；与微软合作，微软向其创业者提供免费的 WINDOWS 操作系统及其 OFFICE 办公软件等。采取多项措施后，"车库咖啡"由亏损逐渐转向收支平衡。

（3）经营原则。为加强管理，"车库咖啡"制定了一些独特的经营原则，例如，规定晚 7 时之前不接待任何活动，白天要保证纯粹的办公环境，拒绝所有商业活动，拒绝任何企业的包场需求，对到车库来的所有团队都一视同仁等，这在一定程度上保证了"车库咖啡"长期运营的可持续性。

（4）服务内容。一是为创业者提供开放式办公场所。对到"车库咖啡"的创业者，每人每天点一杯咖啡，就可以使用一天的办公环境，并且"车库咖啡"还向其提供免费的 iPhone、Android、平板电脑测试机、投影、桌面触屏等设备，免费的 IT 界名人图书等。因为是开放式办公场所，创业者们在这里还可以相互磨合自己的产品和想法，丰富自己的创业计划。二是为投资者搭建便捷的投资平台。"车库咖啡"利用开放式办公模式，灵活、便捷的服务方式，吸引投资者到来，为投资者搭建服务平台，提高投资者寻找和筛选项目的效率。三是受投资人委托代其寻找项目。部分投资人委托"车库咖啡"寻找项目，"车库咖啡"利用自身资源，对寻找投资的创业者进行咨询、登记，利用车库咖啡经营者丰富的投资管理经验，帮助投资人寻找"靠谱"的项目。四是向创业者和投资人提供需求信息发布服务。利用咖啡厅内的墙壁和网上博客，帮助创业者发布求贤信息、团队组建招聘信息、业务交流信息、资本需求信息，帮助投资者发布招商信息等。同时，"车库咖啡"上线了 iPhone 和安卓客户端，免费向创投者提供在线信息咨询、在线对接服务等。五是为创业者举办免费创业讲座。"车库咖啡"常常邀请知名投资者和企业家来店指导，进行创业讲座；还会邀请基金、银行、法律、会计事务所等举办专题讲座、举办沙龙活动等，在创业相关的各个方面为创业者提供指导服务。另外，每天下午，"车库咖啡"还有一段"Case Show"，即让创业者在众人面前介绍项目，并邀请业内知名投资人或参与者点评。六是向创业者提供套餐。为了方便创业者和投资者，"车库咖啡"推出了创业者套餐：早上一杯咖啡、中午一顿饭、下午一杯茶，外加一些小点心等，做到了贴心服务。

6.1.2 "车库咖啡"的成功要素

（1）经营者具有较强的事业心和丰富的投资经验。创业者苏菂在一家上市公司工作了5年，一直负责战略投资业务，为了给创业者和投资方提供交流便利，放弃工作开办"车库咖啡"，他并不以赢利为目的，旨在做一番很有意义的事业。另外，苏菂本人很愿意跟创业者分享他自己的经验和有趣的东西，运用自己丰富的创业投资经验，对创业者予以指导，介绍领域相近或者属于上下游关系的团队给创业者认识等。

（2）"车库咖啡"的股东构成为其成功运营奠定了基础。"车库咖啡"的股东由10位具有很强投资实力的大公司组成，某种程度上，"车库咖啡"成了这些股东寻找好项目的触角；对创业者而言，这在很大程度上起到了凝聚、鼓舞和激励作用，为"车库咖啡"的初期运行起到了有力的助推作用。

（3）抓住了中关村创新创业大环境优势。中关村经过这些年的发展，聚集了新浪、微软、创新工场、木瓜移动等一大批科技创新型企业，整合了清华、北大等知名高校的优势科研资源，云集了全国各地的"能人异士"，已经形成了创新创业和风投聚集的良好氛围，这为"车库咖啡"的开办提供了"肥沃土壤"，并在一定程度上保证了"客源"。

（4）瞄准创投者缺乏公共交流平台这一薄弱环节创造商机。对于创业者来说，资金、资源、社交是最重要的。目前，我国的创业人士并不缺乏创新创业精神，只是缺乏这样的交流与合作平台。在中关村，由于缺少适宜天使投资的机制模式和土壤，创业者和投资者缺少相互认识、相互交流、相互学习的公共机构，这也就成为企业创业初期最为缺乏和薄弱的环节，"车库咖啡"正是瞄准了这一薄弱环节，抓住市场急需，创造了商机。

（5）"车库咖啡"自身运营优势突出，可开发潜力巨大。一是创业者"入驻"成本低廉。众多初期创业者往往租不起办公室，或者根本不需要办公室，在中关村的核心地区看来，"车库咖啡"15元一杯的价格比租办公室便宜多了，这为本来就不富裕的"草根"创业者减轻了创业负担，形成了极强的吸引力。二是"车库咖啡"采取共享办公模式，创业者可以随时进行无障碍交流，利于集思广益，推动各方资源的整合与互补。创业初期，创业者很有激情，碰到的困难也最多，不同创业者之间拥有创业的共鸣，愿意互相欣赏帮助，因此创业者来到这里后，彼此都愿意主动交流，不断地进行思想碰撞，实现了集思广益，这使他们的创业方案更加完善、可行。另外，创业者在这里还可以根据特长需要自发组合创业团队，形式灵活多样，很便捷地实现了不同技术领域的分工与合作，推动了各方资源的整合与互补。例如，在"车库咖啡"，有研究经济型汽车的，有研究高效电机的，有研究新能源电池的，有研究太阳能的，有研究 IT 行业的，所以，有人提出研究在线控制小型风力发电设备时，很快就找到了各方技术人士，很容易地就组建起了研发团队。三是形成了良好的创业精神和创业文化，成为创业者的精神家园。"车库咖啡"通过开展创业者创业历程讲座、创业沙龙、无障碍交流活动，大家互相激励、互相鼓舞，逐渐形成了一种独特的创业精神，形成了一种专有的创业文化，这种无形的精神力和文化力将成为创业者的永久动力，同时也将"车库咖啡"逐渐打造成不屈创业精神的代名词，提高了其知名度和意义内涵。

（6）领导的高度关注与支持。成立不到一年，"车库咖啡"已经接待了很多拜访者，包括政府官员、资本大鳄、天使基金人、创业先锋、知名企业家等；另外，中关村管委会、海淀科技园管委会已经决定重点支持"车库咖啡"建设，将其纳入民营孵化器的支持体系，享受政府的资金补助；在"车库咖啡"办公的创业者，也能获准以"车库咖啡"的地址在中关村示范区内注册，享受优惠政策。

（7）名人的带动和宣传。一些知名投资人起了很大的带动、宣传作用。一方面，他们会不定期地出现在"车库咖啡"，与创业团队沟通和交流；另一方面，他们把自己在"车库咖啡"的创业经历发在微博上，扩大影响力，让更多的创业者和投资人了解"车库咖啡"这个平台。

6.1.3　"车库咖啡"的建设实质

"车库咖啡"作为咖啡厅中的"孵化器"，与其他科技企业孵化器，如中关村孵化器等机构不同，它抓住了科技企业孵化器对创业者前端服务的不足，以弥补创业前端服务薄弱环节为突破点，以"创业投资主题+开放办公空间+创业孵化器"为特色，通过环境的打造、氛围的培养、资源的凝聚，向创业者和投资者提供一个相对固定、开放、自由、灵活的交流平台，这种交流不仅仅涵盖创业者和投资者之间的交流，还包括不同技术领域创业者的合作交流：同一技术领域的学习交流、不同创业者的创业经验交流、创业精神的交流、创业文化的交流等各种以创业为主题的交流活动。这种服务定位更加靠前，服务理念更加先进，服务模式更能满足创业者急需；它的存在和出现弥补了现有科技服务体系对企业创业前端服务的不足，向前延长了科技服务体系链条，更有利于发现、培育、发展潜力巨大的"金种子型企业"。

综上，笔者认为"车库咖啡"的实质是促使各种创业资源整合、交流、合作、提升的服务平台，是创业者实现理想的"助推器"，是投资者寻找项目源的"探测器"，是好创意、好项目向现实转化的"孕育器"。

6.1.4 "车库咖啡"建设对天津的启示

天津正面临着科技型中小企业发展的关键期，要想使科技型中小企业实现跨越式发展，从源头上选拔、扶持一批好"种子"企业就显得尤为重要，因为只有好的项目、好的创意，才可能在短时间内取得巨大的经济效益；同时，这也为天津科技服务体系建设提出了更高、更难的要求：天津科技服务体系建设必须向前延伸服务链条，着重加强企业创业的前端服务这一薄弱环节，从创业"源头"做好"种子"企业的护航工作，从根本上保障企业茁壮成长。鉴于此，天津市应尽快建设一批类似"车库咖啡"的新型创业服务机构，弥补创业前端服务不足的空白。具体建议如下：

（1）天津市与"车库咖啡"类似的创业服务机构应建立在知识密集区和产业密集区。天津市建立类似创业服务机构时，应抓住其对创新创业环境要求较高的特点，将其建设在创新创业氛围较好的区域。例如，可以围绕一些高校集聚区，专门针对高校毕业生和老师等建立创业服务机构；也可以围绕一些高科技产业集聚区，专门针对一些公司高层管理者和高层技术开发人员建立创业服务机构。

（2）天津市与"车库咖啡"类似的创业服务机构应围绕软件信息、移动互联网等可进行"轻创业"的领域进行。从中关村"车库咖啡"创业者所从事的领域看，大多数集中在互联网领域，他们大都是"轻创业"者，即用两三台笔记本电脑就可以实现创业。因此，天津市在建立类似创业服务机构时，应充分考虑创业对硬件环境的要求，结合天津市战略新兴产业发展规划，重点选择软件信息、移动互联网等易创业领域进行，例如，可以在天津华苑软件园、西青区电子信息产业基地等地建立类似的创业服务机构。

（3）天津市与"车库咖啡"类似的科技服务机构的建设路径可以采用多种灵活的方式。在新型科技服务机构建设模式上，应该遵循"实用、简洁、灵活"的原则，建议根据天津不同区域发展基础和建设的实际可操作性，采取直接创办、建立分支机构、改造提升等多种方式进行。直接创办方式可由天津市科委作为发起单位，组织投资公司、知名企业、高校科研院所等单位，在利益共享的前提下，共同进行创业服务机构建设；建立分支机构可由市科委联络北京、上海等运营成熟的车库咖啡馆、3W咖啡馆、贝塔咖啡等创业服务机构，给予政策优惠，引导其在天津建设分支机构；改造提升方式，即选择一些条件较好的科技企业孵化器，规划出专门空间，向前延伸其服务职能，使其具备与"车库咖啡"等类似的创业服务机构的职能。

（4）尽快出台支持"车库咖啡"等新型创业服务机构的科技支撑政策。天津市建设"车库咖啡"的条件远没有北京、上海等省市成熟。即便是北京，中关村的"车库咖啡"目前也没有盈利。如果天津按照市场规律建立这种创业服务机构，并使其长期有效运营，难度比较大，因此，建议政府尽快出台对这类新型创业服务机构的科技支撑政策，加强政府引导，使其享受一定的资金补助，才有可能尽快建立一批类似创业服务机构，并使其实现良性运转，充分发挥其功效。

6.2 ▶ 众创空间：建设与展望

6.2.1 众创空间的内涵

近年来，创客空间和创业咖啡等新型创业服务系统与传统孵化器的结合逐渐成为研究热点，随着国务院关于发展众创空间推进大众创新创业的指导意见的出台，上述形态正逐渐向众创空间研究发展。众创空间是在科技创业孵化器发展的基础上，通过新模式、新机制、新服务、新文化的融合发展，涌现出来的低成本、便利化、全要素的创业服务社区，集聚各种创新创业要素，为大众创业者提供良好的工作空间、网络空间、社交空间和资源共享空间，明确了众创空间的孵化器作用；同时也定义了众创空间的孵化器功能及其特点。

众创空间既是创业全链条的服务空间，同时又是创新链条服务空间，其服务对象是众创主体。在实际操作过程中，创新和创业是不可割裂的。众创过程是一个众创主体不断在创新和创业过程中往复上升的过程。因此，现今创新创业服务体的发展趋势应该是全链条与创新创业协同，而众创空间则是在这一原则指导下的孵化器、创客空间等新型孵化体和创新服务平台等的有机结合。

关于众创空间的功能定位，笔者认为，众创空间既要积极打造场地、设施、设备等为个人、团队开展创新创业活动提供基本硬件支撑的硬实力，提供办公场地、后勤保障、物业服务、生活服务等；又要着力增强创业咨询、政策辅导、创业论证、商业策划、财会税务、资金支持、知识产权保护、人才招聘、产业对接、宣传推广等方面的软实力，不断提升服务创新创业的综合能力。创新创业个人和团队的需求具有个性化、多样性、差异化的特点，众创空间具备全面的支撑服务能力，因而才能够帮助创新创业者在"创业摇篮"中起步。随着社会创新环境将比以前更加宽容，创业氛围会更好，众创空间会有越来越多的形态出现，体量也会越来越大。现阶段，我国众创空间孵化企业以互联网行业为主，将来会有更多以信息技术、新能源、新材料、生物技术等产业为代表的高新技术产业进入众创空间，众创空间类型势必越来越多样化、专业化，创业群体将会更加活跃。

6.2.2 我国众创空间发展历程

2015 年 1 月 28 日，国务院总理李克强主持召开国务院常务会议，确定支持发展"众创空间"的政策措施，为创业创新搭建新平台。同年 3 月 11 日，国务院办公厅出台了《关于发展众创空间推进大众创新创业的指导意见》，要求加快构建众创空间，到 2020 年形成一批有效满足大众创新创业需求、具有较强专业化服务能力的众创空间等新型创业服务平台。由此看来，推进众创空间建设已成为国家层面推进"大众创业、万众创新"的重大战略。

早在 2015 年之前，在北京、深圳、武汉、杭州、西安、成都、苏州等创新创业氛围较为活跃的地区，就已经涌现出了创新工场、车库咖啡、创客空间、天使汇、亚杰商会、联想之星、创业家等近百家创新创业服务机构。这些机构各具特色，产生了不少创新创业的新模式、新机制、新服务、新文化，集聚融合各种创新创业要素，营造了良好的创新创业氛围，成为科技服务业的一支重要的新兴力量。这些新型创新创业服务机构具有鲜明的特点，被称为"众创空间"。

2015 年之后，在国家双创政策的推动下，我国众创空间发展从无到有，呈现出快速发展态势。截至 2016 年 9 月，中国已有众创空间 3155 家，成为全球之冠。其中，科技部先后三批认定国家级众创空间数量，数量达到 1337 家，占全国众创空间数量的 42.4%。我国创客空间发展与全国双创活动一样，正迈入新阶段。

随着近年来众创空间的不断完善与发展，创新创业服务作为众创空间的核心价值开始逐步凸显。众创空间所提供的服务主要包括：公司注册、法律咨询、财务服务、人力资源、媒体推广、创业培训、融资服务、举办沙龙、创业大赛等，众创空间服务开放式、全方位的特征越来越明显。

综合众创空间提供的服务，我国现有众创空间运营模式可以划分为：一是产业服务型（包括投资驱动型、培训辅导型、活动聚合型、媒体推广型），其主要特点是通过提供单一方面的创业服务来获取利润。如联想之星、创新工场侧重投资服务，清华 X-lab、柴火创客空间等侧重培训辅导，车库咖啡等侧重活动聚合，黑马会侧重媒体推广等。二是地产思维型，其主要特点是通过出让工位以及共享办公空间和设备来获取利润，类似 We Work 模式，例如 SOHO 3Q、优客工场（Ur Work）等。三是综合创业生态体系型，其特点是打造完整的创业服务体系，包括金融、培训辅导、招聘、运营、政策申请、法律顾问，甚至住宿等一系列服务，例如创业公社。目前来看，我国大部分众创空间是创业培训型、地产思维型和投资驱动型，综合生态体系型和媒体推广型数量较少。(摘自《光明日报》2016 年 12 月 07 日第 11 版)

6.2.3　我国众创空间发展特点

在国家一系列"双创"政策的推动下，我国众创空间呈现出快速发展的态势，涌现出车库咖啡、创新工场、创客空间、天使汇等各具特色的创新创业服务机构。特点如下：

（1）表现出明显的区域特征。我国众创空间发展与区域经济发展水平和科教资源分布紧密相关，呈现出以"北上广深"等一线城市为龙头，以"宁杭苏汉蓉"等城市为重点，以科技、产业基础较好的城市为基础的阶梯式分布。目前，从空间密度看，上海市众创空间分布密度最高，北京市密度位居全国第二，江苏、山东、浙江、广东、福建等沿海经济发达省市众创空间面积密度也位居前列。其中，长三角、京津冀和珠三角地区成为我国众创空间建设的主要区域，由于三地产业基础、政策倾斜和其他要素禀赋不一致，也使其众创空间的发展模式各不相同。长三角地区作为全国经济最发达的地区之一，依托于其大量科技资源与雄厚经济基础、发达的商品经济以及成熟的金融体系，投融资服务成为长三角众创空间的服务优势。京津冀地区得益于其大量优质的教育资源与区位优势，创业培训服务已成为京津冀众创空间的发展特色。珠三角地区众创空间则非常重视入驻团队的知识获取与项目辅导，帮助其获取创业知识，沙龙活动已成为珠三角地区众创空间服务的亮点。

（2）运营主体呈现出多样化。自国务院办公厅出台《关于发展众创空间推进大众创新创业的指导意见》后，我国的众创空间发展迈入新阶段，行业领军企业、创业投资机构、社会组织等社会力量的主力军作用进一步发挥，众创空间运营主体从原先的政府、企业迅速扩展至高校、地产商、天使投资人、成功企业家、平台型大企业、创业投资机构等社会力量。各类运营主体践行不同的运营理念，通过灵活、创新的服务形态，汇聚多方资源，实现多赢的目标，起到提高初创企业成功率、创造就业机会、培养高端人才、促进地区经济发展等作用。其中，以政府为运营主体的众创空间主要打造服务于地方经济、树立地方产业品牌的公益性组织；以企业为运营主体的众创空间主要为实现企业内部的创新创业以及与产业链上下游的创业者优势互补、协同发展；以高校为运营主体的众创空间主要为高校科研成果转化提高成功率，实现技术成果的市场化和商品化；以创投机构和中介机构为运营主体的众创空间运营重点在于帮助机构拓展业务渠道和拓展项目来源；以地产商为运营主体的众创空间则通过建设众创空间来处置闲置的物业，提高物业运营效率。

（3）运营模式多元化发展。随着国家"双创"工作的不断推进，众创空间的创新创业服务核心价值开始逐步凸显，产生了不少创新创业的新模式、新机制、新服务、新文化，集聚融合各种创新创业要素，营造了良好的创新创业氛围。目前，国内众创空间可根据业态和商业模式分为产业服务型、联合办公型和创业社区型。产业服务型众创空间以 X-lab、创新工场、36氪、车库咖啡等为代表，包括投资驱动型、培训辅导型、活动聚合型、媒体推广型等，主要针对创业企业的成长需求，采取多样化的方法孵化和培育企业，通过提供创业服务来获取利润，其核心业务为孵化企业，为企业提供创业指导、培训、投融资、技术对接等服务，增加创业成功率，并通过股权投资回报获得收益。联合办公型众创空间以 WeWork、SOHO3Q、优客工场等为代表，通过共享公共空间和设施，实现办公空间的租用时段分散化，在降低创业者办公成本的同时，营造能够与不同团队或个人进行互动的工作社区，其核心业务在于通过场地租金实现盈利。创业社区型众创空间以创想家社区为代表，围绕创业者学习、创业、居住、社交、消费等需求，通过完整的社区功能配置，提供一体化的创业和生活服务，其侧重点在于营造集成化的创业生态，以社区服务的收入来弥补创业投资短期回报的缺乏，让创业、生产、生活和消费形成营收平衡的闭环。

6.2.4　我国创空间面临的主要问题

我国已经初步形成了一个以创客空间、创业咖啡、创新工场、国家自主创新示范区、国家高新区、科技企业孵化器等组成的创新创业支撑体系，并已逐渐摸索出了一些适用的创新创业服务方法。但这些创新创业服务方法并不系统，由于其依托主体的局限性，这些方法仅适用于众创链条中的某一环节或某几个环节，只能覆盖服务领域的一个或几个方面，这就造成了众创主体在创新创业活动全链条中不能时时获得有效的服务，间接导致了创新创业成功率低、成活率低、产业化率低的"三低"状况。因此，亟须建立多元化和全链条创新创业服务平台，建立服务众创空间发展的系统化生态服务体系。

（1）众创空间服务体系不完善。随着创客空间、创业咖啡等一批新型众创空间的出现，轻资产模式成为众创空间在知识经济时代的必然选择。然而，我国大部分众创空间多注重硬件服务，诸如办公场地、后勤保障、物业服务等。但是对于在孵企业急需的软件服务，如创业咨询、政策辅导、创业论证、商业策划、财会税务、资金支持、知识产权保护、人才招聘、产业对接、宣传推广等缺乏完善，造成了服务偏差。其次，创业导师资源、开源的软硬件资源、联合分享的社区平台、众筹平台及足够的网络空间这些要素在我国目前的众创空间中并不成熟，导致众创空间服务片面化，更没有达到面向全产业链创新的服务要求。当下，移动互联网、物联网、大数据技术在众创空间的应用还很欠缺，整合互联网技术，融合互联网思维，构建加强线上线下互动，实现线上需求整合，线下分散满足，为创新创业者打造一套提供基本服务及深度服务的服务业态和服务机制。

（2）众创空间运营模式不明确。作为激发大众创业活力的新生事物，众创空间引起了中央及各地政府的高度重视，短时期内一大批众创空间如春笋般冒出，在一些地方的规划中，某某年建成多少众创空间成了硬指标，为了迎合国家政策，把传统孵化器改换名称叫作某某空间。照搬国内外先进的众创空间模式以及"换汤不换药"的传统孵化器改造升级，是短期内建设的众多众创空间出现的问题，数量的扩张难以形成规模经济效应。众创空间的建设没有与当地产业、资源相结合，忽略当地创新创业者需求，没有形成具有显著特色的、可持续发展的模式，"脸谱化"的众创空间不能形成自己核心竞争力，难以吸引优质项目。

（3）众创空间管理水平不高。中外众创空间差距比较大的一方面是从事众创空间管理的专业人员，国外的管理团队更加专业化，我国比较欠缺这种专业人员、专业化团队、专业导师，管理人员与团队在自身不具备专业知识的情况下，难以对孵化企业进行全过程指导。其次，随着众创空间的不断发展壮大，受管理团队自身的认知和管理水平限制导致众创空间承载能力与服务水平下降，众创空间管理团队需要加强业务培训与流程管理，以提高自身服务水平与能力，提高众创空间孵化效率。另外，个别众创空间运营者还仅停留在利用个人的社会网络来吸引创新创业者进入众创空间，尚未意识到运用企业化的营销手段来增加对潜在客户的吸引力。

（4）众创空间协作能力不足。我国现阶段形成的多数众创空间大多单独作战，独立发展，缺少协同联盟机制，没有形成创新创业生态服务体系。众创空间作为载体，没有打通政府、科研院所、高校、众创空间和创新创业者之间的合作壁垒，难以做到面向全产业链的创新。在市场化程度不断提高的今天，科研资源、信息资源、社会投资等资源已突破地域限制，众创空间建设缺乏整体战略思路和多元社会参与的意识形态，缺少链接"政产学研金介用"的"舟桥"机制。另外，在众创空间内部，各孵化企业间缺乏必要的交流沟通，智力资源流动不畅，众创空间内部协作互动不多。

（5）众创空间对创新创业方法的服务缺失。我国现阶段创新创业缺乏基本的面向创新创业全过程的方法体系，创新创业局面被动。众创空间缺少基本方法体系和理论工具对创新创业者进行全过程、全方位的指导，创新创业者依靠个人积累的知识与经验，在创新创业过程中做出判断决策，往往容易造成商业计划不周密、市场预测不准确、产品与服务更新迭代慢、客户体验不佳等，最终导致创新资源的浪费以及创新创业效率低下。

6.2.5　基于 TRIZ 理论的众创空间建设

创新方法是建设众创空间服务平台的重要手段，人类的创新行为具有可组织性和可设计性等方面的规律，这种可组织性和可设计性不是对创新不确定性的否定，而是通过充分利用已有资源和创新方法进行资源的有效配置，提高创新成功的概率和效率。各国的历史经验表明，掌握创新方法，从而提高创新的效率和速度是后进国家增强自主创新能力，实现跨越式发展的捷径。人类发展历史以及科学技术进步历程，每一次重大跨越和重要发现都与思维创新、方法创新、工具创新密切相关。自近代科学产生，尤其进入20世纪以来，思维、方法和工具的创新与重大科学发现之间的关系更加密切。据统计，从1901年诺贝尔奖设立以来，有60%~70%是由于科学观念、思维、方法和手段上的创新而取得的。

建立面向众创空间的创新方法服务平台可以形成面向整个创新链、独特的创新方法体系，最大限度地发挥创新方法在企业创新发展中的作用。国内外许多知名企业在应用创新方法方面积累了许多成功的做法和经验，总结分析这些做法和经验对于我国企业加快创新方法的推广应用，建设创新型国家具有重要借鉴意义。此外，企业的创新是一个系统工程，涉及企业生产运营的各个流程环节，目前还没有一种能够解决企业遇到的所有创新问题的创新方法，同时，每个企业实际情况又不尽相同，所以对企业来说，引入创新方法时不应简单照搬，应当对各种创新方法进行充分的调查研究，结合企业自身实际情况及特点，因地制宜引入最适用的创新方法，并有机整合到企业管理创新、产品质量创新和技术创新等各个环节，从而形成企业自身独特的创新方法体系，进一步提升企业的创新能力。

2007年，科技部正式启动了创新方法的推广工作，2008年4月，科技部、发改委、教育部、中国科协联合印发了《关于加强创新方法工作的若干意见》，标志着我国创新方法的研究和推广工作进入到新的发展阶段，为创新方法的推广应用创造了很好的宏观环境。

我国创新方法推进中还存在一些问题：一是信息沟通不充分，体现在具有创新方法知识的专家、专业人才不了解企业创新过程中存在的具体问题，而企业有问题也不能很方便地得到帮助。二是创新方法知识共享不充分。实践证明，只有将多学科知识融合及各领域工程实例进行呈现，才能为创新人员提供更广阔的思维空间，帮助他们产生更多的有效解决问题的思路和方法。而当前的计算机辅助创新工具的知识库存在一定局限性——知识库中工程实例数量有限、质量和覆盖的行业面也很有限。

6.2.6 基于创新方法的众创空间服务平台构建

基于创新方法的公共服务平台框架如图6-1所示。

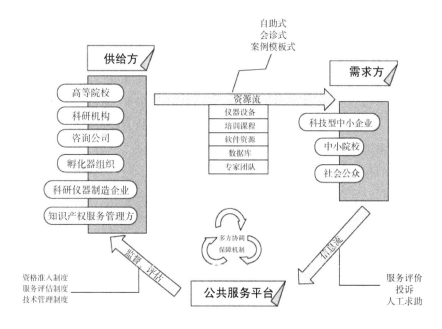

图 6-1　基于创新方法的公共服务平台框架

（1）平台框架的建构。服务平台功能设定为轻资产、重资源平台，将所有供需主体视为平台服务对象，平台提供服务信息勾兑、导引、推荐等服务功能，建立针对需求侧的服务规则和针对供给侧的服务规程。

（2）平台服务内容。针对创新方法的有效应用设计服务。从创新方法需求端为逻辑终点，回溯供给方提供的服务包括培训课程、深入咨询、软件共享、设备共用等内容。平台提供的服务在于达成供需双方的成交、有效及双方满意。研究平台性活动的目标设定、约束规则、反馈机制，促进供给方企业的良性竞争与合作；为注册企业或组织提供链接、网站导航，以促使平台延伸成长。对注册需求方企业或组织，提供创新方法的智能匹配与推荐服务，培训或咨询供给方信息的勾兑，促成两者良性互动，力求服务达成，并对服务效果进行反馈、评价、跟踪分析。

（3）平台运行模式。平台应定性为公益性公共服务平台，非营利性质，并设计为免费注册制，使任何资源拥有者和资源需求者无门槛进入平台，实现资源集大成化。运行目标是最大限度地服务于众创空间内的企业以及服务的提供方。

鼓励供给方将自己的竞争优势资源予以展示、公开，并由需求方自由选择，尤其以遭遇创新困难的众创空间内的企业为主。同时，公共服务平台充分发挥监督和中介作用，建立一套完善的技术管理制度以及服务评估制度，以协调资源供需双方利益，并保证资源高效利用。利用互联网思维改造传统的企业创新发展模式，形成独具特色的"互联网+创新"服务模式。

说明

对"车库咖啡"内涵与实质的研究起源于笔者对天津科技企业创业前端服务不足的思考，成文后发表于《科技管理研究》期刊（2013年第13期）。当时，天津的孵化器数量虽然不少，但主要服务于初创期企业，对于那些未注册实体企业，但具有好项目、好想法的创业人员或创业团队并没有支持，在很大程度上埋没了一批"金种子型企业"，因此，笔者提出要建设天津的"车库咖啡"，构建一个全方位、便捷化、低成本、全要素的服务空间，以更好地帮助创业者成长，满足其创业需求，基于此展开了对"车库咖啡"的研究。众创空间是推动大众创业、万众创新的有力抓手，是深入落实创新驱动发展战略、优化创新创业生态环境的重要举措，对于激发全社会创新创业活力、加速科技成果转移转化、培育经济发展新动能、以创业带动就业具有重大意义，如何科学地解决我国众创空间存在的主要难题，通过报纸、网络能够找到很多答案；而笔者另辟蹊径，借鉴我国学者孙家臣高级工程师在天津市科学学研究所2015年年会提出的思路和办法，从创新方法的角度提出了我国众创空间公共服务平台建设的主要模式和主要内容，希望能为众创空间的建设提供新的路径。

第7章

天津市生产力促进中心优化与布局

生产力促进中心是天津创新体系的重要组成部分，是科技型中小企业发展的服务载体，是推动企业尤其是中小企业技术创新的社会化科技中介服务机构。随着天津市科技型"小巨人"企业成长计划的实施和滨海新区研发转化基地建设进程的加快，作为天津科技服务体系的重要组成部分，大津市生产力促进中心建设越来越受到政府的关注。为了进一步提升生产力促进中心的服务效能，更好地发挥生产力促进中心的科技服务支撑作用，课题组展开了一次深入的生产力促进中心实地考察和问卷调查。本文结合问卷调查资料、统计资料和实地考察情况对市科委管辖的各类生产力促进中心（以下简称"中心"）进行了全面的分析，摸清了其发展现状和面临的问题，提出了转变中心建设思路、保障中心长远发展的对策和措施。

7.1 ► 中心发展与特点

（1）中心体系布局日趋完善、规模逐渐壮大。通过鼓励大学、科研院所创办生产力促进中心，企业创办生产力促进中心，社会力量创办生产力促进中心等多种模式，截至 2010 年 9 月，天津生产力促进中心数量由"十五"末的 4 家增加至 33 家，其中国家级示范中心 4 家；中心总资产累计达 94496 万元，场地办公面积共达 6 万多平方米，在职人数达到 545 人；基本形成了滨海新区、中心城区、区县三级生产力促进中心体系，体系涵盖综合性、行业性和专业性中心。

（2）国家级示范生产力促进中心已经成为天津科技服务体系的主要支柱。为了进一步推动科技与经济的结合，切实提高科技企业技术创新能力和市场竞争力，从 1992 年开始，科技部在国民经济和社会发展有重要影响的领域分批建立了若干"国家级示范生产力促进中心",其中,天津市有 4 家国家级示范生产力促进中心,分别是天津市食品工业生产力促进中心、天津滨海生产力促进中心、天津市制造业信息化生产力促进中心和天津市天大银泰快速制造生产力促进中心。多年来,为了加快这些中心的建设,国家和天津市不断加大投入,推进了这些中心的快速发展,现已形成了较大规模,在天津的经济建设和科技发展方面发挥了重要作用,这些中心已经成为天津科技服务上水平、提档次的带动者和引领者。

(3)中心总体数量偏少,且地区发展不均衡。天津现有生产力促进中心 33 家,数量在全国居第 22 位,略好于新疆、宁夏、青海、西藏等省市和自治区;有 4 家国家级示范生产力促进中心,占天津生产力中心总数的 12%,这与天津目前经济发展速度、企业数量规模极不匹配。其次,天津 33 家生产力促进中心分布在 13 个行政区,各区建设数量差距较大,其中南开区最多,达到 5 家,北辰区、武清区和宁河县至今尚未建有生产力促进中心。

(4)各类中心发展能力悬殊,成长差异较大。天津市各类生产力促进中心发展能力悬殊,成长差异较大,尤其与国家级示范生产力促进中心相比较差距更大,天津市生产力促进中心发展对比详见表 7-1。2010 年,天津市生产力促进中心平均在岗人数为 16 人,硕士以上人员 2 人,分别为国家级中心平均值的 45% 和 40%;天津市生产力促进中心平均收入 66 万元,服务企业数量平均为 35 家,分别是国家级示范生产力促进中心的 55% 和 30%。同时,由于部分市级中心没有在市场的改革浪潮中找准定位,或因管理问题,或因服务能力问题等,导致中心经营状况较差,目前尚有 7 家中心没有形成销售收入,基本属于"挂牌"中心。

表 7-1　天津市生产力促进中心发展对比表

中心性质		中心数量（家）	占总数比重	中心面积（平方米）	中心人数（人）
国家级中心		4	12%	5550	35
市级以上中心		33	100%	1828	16
其中	区域性中心	16	49%	607	11
	行业性中心	11	33%	757	17
	专业性中心	6	18%	7047	29

(5)中心发展呈现出区域化、集聚化特点。在天津的滨海新区、开发区和科技园等,随着产业技术创新的集聚和规模化发展,生产力促进中心的服

务区域化和产业集聚化特点也逐渐凸显，并由此形成了新的生产力促进服务体系和服务模式。例如为推进西青区生产力发展，先后又经西青区政府建立了天津市西青区生产力促进中心、西青汽车产业生产力促进中心、天津市西青经济开发区生产力促进中心、天津市西青区大寺镇企业服务中心、天津市西青区辛口镇企业服务中心、天津西青高端金属制品生产力促进中心等，新的具有区域特色的科技服务网络逐渐形成，同时这些区域中心也积聚了较丰富的科技和人才资源。

7.2 ▶ 面临的主要问题

（1）经费短缺，投资匮乏致使各中心缺乏持续的发展能力。尽管经过各方面共同努力，天津在生产力促进中心建设投入上一直在稳定增长，但与"十一五"期间天津经济提升水平、经济结构调整力度、中小企业的规模化繁衍程度相比，对中心建设的投入仍显得微不足道。其次，天津对中心建设的资金投入结构也不尽合理，除了政府支持和单位自筹之外，几乎没有其他资金投入渠道，今后应加强民营资本和外资的投入。再次，政府对生产力促进中心的支持形式主要以项目资助为主，尽管项目支持形式具有针对性强、时效性强等优点，但项目支持形式自身的"短、平、快"特点与生产力促进中心建设的持续和稳定发展目标仍有较大差距，远远满足不了中心的长期资金运作需求，往往造成中心建设后期缺少必要的资金保障，无法提升服务的软硬件条件，无法完成从量变到质变的积累。

（2）管理机制不健全，管理手段不突出。目前，天津市政府还没有建立起稳定、长期、有效的中心支持机制和相应的管理手段，特别是缺乏分类管理、阶段管理措施和手段。在经营管理上，中心多依附于原依托单位，缺乏相对独立的管理权。此外，多数中心对外服务能力和对外交流能力不足，对于行业性和专业性生产力促进中心还没有建立起产业服务联盟，甚至还没有建立起相关行业协会。在问卷调查中，各中心在"联合服务项目"一栏基本是空白，也反映了多数中心缺乏共性的合作与交流，没有做到服务上的联盟与合作。

（3）政府缺少预见性宏观规划和长期性政策支持。天津政府在中心宏观规划上相对缺乏统筹考虑、长远规划和配套政策支撑，对于不同中心在全市科技服务资源配置及创新基地建设中的定位过于模糊。同时，宏观战略设计滞后也导致相关支持政策不能及时跟进，缺乏财政政策、产业政策、税收政策等衔接配套。另外，支持政策缺乏实施主体，没有明确的支持程序和流程，即使单位想申请享受，也难以找到相关门路。

（4）多数中心人才观念落后，优秀人才资源匮乏。天津生产力促进中心的建设经费多用于基础建设和设备采购，而忽视了对高水平的专业技术及管理团队的建设，对人才资源建设重视不够，尤其是对高水平、有影响力的研究人才、领军人才重视不够，尚未形成人才培养、引进、激励的政策机制和环境。目前，中心专业人才和业务骨干缺乏，整体服务能力较差，部分中心甚至无法正常运转。

（5）多数中心竞争意识不强，组织观念落后。天津多数生产力促进中心自身管理、规范、发展的意识比较薄弱，没有明确的市场定位，缺乏竞争意识、创新意识和服务意识，对中心组织性质、发展方向、主要业务等问题缺乏系统考虑，缺少公平竞争理念的探讨，在行业内缺少权威性。另外，从中心品牌和影响力角度来看，当前天津形成品牌的生产力促进中心少之又少，社会普遍对中心的认同度不高，中心出现市场发展空位。

7.3 ▶ 中心布局思路

根据天津市科技发展规划，结合社会市场需求，围绕滨海新区、区县特色产业园区、大学科技园区、产业集聚区内的一些知名院所、大企业、大项目等，结合天津科技服务体系中的缺失和薄弱环节新建一批具有区域特色的生产力促进中心，同时考虑滨海新区和市内其他各区的互动建设和均衡发展建设一批优秀中心分支机构。对原有生产力促进中心进行资源整合、体系结构优化和运行机制优化，找准服务企业对接点，提升服务能力，培育一批国家级示范中心。在生产力促进中心全面建设的同时，重点抓人才建设、能力建设、品牌建设和形象建设，紧跟国内外生产力促进中心发展趋势，赶超先进省份和先进地区，使天津生产力促进中心真正做好、做优科技服务工作。具体形成如下发展思路：

（1）中心规划与布局思路。统筹安排、合理规划，一是根据天津各区县地域特点、特色及产业优势，建设一批具有区县特色的行业生产力促进中心，针对远郊区县特色资源优势，重点支持一批特色产业的生产力促进中心。二是配合科技产业孵育体系，重点在民航、食品、自行车、汽车零配件等中小企业数目众多的行业，建设一批专业性生产力促进中心。三是在滨海高新技术产业开发区、科技示范园区、大学科技园等各类园区建立一批区域综合性生产力促进中心。四是注重在新兴产业集聚区、资源集聚区等建立国家级示范中心分支机构，例如在滨海新区建立天津市食品工业生产力促进中心、天津市制造业信息化生产力促进中心和天津市天大银泰快速制造生产力促进中心分支机构，最终形成滨海新区、中心城区、远郊区县三级互动格局。

（2）现有中心调整与差别管理思路。一是深入了解生产力促进中心的发展程度，弄清各中心发展的优势和劣势，弄清运行中出现的问题和弊病，协调专家和科技咨询机构建立生产力促进中心指导体系，做好对中心的定位调整、机制调整和业务调整，二是对现有中心进行考核，表现良好的中心给予一定的资金支持，并认定为市级示范生产力促进中心，成为国家级示范生产力促进中心的候选对象，三是对生产力促进中心按照中心建设年限划分为组建期、发展期和壮大期等，实行分层次、分阶段管理，形成完善的中心管理体系。

（3）市级示范中心和国家级示范中心的培育思路。按照《天津市级示范生产力促进中心认定和管理办法》全面展开市级示范生产力促进中心的考核与认定工作，做到常年受理，深入考察，符合标准，随时认定，对于每一个新建中心力争形成"建设一个中心，扶持一个产业，壮大一域经济，致富一方百姓"的新格局，到2015年使市级示范生产力促进中心达到50家。另外，密切结合国家、天津市和滨海新区的发展战略，通过对市级示范生产力促进中心的持续资金扶持与政策引导，促使一批市级示范生产力促进中心晋升为国家级示范生产力促进中心；到2015年，使国家级中心数量达到15家，占到市级示范中心的30%。通过国家级示范中心的建设，形成一批集关键技术研发、咨询、服务、推广于一体，具有国际竞争力的科技服务机构。

（4）中心人才队伍建设思路。中心发展，人才为本，在中心人才队伍建设上，采取鼓励留学人员回国创办或领办生产力促进中心，鼓励具有工程咨询等相应资质的人员到生产力促进中心从事咨询服务业，鼓励企业中有丰富实践经验的高级专业技术人员从事咨询服务业等办法，最大力度地改善从业人员结构，加速形成广纳人才、才尽其用的用人机制，形成尊重人才、凝聚人才的激励机制，形成中心人员的定期培训与深造机制，最终建立一支科学素养高、专业知识渊博、信息渠道宽、公共能力强的生产力促进队伍。

（5）中心运行机制调整思路。改变中心原来企业化运行机制，以形成有利于中心发挥技术转移和技术扩散的新型运行机制为目标，构建以企业需求为导向、大学和科研院所为源头、技术转移服务为纽带、产学研相结合的新型生产力促进中心。以生产力促进中心为核心，注重发挥中心服务对接功能，加强天津创新体系中各类主体的多向互动，充分发挥大学和科研院所的专家、教授、院士等人才资源优势和科研基础条件优势，切实提升生产力促进中心专业服务能力，深度做好企业技术服务工作。同时，积极鼓励生产力促进中心建立种子资金，建立新型融资机制、激励机制、约束机制等，实现中心的管理创新、机制创新和模式创新。

7.4 ▶ 中心发展战略与对策

（1）加强管理侧重，保障中心总体效能最大化。由于天津生产力促进中心成长状况差异较大，效能发挥各异，而目前市科委资金底盘有限，因此有必要进行管理侧重，以达到在有限资源引导下，中心的总体效能最大化。根据调查，建议政府逐步淡化对综合类中心的支持，把重点放到更能发挥效能的专业性和行业性中心的建设上来；其次，通过政府引导和市场导向，鼓励联合服务、网络服务、跨省服务中心的发展；再次，在运行中心建立信息反馈机制，定期汇报中心建设业绩，并及时根据其建设成效进行相关补助。

（2）加大中心考评力度和资金支持力度。对市级示范生产力促进中心，严格按照《天津市级示范生产力促进中心绩效评价办法》每年定期、公开地进行中心运行绩效考核，对绩效考核结果排在前15%的示范中心，一次性给予财政经费支持50万元；排在前16%~30%的示范中心，一次性给予财政经费支持30万元；排在前31%~50%的示范中心，一次性给予财政经费支持15万元；对排在后10%的市级示范中心，予以警告；对连续两年排在后10%的中心，取消其市级示范中心资格。同时鼓励地方科技主管部门对给予资金支持的中心做好资金配套工作。

（3）建立生产力促进中心行业协会和业务联盟并注重发挥其功效。以国家级示范生产力促进中心为发起单位成立天津市生产力促进中心协会，为政府进行生产力促进中心体系建设献言献策，为各中心发展提供信息、技术、管理等多层次、全方位的综合性指导，为各中心加强沟通、相互学习和经验借鉴提供有效渠道。成立 2~3 个以生产力促进中心为核心、联合其他中介机构或产学研组织共同建立生产力促进联盟，构建联盟运转、协调机制，探索联盟发展新途径和新模式，实现优势互补和资源共享，造就集群服务品牌优势。

（4）广纳社会资金，形成多渠道投入机制。在政府加大资金支持力度的同时，注重引导社会资金投入，放开限制，积极鼓励民营资本、海外资本通过整体收购、联合兼并等多种方式参与生产力促进中心建设。同时，考虑功能类似中心进行业务合并，例如可将西青区汽车产业生产力促进中心和天津专用汽车产业生产力促进中心进行合并，整合资源，共同打造汽车领域服务品牌。

（5）鼓励引进优势科技服务机构在津落户。充分利用滨海新区开发开放的历史机遇，发挥滨海新区创新资源的聚焦和辐射功能，吸引 5~10 家北京、上海、江苏，甚至海外的一些知名机构在津建立生产力促进中心，同时支持国内外知名科技咨询服务机构在津设立分支机构。通过引进优势科技服务资源，使各类创新人才、创新技术和创新理念在津积聚，加速提升天津科技服务创新的能力。

（6）加强网络建设，构建集成服务体系。以天津科技型中小企业服务网为中心，链接市科委、滨海新区科技局和各区县科技局工作网，连接各生产力促进中心服务网，采取共建共享的方式，形成布局合理、优势互补的地区和行业网络，实现资源共享、整体协作、服务集成的目标，最大限度地展示科技服务能力和科技服务效果，为天津生产力促进工作的发展提供一个良好的支持平台。

（7）加强生产力促进中心对外交流与合作。根据中心建设需要，鼓励天津生产力促进中心与发达省份以及港澳台地区生产力促进中心进行合作与交流；必要时，可由政府选定有代表性的生产力促进中心到国外先进的中介服务机构学习考察，尽可能多地创造国际交流与合作机会，加快天津中心服务标准、服务水平和服务领域国际化。

说明

本章内容写于《天津市生产力促进中心"十二五"规划》拟定前期，原文内容修改后发表于《科学管理研究》杂志（2011 年第 3 期），时值天津市大力发展科技中介服务机构，生产力促进中心成为重点建设的对象，当时，面对天津市生产力促进中心散、弱、乱的状况，笔者开始思考应该做好哪些方面的工作才能尽快使天津生产力促进中心的发展步入正轨。通过实践调查，笔者提出，天津今后要瞄准科技服务体系中的缺失环节和薄弱环节进行生产力促进中心建设布局；同时提出了天津应根据中心建设状况进行中心差别化管理等五方面的建设思想，相关建议已被天津市科委采纳。

第8章

天津市工程技术研究中心运营效率的比较

工程中心是科技创新体系建设的重要组成部分，它是以增强产业核心竞争能力和促进产业升级为目标，重点面向行业内企业，特别是科技型中小企业提供工程化技术服务的新型研究开发机构。天津市工程中心建设始于 2000 年年底，随着工程中心数量的增加，工程中心的服务效果更加突出，无论是工程中心服务总量还是每家工程中心的服务均量，与以前相比都增幅明显。但是深入分析可以发现，这些成绩的取得主要源自 2010 年后新建的 33 家工程中心，这些中心往往依托于实力原本就比较雄厚的企业和科研院所，而对于 2010 年以前建立的 30 家中心，其服务成效基本没有太大的变化。从这个角度看，今后要想使工程中心从根本上提升服务效果，保障服务能力的可持续增长，就必须注重和加强对工程中心的质量提升建设。

为提升中心的投入产出效率，减少投入资源的浪费，本文运用 DEA 方法和 Malmquist 生产率指数，对天津市 2005—2009 年的工程中心运营效率变动进行实证分析和评价，进而找出导致天津工程中心运营效率低下的成因，在此基础上提出转变中心运营方式、提高中心运营效率的对策和建议。

8.1 ▶ 研究方法与指标

数据包络分析 DEA 是著名运筹学家查恩斯（Charnes）、库伯（Cooper）以及罗慈（Rhodes）以"相对效率"概念为基础，根据多指标投入和多指标产出对多个同类型的单位（或部门）进行相对有效性评价的一种系统分析方法。其主要优点是评价结果不受所选择指标单位的影响，具备指标被赋予权重的客观性，能够广泛地用于研究多投入和多产出效率问题。该方法的基本思路是通过对投入产出数据的综合分析，得出每个决策单元 DMU 综合效率的数量指标，据此将各决策单元定级排队，确定有效的决策单元，并给出其他决策单元非有效的原因和改进方向。

Malmquist 指数由瑞典经济学家和统计学家 StenMalmuquist 于 1953 年进行消费分析时提出，它是用来考察跨期多输入和多输出变量间的动态生产效率，并由此测定全要素生产率变化的指数。其主要优点是该指数不需要投入与产出的价格变量，也不必事先对研究主体的行为模式进行假设，并且能够被分解为两个有意义的指数，因此该指数被广泛应用于评价行业中企业生产效率的动态变化及地区生产率变化趋势等研究领域。

Malmquist 指数是假设固定规模报酬下所衡量的指数，按照 Fare、Grosskopf、Lindgren 和 Ross 的定义，可以把它分解为综合技术效率变动和技术变动的乘积：

$$M(X_t + 1, Y_t + 1, X_t, Y_t) = EC(CRS) * TC(CRS)$$

其中，EC（CRS）主要测度从时期 t 到 $t+1$ 每一决策单元对生产可能性边界的追赶程度，代表了综合技术效率变动。当 EC（CRS）>1 时，代表效率改善，同时也表示管理方式与决策正确得当；当 EC（CRS）<1 时，代表效率恶化，同时也表示管理方式和决策不当。TC（CRS）主要测度技术边界在时期 t 到 $t+1$ 之间的移动情况，代表了技术变动，当 TC（CRS）>1 时，代表技术进步，当 TC（CRS）<1 时，代表技术退步。而 Malmquist 指数大于 1 时，表示由 t 期到 $t+1$ 期效率有所增长，反之，小于 1 表示效率下降，等于 1 表示效率不变。

本文对工程中心运营效率界定为用最少的资金、设备、人员等资源投入获得最多的成果产出。根据这一界定，并考虑天津市科委对工程中心的实际考核指标，这里选取的投入指标为：研发投入、全时职工数、固定资产投入，产出指标为：技术性营业收入、净利润、专利及标准数、对外培训数。

由于天津市工程中心在 2005 年仅有 17 家，并且在 2009 年的验收中有 2 家中心因验收不合格而被取消了市级工程中心资格，因此本文选取了其余 15 家工程中心作为决策单元（DMU），并选取 2005—2009 年共 5 年的统计数据作为基础进行分析。本文所采用的数据均来自天津市各工程中心年度实际上报数值。

8.2 ▶ 工程中心整体运营效率

本文主要采用 BBC 模型，其效率分析主要由综合技术效率值、纯技术效率值和规模效率值三方面组成，将天津工程中心 2005—2009 年的投入产出数据经过 DEA 软件 Deap2.1 运行计算得到表 8-1、表 8-2、表 8-3 和表 8-4。

表 8-1 天津市工程中心平均运营效率值

年 份	2005	2006	2007	2008	2009
纯技术效率平均值	0.866	0.870	0.914	0.917	0.871
规模效率平均值	0.939	0.904	0.965	0.980	0.929
综合技术效率平均值	0.826	0.783	0.890	0.900	0.832

由表 8-1 可以看出，2005—2009 年，天津工程中心的综合技术效率值基本在 0.8~0.9 之间徘徊，虽然达到了一定的水平，但并没有呈现出逐渐改善的趋势，这也表明天津工程中心运营模式逐渐固化，存在着一些短期内很难改进或尚未改进的问题。再看纯技术效率和规模效率，天津工程中心在各年度的规模效率平均值都大于纯技术效率平均值，说明天津工程中心运营无效率主要根源于纯技术无效率，由此也意味着通过加快中心技术进步、提高科技资源利用率、增强中心技术辐射能力是提高天津工程中心运营效率的基本途径。

表 8-2 是由投入导向的 BBC 模型计算得到工程中心投入目标值，与实际投入值进行比较，经求其各项平均值得到的结果。

效率目标值是指无效率的中心要达到有效率的标准所应具备（达到）的数值。由表 8-2 可以看出，2005—2009 年天津工程中心每年各项投入的实际平均值都高于效率目标平均值，说明在既定产出水平下，存在明显的科技资源浪费和无效利用。从差值百分比可以看出，2005—2009 年工程中心科技资源无效利用程度呈 U 形分布，并且于 2009 年达到了一个较高的数值，这表明随着工程中心建设规模的快速发展，忽略了对工程中心科技资源单位利用能力的建设提升。

表 8-2　投入导向的 BBC 模型的效率目标值与实际值比较

年　份		2005	2006	2007	2008	2009
研发投入	效率目标平均值	495.824	549.204	310.121	601.302	473.058
	实际平均值	668.227	550.593	326.585	630.335	601.293
	差值百分比	25.8%	0.3%	5.0%	4.6%	21.3%
全时职工数	效率目标平均值	55.425	29.372	33.635	50.31	59.008
	实际平均值	61.067	32.467	35.4	52.233	65
	差值百分比	9.2%	9.5%	5.0%	3.7%	9.2%
固定资产投入	效率目标平均值	1790.073	1027.862	1168.562	2200.46	1783.161
	实际平均值	3305.975	1144.867	1259.393	3072.154	3297.709
	差值百分比	45.9%	10.2%	7.2%	28.4%	45.9%

由表 8-3 产出导向的 BBC 模型计算的结果可以看出，2005—2009 年，工程中心每年各项指标产出的实际平均值都显著小于效率目标平均值，所以，在既定投入不变的情况下，各项产出指标均没有达到预期要求，其中技术性营业收入平均差值百分比为 13.9%，净利润平均差值百分比为 31.6%，专利及标准数平均差值百分比为 24.9%，对外培训数平均差值百分比为 22.6%。另一方面，虽然自 2006 年以后，各年产出指标的实际平均值均有一定程度的提高，但是这些指标的上升并不稳定，各指标差值百分比并没有呈现出逐年减少的趋势，并且 2009 年各项指标差值百分比都超出了 5 年的差值平均值。这些数值表明天津工程中心的产出绩效并没有好转，并且有随之扩大的趋势，究其根源，一些传统的机制问题、管理问题、技术问题等并没有从根本上得到解决。

表 8-3　产出导向的 BBC 模型的效率目标值与实际值比较

年　份		2005	2006	2007	2008	2009
技术性营业收入	效率目标平均值	605.113	164.791	145.926	594.783	673.885
	实际平均值	533.477	146.62	124.78	558.487	560.277
	差值百分比	13.4%	12.4%	16.9%	6.5%	20.3%
净利润	效率目标平均值	2254.564	80.387	189.216	333.278	1691.693
	实际平均值	1286.225	72.059	140.656	315.898	1290.225
	差值百分比	75.3%	11.6%	34.5%	5.5%	31.5%

年　份		2005	2006	2007	2008	2009
专利及标准数	效率目标平均值	6.465	4.706	2.057	1.937	4.366
	实际平均值	4.533	4	1.733	1.733	3.267
	差值百分比	42.6%	17.7%	18.7%	11.8%	33.6%
对外培训数	效率目标平均值	52.964	7.761	10.031	48.213	69.723
	实际平均值	43.200	6.867	8.2	45.2	46.933
	差值百分比	22.6%	13.0%	22.3%	6.7%	48.6%

8.3 ▶ 不同中心运营效率比较

由表 8-4 的变动趋势可以看出，天津各工程中心运营效率存在着较大差别，为进一步展现这些差别，我们借助 DEA 方法对各中心进行聚类分析，将综合技术效率为 1 的归为第一类，除第一类外，将纯技术效率为 1 的工程中心归为第二类，其余为第三类。通过分类可以看出：

第一类工程中心共 7 家，占总数的 47%，属 DEA 有效，说明这 7 家中心在最低科技资源投入条件下，实现了较大的科技成果产出，实现了科技资源的最佳利用，今后应该继续保持这种效率优势。

第二类工程中心共有 3 家，占总数的 20%，属 DEA 无效，但是其纯技术效率为 1，说明它的无效主要是由于规模无效造成的。近几年，工业自动化及装备工程中心、配电自动化工程中心和食品加工工程中心，这 3 家中心在注重其新技术研究开发的同时，忽视了其成果转化和规模效益的提升，但是从统计结果看，这些中心总的经济效益和成果产出是在增加的，这表明这种经济效益绝对值的增加是以科技资源的过度消耗为代价的，这些中心仍旧使用原有技术支撑其规模效益扩展，而新技术尚未开发成功或还没有进行规模化应用，这种以资源大量消耗促进中心经济增长的方式是难以实现可持续发展的。对这 3 家中心，只有减少其科技资源投入，控制其生产规模，或在保持现有生产规模基础上，加快提高科技进步才能实现运营效率最大化。

第三类工程中心共有 5 家，占总数的 33%，属 DEA 无效，且各中心纯技术效率远小于其规模效率，说明这 5 家中心运营无效率主要根源于其纯技术无效率。纯技术效率衡量的是以既定投入提供相应产出的能力。近年来，这 5

家中心，尤其是现代渔业工程中心和高档有机颜料工程中心，新技术研发缓慢，新技术试用周期长，还有很多新技术虽然取得了小试成果，但很难实现规模化生产的突破，存在着规模生产不经济现象，从而导致这些中心的技术水平提升缓慢，中心经济以粗放型发展为主。

表8-4 2005—2009年天津市各工程中心基于产出导向的BBC模型平均效率值

中心名称	综合技术效率	纯技术效率	规模效率	类　　别
工程机械传动工程中心	1	1	1	（1）DEA有效
膜技术工程中心	1	1	1	
农产品保鲜工程中心	1	1	1	
现代集成制造工程中心	1	1	1	
盐碱地生态绿化工程中心	1	1	1	
中药现代化工程中心	1	1	1	
现代畜牧工程中心	1	1	1	
工业自动化及装备工程中心	0.982	1	0.982	（2）规模无效率
配电自动化工程中心	0.797	1	0.797	
食品加工工程中心	0.626	1	0.626	
快速成形工程中心	0.582	0.597	0.974	（3）纯技术无效率
水稻技术工程中心	0.532	0.586	0.908	
机动车尾气催化与净化工程中心	0.477	0.484	0.985	
现代渔业工程中心	0.16	0.28	0.573	
高档有机颜料工程中心	0.135	0.136	0.992	
平均值	0.753	0.806	0.922	

8.4 ▶ 工程中心动态效率分析

本文主要采用Malmquist指数对天津15家工程中心在2005—2006年、2006—2007年、2007—2008年和2008—2009年四个期间内的各项效率值变动情况做了运行计算，结果见表8-5。

表 8-5　各期间内天津市工程中心 Malmquist 生产率指数及各项效率变动

效率评价期间	综合技术效率变动	技术变动	Malmquist 生产率指数
2005—2006 年	1.95	0.732	1.103
2006—2007 年	1.696	0.96	1.884
2007—2008 年	1.01	1.341	1.272
2008—2009 年	0.921	2.967	1.840

由表 8-5 可以看出，2005—2009 年的各年，天津工程中心的 Malmquist 生产率指数都大于 1，说明天津工程中心生产率从总体上呈现出改善趋势，其中2006—2007 年工程中心生产效率提升速度最快。结合天津及滨海新区近几年改革开放的力度和工业行业技术进步效率，我们不难发现，工程中心生产率的提升主要得益于天津工业经济的快速发展。

我们从表 8-5 还能明显看出 2005—2009 年，各年的综合技术效率变动值呈现出快速递减趋势，且以 2008 年为分界线，2008 年以前综合技术效率大于1，2008 年以后综合技术效率小于 1，这说明在 2008 年天津工程中心综合技术效率开始由进步变为退步。在 Malmquist 指数中，综合技术效率变动表示管理方法的优劣与管理决策的正确性程度，这也就提示各工程中心应当根据天津工业总体发展趋势和新技术研发方向，及时调整工程中心技术决策和管理决策，做到与时俱进、协调发展。

另外我们还注意到，2005—2009 年，工程中心各年的技术变动呈现出快速提升趋势，技术变动表示技术进步水平，这就意味着随着天津政府对产业发展的大力引导和各项支持政策的落实与实施，天津工程中心总体技术进步状况比较显著，各中心基本上实现了生产方式由规模要素驱动向技术要素驱动的转型，同时这也很好地迎合和印证了天津高新技术产业的发展方向。

8.5 ▶ 结论与对策

8.5.1 研究结论

一是天津工程中心的总体运营效率已经达到了一定水平，但仍有一定的提升空间，今后，纯技术效率的提升是其总体运营效率提升的关键和主要途径。

二是从不同中心的比较来看，大多数工程中心运营状况良好，运营效率较差的中心其主要影响因素也不完全相同，这与各中心自身管理决策和技术状况密切相关。

三是从动态分析结果看，天津工程中心生产效率已经呈现出明显改善的趋势，这主要得益于技术变动的显著提升，但必须看到中心综合技术效率变动已经呈现出快速递减的趋势。

8.5.2　建议对策

一是采取多种方式促进中心技术进步与创新。技术进步是天津工程中心由粗放向集约转型的关键，虽然天津工程中心技术进步状况明显，但是仍旧没有达到目标建设要求，因此继续加快中心技术进步是今后中心建设的主要任务。考虑近年来的实际状况，建议各中心在技术开发过程中充分利用股东单位的技术、人才、信息等资源优势，争取以资源共享促技术进步；积极加强与高校科研院所的产学研合作，充分发挥中心转化优势，争取以合作促创新；注重发挥人才集聚效应，构筑中心人才高地，争取以人才促创新。

二是探索多种运营模式，理顺中心管理机制，提升中心规模效率。在天津工程中心实际考察中我们发现，中心机制不畅，运营模式固化往往是制约工程中心规模发展的瓶颈，也是影响中心规模效率提升的关键，因此建议各中心以目标管理为核心，独立、灵活运营为前提，大胆进行结构、资产、人员等方面的改革与重组，积极探索适合自己的发展模式，如探索大企业投资控股模式、战略型公用平台模式、科研院所整体转型模式等。

三是制定工程中心发展技术路线图，加强政府对中心发展的政策引导和服务。除做好对工程中心现有支持政策的落实外，还建议政府主管部门划拨出部分专项资金，针对不同领域、不同类型和不同服务方式的工程中心制定专门的技术发展路线图，使各中心发展紧密围绕天津高新技术产业发展战略，并且由以往对中心的项目资助形式改为按照中心技术路线图发展阶段资助形式。

说明

本章内容发表于《科技管理研究》杂志（2010年第14期）。工程中心是天津市科技创新体系建设的重要内容，其运行状况直接影响到行业技术和产业规模发展状况。笔者当时有幸参与了天津市工程中心的组建与监理工作，为准确把脉天津市工程中心运营效率，合理配置科技创新资源，笔者利用数据包络分析法（DEA模型）和Malmquist生产率指数对天津市工程中心2005—2009年的运营效率进行总体分析和评价，同时结合聚类分析方法对15家中心进行了层次分类，并挖掘其问题根源，提出了提升工程中心运营效率的对策与建议，为天津后期开展工程中心的分类管理提供了支撑。

第9章

天津市高新区发展定位、抉择与战略

9.1 ▶ 国内外高新区发展模式及建设启示

高新区已经成为带动世界各国家和地区发展高新技术产业、促进产业结构升级、提升区域综合竞争力的重要手段和载体。天津市市级高新区始建于2011年，共建成海河高新区、京津科技谷高新区、天津华明高新区、宝坻节能环保高新区、津南八里台高新区这5家高新区，建设起步较晚，整体处于建设初期，但也是关键期，因此，认真借鉴国外高新区的发展模式和建设经验，对天津高新区建设具有重要指导意义。

从世界各国各地区大学科技园的发展过程和现状来看，美国硅谷、中国台湾新竹科技园和印度班加罗尔软件园的发展模式最为成功、最富特色和典型意义。早年，我国有些学者对这些园区的发展模式进行过初步研究，比较具有代表性的有清华大学陈德胜和厦门大学唐礼智从高新区创新模式角度回顾评价了新竹和班加罗尔两个园区的发展之路；上海交通大学罗良忠和哈尔滨工程大学刘希宋从硅谷与128公路对比分析角度提出了硅谷发展模式的成功经验；辽宁大学王季等人从园区的发展阶段分析了我国台湾新竹高技术园区的国际化路径，等等。从以上学者的相关文献分析可以明显看出，每一个园区的发展模式都具有自己浓厚的特色，他们的成功之处既具有共同点，又具有不同点；本文在以上学者研究基础上，进一步深入挖掘，通过对硅谷、新竹、班加罗尔三个典型园区的成功因素异同进行分析，凝练发展经验，从而为构建天津市市级高新区发展模式提供参考。

9.1.1 美国硅谷——自主创新的典范

硅谷位于美国加利福尼亚州旧金山以南，总面积约3880平方千米，硅谷除去自生自灭的公司，每年净增约200家新公司。在近1万家高科技公司中，服务类公司有5425家，技术设备公司有2780家，技术部件公司有813家，分销公司有1461家，材料公司有306家。硅谷模式主要是自主创新模式：综合利用本地大学的人才、科技优势自主研发，通过市场和政府力量推动而逐步发展起来的，其发展模式主要有以下几个特点。

（1）政府对环境建设推动力强劲。在硅谷，政府制定了包括鼓励中小企业发展和风险投资的一套市场法律法规；美国联邦政府建立了联邦研发基金、技术援助项目和企业孵化器以及商业担保贷款和协作试验风险投入机制；此外，还以政府采购的形式支持企业的高技术开发活动，使企业基本都有机会得到项目配套的资金补贴。但政府部门不会直接干预和指导企业的发展计划和日常事务，其主要负责营造一个公平竞争的法律环境和市场环境。

（2）高校为硅谷发展提供了强大的智力支持。斯坦福大学源源不断地向硅谷输送高水平的毕业生，为硅谷的高科技创新活动准备了强大的人力资源，学校还通过网络注册等形式为已参加工作的工程师们提供在职研究生培训课程，使他们的知识能够不断更新，以保证持续进行创新活动。另外，斯坦福学生和教授还直接参与创办企业等商业活动，比如，到企业做兼职顾问，或创办属于自己的企业。

（3）活跃的风险投资加速了科技成果的转化。在硅谷，优秀的风险投资机构活跃于高风险、高投入和高回报的高新技术产业，使得一些优秀的成果能够快速实现商品化。

（4）硅谷文化成为推动硅谷发展的不竭动力。敢于创业和冒险、宽容失败、崇尚创新、忠于职业、尊重创新的硅谷文化促生了创新环境。硅谷文化与需要不断创新的高新技术产业的形成同步发展，适应了高新技术产业的发展特点和需要，而高新技术产业的发展又不断地充实和巩固这种文化，丰富其内涵，两者相互促进，共同发展。

9.1.2　中国台湾新竹——先模仿后创新的典范

我国台湾新竹科学工业园区诞生于1980年。自从其创立之日起，新竹科学工业园区经过30多年的发展，已经成为世界知名的科技园区之一。它在创建之初的条件虽不优越，但在日后的发展中却取得了突出的成就，这与园区"模仿+创新"的发展模式密不可分。

（1）主管部门主导下的模仿与推进。台湾新竹科技园区在管理部门的主导下，从对园区的选址、建设规划、政策的制定、管理与服务等方面都模仿硅谷的模式进行，这种模仿对园区建设初期的发展起到了强有力的推动作用。随后，根据园区发展需要进行自主创新，逐渐在园区的管理与服务方面形成了自我特色：一切行政管理都以为企业提供便利服务为前提，一切变革都以为投资者提供广阔空间为根本，一切管理规章都为有利于园区的发展而制定。

（2）与硅谷合作密切。新竹科学工业园的成功更为重要的是得益于长期以来与硅谷地区保持的制度化且不断升级的跨地区联系。两地的电子工业基础设施，容纳着上千家高度专业化和激烈竞争的小型和中型企业，以及一批大型的高技术制造商；两地的社会设施和机构支持了密集的通信联系、非正式协作和跨越公司边界的集体学习。这种不断升级的产业合作的最终形成，得益于三大途径：一是技术团体的促进，二是科技人才的回乡创业，三是"太空人"特殊群体的中介作用。由于产业互动日益密切，形成了一个定期穿梭于硅谷和新竹的特殊的"太空人"群体，充当两地经济中间人的角色。

（3）与硅谷形成错位发展。在产业发展上，新竹与硅谷形成错位发展，实施产业错位发展战略。不同于以新产品设计和前沿技术开发为取向的硅谷，新竹集中从半导体芯片和电脑元件的制造与产业化入手，主动融入硅谷的全球生产体系之中并成为其重要支撑点，二者分工协作、互为补充，但又不存在竞争关系。

9.1.3　印度班加罗尔——合作创新的典范

班加罗尔软件技术园（Bangalore Soft Park）位于印度南部的卡纳塔克邦（Karnataka State），离班加罗尔机场 12 千米，离市中心 18 千米，现有开发面积 0.28 平方千米。20 世纪 90 年代初以来，班加罗尔软件技术园及时抓住全球产业转移趋势，利用本土资源优势，集中发展软件外包这一新的产业业态，现已成为全球最成功的软件外包中心。

（1）与硅谷的深入合作与互动。班加罗尔软件技术园的成功之道得益于与美国硅谷之间的人缘、业缘和商缘联系，其中，政府扮演了十分重要的角色。首先，政府非常重视与海外的信息沟通和联络，园区成立之初就设立联络处，促使园区发展与硅谷发展相同步；其次，政府积极推动印度软件企业与美国硅谷科技公司进行多样化合作，密切双方的联系和合作，力争把班加罗尔打造成美国硅谷的扩展区。

（2）合理的战略路径设计。班加罗尔软件技术园能从实际出发，发挥本地软件人才和语言的比较优势，制定适合本国本地的软件产业战略，即将软件产业发展定位在以外包和加工出口为主，并逐渐向高附加值的环节转移。目前，园区内企业正由早期的低成本软件开发向高智能信息化开发转移，价值链逐步升级，逐步进入电子商务、无线应用程序、嵌入软件和客户关系管理编写软件等价值链的高端位置。

9.1.4 模式比较与思考

经上述分析，从园区发展关键成功因素角度分析（见表9-1），主要得出以下结论。

表9-1 三园区发展模式共性与差异分析

名　　称	发展模式	关键成功因素
硅谷	自主创新	①政府推动 ②产学研合作 ③风险投资 ④创新文化
新竹	模仿创新	①主管部门建设导向 ②非政府机构与硅谷密切联系 ③与硅谷的错位发展
班加罗尔	合作创新	①政府推动 ②与硅谷的同步化合作 ③合理的战略路径

（1）政府发展导向和推动力对园区的发展起着至关重要的作用。这三个园区都是根据建设需要合理选择政府或市场主导因素，能够正确处理政府力量与市场力量之间的"度"，既充分发挥了政府的引导作用，又不牺牲个体的自治性和灵活性。

（2）加强与先进园区的合作与互动，是推动园区快速发展的有效途径。从新竹和班加罗尔园区发展模式可以看出，采取互动模式不仅能够快速学习先进园区的管理经验，及时掌握科技前沿动态与趋势，还有利于形成类似先进园区工作模式、园区氛围和创业精神，在园区建设初期不愧为是一种理想的发展模式。

（3）合理的发展定位和形成自我发展特色，是园区实现可持续发展的根本。新竹的繁荣与发展，得益于其定位在与硅谷相关产业的错位互补，避免了竞争，形成了合作，并逐渐形成自我产业优势；班加罗尔园区的成功更是得益于它的科学定位，在发展初期就规划出自己的长远升级战略，设定好每一阶段的发展定位和主导产业，最终形成了园区特色和优势。

9.1.5　对天津市级高新区建设的启示

（1）加强政府管理和引导，重点推进园区功能的转变。充分结合天津高新区发展实际和发展转型的趋势，加强市、区（县）和高新区管委会三级战略联动下的管理和引导，注重园区从优惠政策建设向发展产业集群转变、注重由加工型园区向研发型园区转变、注重从强调引进大型公司向发展科技型中小企业集群转变、注重由单纯的土地运营向综合的"产业开发"和"氛围培育"转变、注重由功能单一的产业区向现代化综合功能区转变，逐步调整园区经济结构，转变园区经济增长方式。

（2）加强与北京中关村、滨海高新区等先进园区的合作与互动，形成错位发展。一是瞄准国家先进园区，例如北京中关村、滨海高新区等，抓住这些园区主导产业建设的薄弱环节、缺失环节，做好产业配套工作，加速形成市级高新区与这些先进园区形成稳固的上下游合作关系，促进与优秀园区的发展互动、建设同步。二是抓住先进园区知识外溢、技术外溢、产业外溢、服务资源外溢等机会，依托本地资源优势，吸引、积聚优势资源，提升产业能级，使市级高新区逐渐从制造向研发、设计等产业链前端转移，从传统经济逐渐向知识经济、新经济模式转变。

（3）注重高新区特色产业的培育和建设。进一步做好高新区各阶段建设进程的定位和规划，在与先进高新区互动的同时，注重构建园区的集群优势，抓紧培养特色产业集群，打造园区自我发展核心竞争力，形成园区的自主品牌，最终走向特色发展之路。

9.2 ▶ 天津市高新区发展现状和特点

高新区是推动我国经济社会发展、提升区域竞争力的重要手段，建设天津市市级高新区（以下简称"天津市高新区"）是推动天津经济又好又快发展的必然选择。建设好天津市高新区不仅有利于天津实施国家区域发展战略，发挥天津作为我国"北方金融中心"和"环渤海"经济区枢纽节点城市的区位优势，而且有利于在天津市层面打造一个促进区域经济快速发展的大平台，有利于积聚环渤海地区优势科技服务资源，改善创新创业环境，促进天津城市、社会和经济发展转型起到巨大推动作用。2010年10月，天津市政府下发了《关于支持天津区县示范工业园区科技园区创新发展的意见》（津政办发〔2010〕117号）文件，随后市科委制订了《关于支持天津区县示范工业园区科技园区创新发展的实施方案》，启动了市级高新区建设工作。经论证，东丽经济开发区、天津华明工业园区、津南区八里台工业园区、宝坻节能环保工业园、武清区京津科技谷5家园区成为首批市级高新区。调研发现，在各级政府的支持和引导下，5家高新区整体规模不断扩大、基础设施逐渐完善、产业特色日渐突出，自身"硬件"环境建设也取得了长足进步，但是，从产业集群、产业链、科技服务体系等"软件"环境建设来看，5家高新区的发展仍然处于较低水平，整体情况如下。

（1）以高新技术为特色的主导产业逐渐形成，经济效益不断提升。经调查，天津市首批认定的五家市级高新区规划面积累计达到51.12平方千米，已全部完成"九通一平"基础设施建设；同时，都比较注重发挥自身区域优势和资源禀赋，聚集京津两地技术和人才资源，逐渐形成了新能源电池、新金属材料、电子信息、生物医药、节能环保等多个以高新技术为特色的主导产业；并且经济效益逐渐显现，到2012年年底，天津市五家市级高新区聚集企业总数达到1413家，营业总收入达到712.5亿元，工业总产值达到609.8亿元，高新技术产业产值261.06亿元，同比增长分别为121.27%、79.72%和20.93%，园区主要经济指标实现了大幅度跨越。

（2）科技服务体系建设逐渐完备，但整体服务水平仍旧较低。截至2012年年底，5家市级高新区先后与50余所高校科研院所建立了产学研合作关系，聚集了200多家科技创新机构和服务机构，其中，国家级科技服务机构达到6家，包括国家级工程技术中心1家，国家级企业技术中心1家，国家级重点实验室2家，国家级科技企业孵化器1家，国家级示范生产力促进中心1家；市级科技服务机构达到35家，包括市级工程中心3家，市级企业技术中心16家，市级重点实验室1家，市级科技企业孵化器5家，科技企业孵化转化载体9家，市级示范生产力促进中心1家；聚集技术开发、检验检测等机构10家；其他各类公共服务平台27家；同时，引进了当当网、阿里巴巴等电子商务网络服务新业态，科技服务体系逐渐完善。但是，从科技服务机构的结构层次和服务能力角度来看，天津市高新区整体处于较低水平。一是，五家高新区共建有国家级服务机构 6 家，仅占服务机构总量的 2.2%；市级服务机构 35 家，占 12.9%；市级以下服务机构 229 家，占 84.9%，整体层次水平不高。二是，大部分服务机构停留在初步启动甚至未启动阶段，科技服务人员的专业化技术能力普遍不高，往往只能从事一些常规性咨询服务，缺乏深层次、高质量的战略性咨询服务，即使是直接引进的一些国家级服务机构，由于成立时间短、人员配备不足等原因，也没有发挥出应有的作用。

（3）产业格局呈现小低状态，整体处于价值链低端。"小"是指高新区主导产业内的企业以中小型企业为主，截至 2012 年年底，天津 5 家市级高新区共集聚科技型中小企业 822 家，占总数的 58.17%；而超过亿元的小巨人企业仅有 78 家，占 5.5%，并且许多是注册型企业，其实体并不在高新区内，属于"内注册外经营"企业，虽然中小企业具有灵活、应变等优点，但是也存在产品知名品牌少、核心竞争力不强、市场占有率低等缺点，因此，难以占据行业"龙头"地位，难以形成有效的规模经济，难以成为控制要素流动和配置的主导力量。"低"是指高新区企业在行业价值链中处于低端位置，5 家市级高新区虽然以新能源、新材料、电子信息等高新技术产业为主，但是真正的国家级高新技术企业仅有 41 家，占企业总数的 2.9%，真正以技术研发为引领的企业更少，大部分企业以配套零部件生产为主，档次低、附加值不高、价值不够突出，整体处于价值链低端。

（4）行业关联集聚效应不突出，上下游企业合作力度不大。选择天津市高新区 48 家企业通过网络进行集聚动因统计，发现选择相关行业集聚的企业占 37.5%，选择优惠政策落户的企业占 33.3%，选择区域位置较好、发展潜力较大的企业占 22.9%，其他占 6.3%。可见，目前因行业关联而集聚的企业数量逐渐超过了因传统的政策、土地因素而集聚的企业数量，行业关联集聚正成为吸引企业入驻的主导因素，但同时也可以看出行业关联集聚的强度还不够突出，有序的产业集聚格局也并没有完全形成；另外，从上下游企业间合作角度看，高新区内 70% 的企业与高新区内其他上下游企业没有合作，能够形成产业链的更是稀少，大部分企业还处于"单兵作战"的状态。

9.3 ▶ 天津市高新区突破发展面临的主要问题

9.3.1 内部问题分析

（1）招商理念和招商模式比较落后。大部分高新区仍习惯于依靠传统行政手段来推进工作，还停留在重点依靠政策招商、土地招商的初始阶段，没有转变招商理念，没有真正注意到现代企业发展需求的新变化，忽视了对企业持续竞争力、根植性和归属感方面的培育，忽视了对区域产业优势的培育。在招商模式上，绝大部分高新区仍旧过分注重大项目的引进，以大求全，不太注重配套小企业的引进，不太注重产业链条的完善，致使高新区产业关联性较差，难以发挥产业集群效应。

（2）对科技服务体系的认识和建设经验不足。在当前我国大力发展第三产业形势下，科技服务体系建设被提升到了新的高度，面对新形势，大部分园区在没有过多考虑市场客观需求，没有考虑科技服务机构进入门槛，没有做好科学布局和建设规划的情况下，过多地建立或引进了科技服务机构，致使机构数量突飞猛进，两年内 5 家高新区的科技服务机构达到了 270 家，服务机构可以在短时间内建立，但是相应的专业人才并不能在短时间内培养，服务设施不能在短时间内配齐，服务市场也不能在短时间内开拓，这就导致科技服务机构陷入"有名无实"的境地。

（3）建设资金缺乏，产业支持力度不足。在对高新区投资建设过程中，五家高新区均偏重"硬件"环境投入，前期把大部分资金用于征地拆迁补偿、场地平整及基础设施建设等，而这部分资金的回收主要是通过企业购地、上缴利税等方式来实现的，因此回收周期很长，致使目前高新区的建设资金比较紧张；另一方面，对于能够快速促进高新区发展的产业集群、产业链等"软件"环境建设的资金投入力度则非常小，致使这些高新区对产业发展的引导力度较差，在很大程度上影响了产业之间的关联性和企业之间的合作力。

9.3.2 外部问题分析

（1）全国各地招商引资竞争力度加大，招商难度增加。随着我国各省市改革开放力度的不断加大，各省市高新区都在优化环境、改善服务，加大招商引资力度，逐渐形成了各自的竞争优势，而天津市高新区由于建立时间较短，加上周边有滨海新区、北京中关村等众多优势园区的竞争，因此天津市市级高新区的区位优势、政策优势等逐渐弱化，导致高新区的招商引资工作面临很大挑战。

（2）社会化配套服务体系不足，人文氛围不够成熟。天津市高新区作为科技新区，主要致力于高新技术产业的发展，它们在定位上仍注重工业化，主要依赖城市功能的辐射，虽然区内配套建设了酒店、银行、邮局、公交总站、住宅小区和商业网点等基础设施，但是由于人文氛围的缺乏，大部分人员并不在高新区内居住、消费，而是与主城区形成较强的区际依赖关系，即就业在高新区，居住和消费在老城区，这就在某种程度上导致了高新区成为工业"卫星区"，因此，社会功能配套不足、人文氛围不成熟就成为制约高新区发展的瓶颈之一。

9.4 ▶ 高新区发展的驱动理论及定位抉择依据

9.4.1 高新区发展驱动要素的理论分析

对于推动高新区发展的重要因素，我国学者做了大量研究，有定性研究，也有定量研究。高雪莲（2009）通过对我国上海张江、台湾新竹，以及日本筑波三个高科技园区进行比较研究，认为政府管理与引导是推动高新区发展的重要因素；刘长虹（2011）通过增长极和产业集群理论分析，认为高新区集聚各类创新资源、服务资源构建良好的园区环境是推动高新区快速发展的最有效手段；曾建国、唐金生（2006）通过对斯坦福研究园与新竹科技园发展模式的比较，认为高科技园区的生命在于创新性，灵活的创新机制是其发展的必备前提，研究型大学是其建设和发展的依托基础；罗晖（2006）通过对我国高新区增长因素的实证分析，认为资本因素在推动高新区发展过程中起了主导作用；杨亚琴（2012）通过对中关村高科技园区的发展分析，认为塑造创新型产业体系，形成产业集群是中关村高效发展的依托等；综合以上专家观点不难发现，创新资源集聚、政府科学引导、创新机制设定、建设资金投入、产业优化升级等因素均能够对高新区的发展产生重要影响，进一步分析发现，虽然这些主要影响因素形式多样，但其实质都是为了加速园区创新，以创新来驱动园区的发展。

基于以上学者观点，并参考国内外高新区的发展模式、发展趋势，本文认为创新是推动高新区建设的发展核心，创新既是高新区建设的起点，又是高新区建设的落脚点；创新资源集聚、科学园区管理、产业结构调整、产业价值提升是实现高新区创新驱动的主要手段或形式，其中，创新创业要素的集聚与发展是推动高新区发展的核心动力；科学的园区管理是做好高新区建设的重要前提；产业结构的完善与提升是推动高新区发展的主要手段；持续的价值创造与高收益是推动高新区发展的根本途径。

9.4.2 基于驱动要素的抉择依据及定位分析

基于以上驱动要素分析，从创新资源、园区管理、产业结构、价值提升这四个核心要素入手，分别对高新区的演化历程与趋势进行分析，并构建高新区发展的定位抉择模型，然后结合实际，对天津市高新区发展做出科学定位与抉择。

（1）从高新区创新资源集聚模式角度考虑。纵观我国高新区的发展历程，大体上可将高新区的建设划分为三个发展阶段，一是在高新区发展初期，主要依靠土地、税收等国家和地方的优惠政策集聚高技术产业发展所需的人才、技术、资金等生产要素，形成一种粗放式的发展方式，进入粗放式要素集聚阶段；二是随着资源环境的制约，我国高新区又逐渐进入产业集聚模式阶段，该阶段注重打造与资源优势、区位优势相结合的特色产业，以产业集群优势、产业链条完善来推动园区价值提升；三是以营造创新创业环境目的，重点集聚创新要素的发展阶段，此阶段重点加强技术投入、研发机构建设、金融机构建设、高端人才建设等，并大力促使这些要素发生耦合效应、乘数效应，形成区域增长极。

（2）从高新区管理阶段演变历程角度考虑。一般需要经历要素集聚、集群发展、服务提升、创新转变和生态完善五个管理阶段，这五个阶段的管理重点依次为贸易链、产业链、服务链、创新链和生态链。高新区在经历这些管理阶段过程中，形式上会逐渐表现为企业的集群化，结构上会逐渐表现为各种利益链条的网络化，实质上是推进高新区不断创新与发展。

（3）从高新区产业形式演化角度考虑。可将高新区发展划分为四个阶段，一是要素集聚阶段，该阶段主要以简单的贸易链为主，并没有形成主导产业；二是产业主导阶段，该阶段主导产业比较明确，主要以工业生产为主，上、中、下游的纵向产业链初步形成；三是产业完善阶段，该阶段的技术研发活动占据产业主导，开始形成以横向为主的网络化结构链条，同时，不具有优势的产业开始向外转移；四是产业价值扩散阶段，该阶段集聚了大量的研发机构，形成了创新中心、金融中心、教育培训中心、各类企业总部基地等，具有很强的辐射力、扩散力，以全球化的金融和贸易交易为主导。

（4）从价值提升角度考虑。联合国工业发展组织（UNIO，2002）在《2002—2003年度工业发展报告》中将全球价值链分为三大环节：一是技术环节，包括研发、创意设计、提高生产加工技术、技术培训等；二是生产环节，包括采购、系统生产、加工、测试、质量控制、包装等；三是营销环节，包括销售后勤、批发零售、品牌推广、售后服务等，以上三个环节的价值按照先高后低再高的U形分布。

根据以上四个角度的分析，按照高新区成长阶段的历程，构建高新区发展的定位抉择模型如图9-1所示。

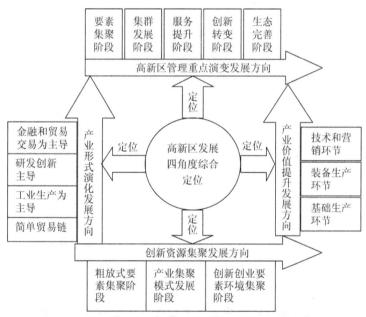

图9-1 高新区发展的四核心角度定位及趋势分析模型

再根据前文对天津市高新区现状、特点与问题的分析，基本做出以下定位判断。

（1）在创新资源集聚发展方向上，结合前文对天津市高新区产业布局和产业特点的分析，认为天津市高新区整体处于产业集聚模式发展阶段中后期，今后应努力向第三阶段转型，注重环境打造，加强各类服务资源与研发资源的集聚。

（2）在高新区管理阶段演变发展方向上，结合天津市高新区企业集群化、企业关联性、科技服务环境建设等基本情况，认为整体处于集群发展阶段后期、服务提升阶段前期，今后应重点做好企业集群化、企业关联性、科技服务环境建设等，向服务提升方面发展。

（3）在高新区产业形式演化发展方向上，结合前文对天津市高新区发展现状与问题分析，认为整体处于第三阶段研发主导阶段前期，今后应重点向形成以横向为主的产业化网络结构方向发展。

（4）在产业价值提升发展方向上，结合天津市高新区产业格局和产业特点看，从事生产环节的企业仍占据主流，据此认为天津高新区整体处于第二阶段装备生产环节中后期，处于产业价值链中低端，今后应重点向产品研发和品牌服务两个高价值创造环节进行产业延伸。

9.5 ▶ 推动天津市高新区实现突破发展的抉择与战略思考

综上，结合天津市高新区发展阶段定位、发展趋势分析，按照提升高新区服务功能，做好未来建设规划的整体要求，从创新资源、园区管理、产业结构、服务价值提升这四个核心要素考虑，本文认为今后天津市高新区应形成以引进优势企业，促进园区产业集群化发展为基础；以引导企业加强合作，搭建、完善园区产业链条为重点；以加强优势科技服务资源集聚，促使其服务能力提升为方向；以培养先进服务理念，促进园区管理体制和机制创新为支撑；以继续完善园区服务设施，创建宜居生活环境为保障的系统化发展战略，促使高新区逐步向创新型、人文型、低碳型、生态型方向转变，具体战略与措施如下。

（1）园区管理方面，引进先进服务理念，形成开放创新发展新模式。一是鼓励高新区管理者勇于面对新形势，在高新区的招商、融资、贷款、资金调动等方面能够更好地与市场需求相接轨，按照市场化运作机制进行高新区建设，减少不必要的浪费，走一条真正的低碳高效之路；二是积极引导高新区管理者创建投资服务优势，牢固树立"服务型"园区管委会形象，力求做到服务示范化、服务信息化、服务网络化、服务系统化、服务品牌化、服务特色化、服务口碑化，营造亲商、安商、富商的良好环境；三是鼓励高新区管理者大胆走出去、引进来，进一步加强与国际、国内优秀园区的交流与合作，借鉴优秀高新园区的管理经验，促进天津高新区尽快与国际建设接轨，形成开放创新发展新模式。

（2）创新资源集聚方面，抓住高新区根本创新动力，加大核心资源集聚力度。一是建议政府尽快出台高新区引进或建立研发机构方面的支持政策，积极引导高新区与国内外高校、科研院所在区内共建研发中心、重点实验室、中试基地、工程技术中心、博士后流动站等，促进创新机构的整合力度；二是鼓励高新区内企业通过产学研合作、投资入股、联合攻关等多种方式介入高校、科研机构的应用研究，促进优秀科技成果在园区转化，加强创新项目的整合力度；三是引导、鼓励高新区与国内外知名的风险投资机构建立联系、开展合作，鼓励引入专业风险投资机构，加大投资机构集聚力度，加强风险投资与科技成果的结合力度。

（3）产业融合与合作方面，构建特色产业集群，完善延长产业链条。建议政府把打造特色产业集群和完善产业链条作为高新区年度绩效考核的重点，从而引导高新区加大产业集群和产业链条的建设力度。一是加强引导高新区按照统筹协调、突出特色、聚焦高端的原则，围绕园区特色产业发展需求，集聚国内外高新技术企业，推动产业上下游企业、同环节的企业在高新区集聚，形成集研发、设计、中试、制造为一体的区域特色产业集群。二是以构建、延长区内优势产业链条为导向，围绕产业链的薄弱环节、缺失环节进行招商，大力促进专业化企业集聚、细化、分工与合作，确保市级高新区建设始终保持高端化、高质化、高新化发展方向。

（4）科技服务提升方面，完善科技服务体系，提升科技服务能力。一是加强政府引导，使园区重视科技服务机构建设的科学性，鼓励园区按照市场化运作机制，围绕其重点产业需求和企业成长需求搭建公共技术支撑平台，避免建设的盲目性；二是重视科技服务体系建设的承接性，重点建立孵化器与加速器的对接机制，形成从孵化器到加速器再到产业基地的全程服务模式；三是注重科技服务机构建设的质量性，建议政府制定支持政策，鼓励科技服务机构加大人员培训力度，加强高素质人才的引进力度，同时鼓励建立中介服务机构资质认定制度，尽快实现服务能级提升；四是注重各服务机构之间的关联性，重点促进同类机构之间的学习交流，不同类机构之间的业务分工与合作，促进科技服务网络形成，构建科技中介机构协同创新新模式。

9.6 ▶ 本章小结

做好高新区的定位与抉择是推动我国区域经济发展，加快创新型城区建设的必然要求，对聚集国内外优势科技服务资源，改善创新创业环境，促进城市、社会发展具有重要意义，本文从高新区核心驱动要素角度出发，尝试性地提出了一套高新区发展定位模型，并使理论研究和现状分析相结合，尽量达到客观、公正的分析目的，以便提出针对性更强的高新区建设措施。值得注意的是，本文在结合现状对高新区发展定位判定方面仍显得不够科学和充分，这是本文研究的弱点，今后对高新区发展定位模型引入定量化、科学化的定位判定方法，例如德尔菲法、层次分析法、模糊综合评价法等，从而实现现状和理论的完美结合，将是本文后续探索的主要方向。

> **说明**
>
> 本章相关研究内容修改后发表于《经济问题探索》杂志（2014 年第 3 期）和《管理现代化》杂志（2013 年第 4 期）。当时，笔者为天津市一些高新区做园区发展规划，发现天津市高新区基本上是由原来的科技园区、工业园区演变而来的，存在规划格局不大、产业关联度不高、产品价值低端、科技服务体系不健全等问题。笔者意识到，天津市高新区要想取得突破发展就要从根本上解决这些问题，面对现实，怎样实现弯道超车，一方面需要科学的建设理论支撑，另一方面需要及时做出准确的发展定位和切实可行的战略谋划，要做到理论和实践两手抓，两手都要硬。基于此想法，形成了该章节内容。

第 10 章

天津市和平区科技服务业发展战略与对策

随着国家对滨海新区支持力度的不断加大，天津市整体科技创新力度也显著增强，与此同时，作为天津市政治、金融、商贸和文化中心的和平区，在发挥科技服务和科技引领方面显得相对滞后，因此，分析和平区科技服务业发展的优势、劣势、机会和威胁，制定发展策略，是进一步推动该区服务业发展的需要，也是迎合天津市中心城区发展定位，推动中心城区沿海河向下游区域主动对接的需要，意义重大。

10.1 ▶ 科技服务业内涵

科技服务业是现代服务业的重要组成部分，它是运用现代科学知识、现代技术手段和分析方法，为经济和社会发展提供智力服务的新兴产业。科技服务业是当今世界上科技与经济相互结合中发展最快、最活跃的领域，其在国民经济中所占的比重已成为衡量一个地区经济发达程度和竞争力强弱的重要指标。各地区的实践表明，科技服务业的快速发展，对于促进科技成果的产业化、科技创新的广度化与深度化等方面都发挥了重要作用，它对社会和经济发展的推动作用越来越显著，直接加速了社会文明和生产方式的发展进程。

10.2 ▶ 和平区科技服务业发展的 SWOT 分析

SWOT 分析法也称道斯矩阵，即态势分析法，是将内外部条件各方面内容进行综合和概括，进而分析优劣势以及面临的机会和威胁的一种方法，经常被用于企业战略制定、竞争对手分析等，运用 SWOT 分析法对天津市和平区科技服务业状况进行分析，明确其优势和不足，有利于和平区形成具有可持续发展性的科技服务业建设策略。

10.2.1 优势分析（Strength）

（1）经济产出能力较强，已经具备一定的经济实力。2008 年和平区实现地区生产总值 415 亿元，较上年增长 20.63%；实现区级财政收入 19.22 亿元，较上年增长近 35%。与其他区县相比，和平区地区生产总值仅次于开发区和塘沽区，单位面积经济产出水平（41.58 亿元/平方千米）居全市首位，经济实力较强。

（2）以第三产业为主的产业结构与功能定位基本成型。2007 年，和平区实现地区增加值 83.99 亿元，其中：第二产业实现增加值 7.78 亿元，较上年增长 14.10%；第三产业实现增加值 76.21 亿元，较上年增长 17.20%，占全区地区增加值完成总量的 90.74%。第三产业在和平区经济结构中占据绝对主体地位。2009 年初，天津市《关于中心城区功能及产业定位发展繁荣都市型经济的实施意见》出台，提出将和平区建设成为天津金融中心、现代商务中心和高端商业中心的战略目标，预示着和平区产业结构与功能定位已进一步明确。

（3）科技载体建设工作取得了较大进展，初步具备了发展高端科技服务业的基础条件。目前和平区拥有市级专业科技孵化器 2 个、区级综合科技孵化器 2 个、专业孵化器 3 个；科技园区总占地面积 6 万平方米，在册服务企业 1200 多家，并初步形成了比较完善的科技园区服务体系，聚集了各类专利事务所、商标事务所、律师事务所、知识产权服务公司、无形资产经营管理公司等一批知识型企业。具备了一定的基础服务条件与设施，能够为科技产业的发展提供较好的支撑。

（4）具备一定的高科技楼宇经济发展基础。房地产经济和楼宇经济是和平区的优势特色经济之一。和平区现有商务楼宇 46 座，以津汇广场为代表的一批知名楼宇已经成为亿元税收楼宇。入驻的企业和项目则体现了和平区的区域功能定位，如入驻和平区楼宇的多为以银行类，以期货、证券为主的金融业，以法律咨询、会计审计税务服务为主的中介服务业，以货贷、速递为主的现代物流业，以商贸总部为主的高端商业，以研发设计服务为主的高新科技产业等。

（5）科普工作突出，科普基础较好。和平区多次被评为科普工作先进集体和全国科普工作先进示范区，目前拥有"科普示范画廊""科普车间""家庭学堂""全国科普教育基地"等科普设施，具备较为完善的科普宣传和科普教育软硬件环境。

10.2.2　劣势分析（Weakness）

（1）区域面积狭小，空间发展规模受限。和平区辖区面积狭小，仅有9.98平方千米，且难以向周边扩展，土地成本较高。一些需要大面积生产场地的科技型产业很难在和平区扎根发展。这种经济地理环境对于科技产业的类型和发展方向提出了一些限制。

（2）区域科技对高端金融、商贸和商务的支撑能力不足。目前，和平区服务业信息化整体水平还不高，服务业创新升级尚未完成，高端服务业发展的平台还未建成。加强科技与经济对接活动的信息服务、技术服务、智力服务、科技法律服务等还有待进一步完善，一些促进高技术服务业发展的项目平台、公共服务平台也还未建成，科技经济两张皮的现象并没有完全解决。

（3）科技人才与高端创业人才极度缺乏。与南开区、河西区等科教资源强区相比，和平区在科技人力资源方面的劣势十分明显。另外，由于产业结构的固化，对于高层次科技人才和创新人才的吸引力度也不够，这在一定程度上制约了区域科技产业与科技事业的发展。

10.2.3　机会分析（Opportunity）

（1）和平区委区政府对该区科技工作重视度较高。和平区委区政府认真贯彻落实建设创新型城区战略，积极联合天津市科委、南开大学、天津大学等推进"科技兴区工程"，在新的形势下，提出将发展"高新科技"列入原有"高质金融、高端商务、高档商业"的发展目标，促进科技产业区内聚集，大力依靠科技提升传统产业的活力与竞争力，提升和平区经济可持续发展能力。

（2）随着和平区金融中心、现代商务中心和高端商业中心核心区定位和作用的日益凸现，现代商务活动对科技服务需求日益迫切。目前已有80家金融服务机构集聚和平，商务、商贸产业集群不断扩大。同时，一些软件、IT技术、动漫创意、服务外包、楼宇经济、现代物流等新兴业态也不断涌现。高端金融、商贸产业的快速发展对配套服务提出了更高要求，需要依靠科技，从硬件和软件两个层面提升服务水准。传统的第三产业也亟须依靠科技力量，改造升级，增强产业的抗风险能力。

10.2.4 威胁分析（Threat）

（1）与其他相邻区域相比，和平区现代科技服务业比重较低，资源集聚能力较差。与和平区相邻的南开区、河西区等几个区域比较，和平区传统第三产业所占比重较大，现代科技服务业、高新技术产业对全区经济整体的支撑力度偏低，同时由于其科技资源凝聚能力的不足，导致一些外来优势资源往往流入临近优势区县。目前就如何寻找一个合适的将科技与传统第三产业相结合的路径也尚不明确。

（2）市委市政府针对特殊产业、服务业进行的特殊政策和制度环境优化力度不足。和平区科技型产业的发展需要独辟蹊径，探索一条适宜"占地少、效率高、市场广"的科技产业发展的道路。这也就要求市委市政府有一些特定的、针对性极强的政策与制度。而目前情况是，市政府在支持和平区特定产业发展方面，某些体制、机制建设有所滞后，难以支撑产业要素的聚集与整合，不利于科技产业发展。

10.3 ▶ 和平区科技服务业发展策略

从上述分析中我们发现，和平区科技服务业的发展，机会和威胁同在，优势和劣势并存。在制定其发展战略时，应充分利用其自身优势，抓住机会，克服劣势，防范风险。规划发展策略如下。

（1）设立科技咨询专项资金，制定鼓励科技咨询机构发展的相关政策，聚集、发展一批科技咨询机构，提升科技中介服务能力。聚集和发展20~50家高水平科技咨询机构，如和平科技咨询翻译服务公司、昊天商标专利代理有限公司、博旭企业管理咨询中心等知名管理咨询公司、技术咨询公司、技术服务公司、商标专利代理机构、法律咨询机构、策划公司等。通过科技咨询及服务机构能力的提升，促进科技中介服务业的发展，搭建科技资源转化的高效平台。

（2）聚集一批科技研发服务机构总部，培育一批技术先进性服务企业，提升科技创新和产业化能力。依托分布在和平区的半导体技术研究所、纺织服装研究院、毛纺织技术研究所、医药科学研究所、医学科学技术信息研究所、冶金科技信息研究所、印刷技术研究所等良好的市属院所资源，充分发挥中国医学科学院血液所、水资源保护科学研究所等驻津院所在和平区的引领带动作用，在和平区形成和聚集一批科技研发服务机构总部，加快科技研发服务的专业化提升，促进科技服务产品和服务方式的创新。同时，依托和平电子信息科技园的优势，重点在信息技术外包服务、技术性业务流程外包服务、技术性知识流程外包服务等三个领域认定一批技术先进性企业，为金融、教育、零售服务业等提供相关的咨询、维护、培训、测试等技术性服务，为企业内部管理和运营提供业务流程设计等服务。

（3）注重文化创意、动漫等新型服务业业态的培养、发展和壮大。依托和平区已有五大道风貌区旅游资源、6 号创意产业园等新兴资源，重点在动漫、文化创意、工业设计、旅游服务、社区服务、医疗保健等新兴产业领域，培育诸如画国人创意、万荣电子等百余家新兴科技服务企业。通过对科技服务业新业态的重点扶持，培育和壮大和平区的新兴产业。

（4）以科技优化、提升现代服务业发展环境，促进现代服务业的产业升级。一是以科技服务金融为目标，以高科技化为手段，构筑安全、高效、便捷的现代金融服务环境。大力发展银行服务业、证券服务业、保险服务业等产业，积极引进贷款担保融资机构、金融租赁公司、房地产投资信托公司、证券服务、基金运作机构等业态，为需求企业提供政策咨询、证券服务、项目评估、财务辅导、融资设计、贷款担保等服务。二是以科技服务商贸为目标，全面优化商贸环境，实现商业商贸产业结构的优化升级。瞄准创新大厦商务楼宇、天津中心商务写字楼、君隆广场，以及津门、津塔高端商务楼宇的开发，落实现代商贸业发展规划，设立鼓励商贸业发展专项资金，制定相应的配套政策，组建专门的招商网站和队伍，定期举办有影响力的招商推介活动。吸引知名企业总部落户和平区。鼓励传统商贸领域的服务改造，培育一批高端商贸服务业。三是以科技带动商务环境优化为目标，引进多种商务服务业态，带动小白楼地区整体商务环境的提升。以小白楼为中心，引入一批基于互联网的商务中介服务、会计服务、咨询服务、法律服务、会展服务、广告服务以及其他专业商务服务业等新业态的服务机构，通过时尚发布、贸易洽谈、创意大赛等会展经济的形式，带动小白楼商务中心区交通、旅游、餐饮、住宿、通信、广告等相关产业的发展，创造良好的商务环境。

（5）加大区委区政府对科技服务业投资支持力度，大力发展楼宇经济和空间经济。加大科技投入强度，设立企业科技专项资金，用于资助科技成果的引进、转化、吸收利用再创新。优化科技创新投入结构，充分调动、发挥和平区金融中心优势，加强科技服务创新投融资力度，建立政府财政、民营资本、金融资本、产业资本、风险资本相结合的多元化投融资渠道，建立多层次投入体系，形成以政府资金为引导，企业投入为基础，金融风险投资为补充，银行贷款为保证的科技创新投入机制，实现高科技服务收入 8 亿~10 亿元。根据和平区区域特色和产业结构，极力拓展空间经济，发展以高科技服务为特色的楼宇经济，力争使楼宇经济和空间经济达到总服务业产值的 5%~10%，为科技服务业的发展奠定基础。

（6）继续加强与市级各主管部门、高校、科研院所、民间组织的合作。进一步挖掘和平区发展优势和发展潜力，积极争取各级、各行业主管政府部门、高校、科研院所、民间组织等的支持和帮助，打造和平区创新创业优异环境。着重做好和平区政府与市知识产权局签订的《共同推进实施国家知识产权强区工程合作议定书》协议，做好与天津市科学技术委员会《共建和平区科技服务创新平台合作》协议。利用天津高校集群优势，积极加强与天津大学、南开大学、河北工业大学等一批知名学府的人才、智力引进和产学研合作，重点落实好和平区与天津大学签署开展人才智力合作协议、与南开大学签署的全面合作协议，并积极建立、拓展与省外知名高校的合作。发挥和平区商贸、商务、文化优势，联合各商业协会、文化团体等民间组织营造和平区经济、文化活动氛围，为高科技服务业的开展打造文化底蕴。

（7）加大对高层次创新人才的培养和引进力度，注重提高新兴产业科技开发人员素质。制定出台一批有力度、创新性强的人才政策，在准入、优待、重用和来去自由等四个方面实现突破，重点落实好《天津市实施海外高层次人才引进计划的意见》《天津市引进创新创业领军人才暂行办法》两大政策，确保引进人才的各项政策顺利落实到位，同时争取和平区引进的海外高层次人才更多地列入国家计划；学习借鉴各地的先进经验，本着"人无我有，人有我优"的工作思路，认真研究和积极创新和平区的引才政策，建立完善统一高效的工作机制，确保高层次人才"来得了、用得好、留得住"；为人才创新创业提供良好的、全方位的服务，要求各审批权部门改革创新，简政放权，减少审批环节，营造出良好的招才引智的政府服务环境。

（8）以科技服务为纽带，注重加强产业内部及产业间的密切联系与合作。加强商贸、商业、金融和科技产业相互合作力度，打通各部门、各企业间的藩篱，寻找各产业内部及产业间共同利益点，加强产业间及产业内部的相互协调，联合优势资源，共同建设重点项目，解决行业难题，积极探索跨领域、跨专业的新兴技术形式和衍生出的科技服务形式，从加强和平区产业内部和产业间交流、合作与服务的角度实现效能最大化，营造良好创新创业氛围。

> **说明**
>
> 　　科技服务业是促进科技和产业相融合的有效"黏合剂"，文章源于对和平区科技服务业发展规划课题的研究，原文发表于《科技管理研究》期刊（2010 年第 19 期）。和平区是天津的中心城区，以商贸业为主，但科技服务资源较为贫瘠，怎样取长补短，变劣势为优势，是当时和平区政府亟待解决的问题。笔者进行 SWOT 分析后，提出了"筑巢引凤、合作共赢"战略思路，形成相关文稿后报送和平区政府，部分措施已得以采纳。

第3篇

论科技与产业之海外协同发展

第11章

典型企业开展海外并购的分析及对天津的启示

我国企业海外并购活动始于 20 世纪 80 年代，如今企业并购活动风起云涌，浙江吉利收购沃尔沃、中石化收购瑞士石油公司、联想收购 IBM 等更是掀起了海外并购的热潮。企业通过并购不仅能够快速调整发展战略、实现技术升级，而且能够利用外资企业迅速打开国际市场，扩大市场份额，提升自身管理水平，增强自身走向世界的综合竞争力。海外合作与并购已经成为我国企业实现转型升级和跨越式发展的捷径。

11.1 ▶ 典型企业成功之路探析

11.1.1 大连远东集团——整体收购模式

大连远东企业集团（简称 TDC）创建于 1994 年，属于民营企业，主要从事高速钢切削工具生产，1997 年以来，先后实施了多次海外并购，特别是 2008 年，集团连续实施了两次重大的海外并购：一是并购德国沃克公司，获得其先进装备、核心技术和欧洲品牌，一举占据了欧洲高端市场 30% 的份额；二是并购美国格林菲尔德公司，获得 5 个生产销售基地、18 项先进技术、11 个知名品牌，占据了世界 6% 的市场份额。远东集团的海外并购，成功演绎了现实版的"蛇吞象"，这其中既有规律性的经验，又有独到的创新做法。

（1）善于抓住发展机遇，适时选定并购对象。沃克公司和格林菲尔德公司均是美国肯纳集团的下属子公司，远东集团一直为肯纳集团进行贴牌生产，在长期的密切合作中，远东集团得到了美国肯纳集团的认同和信任，于是在 2007 年国际金融危机爆发之际，远东集团抓住与其合作的海外企业市场规模不断萎缩的机遇，提出收购沃克、格林菲尔德公司的要求，美国肯纳集团出于信任和支持，将其两家子公司予以出售。

（2）精心制定收购方案，排除潜在经营风险。并购前，远东集团成立了海外壳公司，组建了律师团队和收购团队，预先进行被并购企业的债务调查和风险评估，制定收购注意事项，排除潜在经营风险，例如，在收购沃克公司时，对于其棘手的债权债务和劳资纠纷问题，集团据理力争，使债权债务全部留给卖方，收购后的企业不存在任何债务及劳务纠纷。在收购格林菲尔德公司时，对方要求接收 580 名原有职工，远东集团寸步不让，最后以追加100 万美元的收购价格得以解决劳资问题。

（3）强化并购后期整合，注重发挥协同效应。并购后，远东集团采取了系列整合措施：首先是加强资产整合。远东集团将德国沃克公司 80% 的生产设备运回国内，海外企业只保留高难度、高附加值部分，保留原有的销售渠道，远东集团为其提供配套。其次是加强管理模式整合。集团把格林菲尔德公司"小团组生产模式"改造为"大团组高产出生产模式"，引入远东的激励机制，使企业的管理水平、质量水平和产出能力大幅度提升。其三是加强企业资源管理系统和物流中心整合。远东集团投资 220 万美元对被并购企业建立了新的企业资源管理系统，投资 300 万美元新建了 5000 平方米的现代化物流中心，摆脱了企业日常经营以往受制于人的被动局面。最后是加强销售渠道整合，借助肯纳集团的配合，远东集团带领新的销售团队走访客户，召开客户大会，稳住了被并购企业的客户和销售渠道。

（4）积极争取政府支持，破解收购资金难题。远东集团在收购德国沃克公司时已资金不足，甚至开始借用高利贷来筹备并购资金；尤其在并购格林菲尔德时，远东集团更是难以用固定资产抵押从银行获得贷款，收购面临资金瓶颈。此时集团积极向省、市政府寻求支持，在省政府的大力支持下，大连市政府积极协调融资平台出具担保，使远东顺利拿到了 2.8 亿元的银行贷款，关键时刻破解了并购资金难题。

11.1.2 大连橡胶塑料机械公司——绝对控股模式

大连橡胶塑料机械股份有限公司（以下简称"大橡塑"）始建于 1907年，是中国橡胶塑料机械行业生产主导厂和出口基地，大橡塑曾因体制和历史遗留问题的影响，包袱较重，出现资金不足、设备老化等问题，为提高企业竞争能力，企业逐步开展了针对高技术含量的海外并购活动：2010 年 10月，大橡塑以 850 万美元收购了加拿大麦克罗机械工程有限公司 90% 的股权；

2012 年 2 月，大橡塑携手大连国投集团以 1700 万美元收购了欧洲著名橡胶机械生产企业布祖卢科公司 90% 的股权。跨国并购让大橡塑越来越多地掌握了全球资源，一跃成为国内橡胶机械行业排名第二、国际排名第六的高端橡胶塑料制造企业。其经验做法如下。

（1）明确海外并购目的，制定稳步推进策略。大橡塑实施并购前充分考虑进行海外并购的目的，例如，大橡塑在对加拿大麦克罗公司并购时，其目的依次为技术整合、扩充市场和构建产业链；对加拿大麦克罗公司并购时，其目的依次为扩充市场、调整产品结构。另外，大橡塑对海外并购工作制订了详细、稳步的推进计划。例如，并购前，大橡塑开展了详尽的尽职调查，建立了科学、合理的长远战略规划，拟订了清晰、明确的并购方案；并购过程中，更是进行风险规划，注重发现问题、考量问题和解决问题，保障并购工作顺利进行。

（2）采取本土化管理战略，注重双方优势互补。实施并购后，大橡塑与海外企业在人员、资产、财务上完全分开，大橡塑不派管理人员介入被并购企业，大橡塑的主要任务以监督为主，对被并购企业坚持按市场规律经营，对企业与企业之间科研成果的共享、产品销售、加工、组装均按质定价，明码交易。双方唯一的共同点是实行统一规划、科学整合、构建产业合作链条，进行优势互补、合作共赢的战略管理，目的旨在实现双方优势资源集散化整、合力出击、共同发展。

（3）注重企业人才因素，保障员工切身利益。并购中，大橡塑企业切切实实地把人的因素放到了首位考虑，认为人才是推动企业发展最活跃的因素，是企业价值创造的根本，有了海外员工切身利益的保障，其先进的技术、先进的管理才可以持续地为我所用。大橡塑董事长洛少宁提出："人不收回来，技术、市场，什么也收不回来。"正是通过对海外员工的惠及和切身利益保障，才稳定了人心、团结了人心，使大橡塑与海外员工建立了深厚的感情，使双方在共同发展中获得了成功。

（4）积极争取政府扶持，助推企业成功并购。大橡塑通过争取大连市政府、市经信委、市国资委等部门的支持，由大连市政府出资专门聘请了国际专业机构为大橡塑企业提供无偿的信息服务；帮助大橡塑企业建立海外并购绿色服务通道，密切关注并购过程中的风险评估、法律审查等关键环节，以防范风险；聘请专业律师对大橡塑并购交易资产、价格以及交割方式等诸多环节和事项提供法律支持；对项目的规划、考察、谈判、签约、融资付汇、并购整合等进行全过程服务。

11.1.3 天津海鸥表业集团——合作出资模式

天津海鸥表业集团（以下简称"海鸥集团"）成立于 1955 年，是我国最早建立的手表生产基地，目前，"海鸥"在瑞士开设了 9 家专卖店，在香港开设了"SEA-GULL 海鸥表 TOURBILLON（陀飞轮）"专卖店，在德国等 5 个发达国家也开设了专卖店。2012 年，海鸥集团与世界第四大钟表商 Swatch 公司在瑞士联合成立了 SouSo 制表公司，海鸥集团控股 20%，SouSo 公司主要进行高档手表的组装生产，年产高档手表达 15 万只。2013 年，海鸥集团又计划在保加利亚建立海鸥手表组装厂，作为进军东欧的海外基地。其经验做法如下。

（1）建立长期信任基础，抓住对方战略机遇。海鸥集团与 Swatch 公司的合作是建立在长期信任基础上的，是建立在市场需求基础上的，在市科委举办"推动科技小巨人领军企业海外并购"企业家沙龙座谈会上，海鸥集团老总语重心长地提到："我们和 Swatch 公司原来就是长期合作的伙伴关系，长期以来建立起了稳定、默契、互信的合作基础，我们的合作是因为市场的需求、专业的互补把我们撮合在了一起。"另外，双方的合作也得益于海鸥集团抓住了 Swatch 公司战略发展的良好机遇，Swatch 公司是全球最大的机芯生产厂商，瑞士联邦政府及其很多公司对其机芯垄断生产和销售做法表示反对，最后瑞士联邦政府不得不对 Swatch 公司进行反垄断法律制裁，这样，Swatch 公司就提出需要联合新的合作伙伴来共建新公司的发展战略。在此背景下，双方展开了合作。

（2）瞄准海外增值空间，发挥双方协同效能。海鸥集团对成立的 SouSo 公司主要进行研发资金投入、技术人员辅助支持以及其他生产要素的支持，鉴于西欧本地人比较重视和信任本土品牌，使 SouSo 公司主要进行高档表的组装以及在西欧的销售推广，使产品在瑞士有了 60% 的价值增值。同时，海鸥集团在合作定位上，充分利用自身规模化制造优势，向 SouSo 公司提供零部件的配给，做好双方生产协同，这样，使海鸥集团零部件部分毛利就高达 30%。目前，SouSo 公司的生产规模已经达到年产 15 万只规模，市场销售良好、获利丰厚。

（3）抓住海外资源优势，获取价值利益高端。海鸥集团在保加利亚建立了海鸥手表加工点，作为整个东欧的销售中心和维修中心，这主要基于以下原因：保加利亚人工成本低，为 200~300 欧元/月；保加利亚属于欧盟国家，企业可以享受欧盟 80% 的投资补贴；只要在保加利亚组装就可以变成欧盟制造，从而可以增加消费者购买手表的信心；加工点可以作为海鸥集团在欧洲的组装中心、生产元素配置中心、维修中心，有利于实现海鸥集团对整个东欧的辐射。

11.2 ▶ 成功经验的比较与思考

基于上述三家企业海外并购成功的关键因素分析（见表 11-1），主要得出以下结论。

表 11-1　三企业海外并购关键成功因素差异分析

企业名称	并购模式	关键成功因素
大连远东集团	现金支付 整体收购（全部控股）	抓住机遇、精心规划、资源整合、注重协同、政府扶持
大橡塑公司	现金支付 绝对控股	精心策划、资源整合、协同互补、注重人才、政府扶持
海鸥集团	现金支付 合作出资	抓住机遇、相互信任、协同合作，利用海外优势资源，获取海外价值增值

（1）果断抓住时机选定并购对象是企业并购成功的重要因素。国际经济形势复杂多变，企业虽然面临着严峻的挑战，但又蕴藏了巨大的崛起机遇。是否善于逆向思维，敢于主动出击，抓住有利时机，以最小的代价博取最大的利益，是实现"弯道超越"的关键。大连远东集团和天津海鸥集团海外并购的成功无不得益于它们适时抓住了有利的海外并购机遇。

（2）制定科学、慎重、大胆、稳步的推进策略是并购成功的前提。三家企业的成功都离不开制订合理、可行的并购战略和清晰、明确的并购方案。例如，海鸥集团的成功正是源于其科学的战略规划，巧妙地避开了欧洲人力成本较高的难题，又充分利用了欧洲产品的品牌效应，使海鸥手表走上了高端化、品牌化路线；远东集团正是对海外企业的债务和劳务陷阱进行了重点防范和科学处置，才避开了日后的纠纷。

（3）注重整合双方优势资源，构建协同合作模式是并购成功的关键。三家企业海外并购的目的都是围绕整合被并购企业优势资源展开，包括技术资源、市场资源、人才资源、品牌资源、管理资源等，通过优势资源的整合，发挥双方优势，使双方建立起稳定的协同合作关系，实现并购企业与被并购企业整体效能或利益的最大化，使双方在共同发展中获得成功。

（4）依靠政府支持，争取政策扶持是并购成功的重要保障。政府在推动企业海外并购的过程中起到了非常重要的促进作用，在关键时刻发挥了巨大作用，政府成为企业开展海外并购的坚强后盾。例如，远东集团正是得到了省政府担保的 2.8 亿元的银行贷款，才破解了其并购资金难题；大橡塑也正是由于大连市政府、市经信委、市国资委的全过程服务管理和支持，才保证了海外并购工作的顺利实施。

11.3 ▶ 对天津进行海外并购的启示与借鉴

企业是开展海外并购的主体，当前全球一体化时代，天津市科技型中小企业，尤其是具有实力的小巨人企业应从国际发展视角把握企业发展方向，把海外并购放到企业宏观发展战略高度，审时度势，理性把握海外并购的最佳机缘，正确处理海外并购过程中遇到的各类问题，形成具有自身特色的海外并购战略。

（1）正视海外并购机遇，理性开展并购活动。海外并购应作为企业的一项长远规划，需理性应对。一是企业要从战略上高度重视海外并购活动。企业不应把海外并购看作一种简单的投机行为，要结合自身经营发展战略和实际需求，构建企业海外并购的长远框架和蓝图，做到并购动机清晰、并购目标明确。二是企业应选择性地进行部分项目并购。企业在海外并购时不限于把整个目标企业都买下来，而是要结合企业自身需要就目标企业的某项技术、品牌、营销渠道、品牌等展开并购。三是企业在进行海外并购时应保持谨慎的态度。对目标企业并购价值从多角度展开评估，增强并购的风险意识，避免并购的盲目性。

（2）加强并购可行性研究，合理制订并购计划。一是，谨慎选择海外并购目标。开展并购前，企业应对目标企业的基本情况、出售目的、财务会计情况、财务会计制度、内控制度、纳税情况、人力资源情况以及生产经营状况等做出全面调查和研判，重点选择符合并购企业未来经营发展方向、有利于提高核心竞争力的企业作为并购目标。二是要仔细分析目标企业的客观环境情况。正确评估其产业结构、竞争对手、行业周期以及风俗文化环境等，同时，结合企业自身竞争优势、企业愿景等进行细致分析，科学判断海外并购计划的合理性与可行性。三是充分了解目标企业所处国家的相关法律因素。重点考虑受东道国监管和限制的行业，考虑外商持股量限度和外汇管制等法律问题，考虑并购所带来的反托拉斯问题，考虑东道国劳工、工会和福利状况以及并购可能带来的雇工风险和劳资纠纷等，在此基础上制定详细的并购计划。

（3）创新并购融资模式，探索新型支付方式。一是注重创新多种融资模式。充分利用国际金融市场的各种融资功能，如发行股票债券融资，资产抵押融资以及其他金融创新工具进行融资；与国外成熟的投资基金合作，通过合作，一方面使企业获得所需要的资金，另一方面实现有效利用国际投资基金管理团队的目的，获取除资金之外的各方面资源；联手本土企业或国际著名公司利用合资、合作等形式收购。二是积极探索新的资金支付模式。形成灵活的资金支付方式，减缓企业资金压力。在拥有充足自有资金和稳定现金流量或企业股票市值低估的情况下，可选择现金支付；在企业资产流动性差或企业股票市值高估的情况下，可选择股权支付；为最大限度地规避支付风险，可探索现金、股票、资产、债务等混合支付模式。

（4）加强企业并购整合，实现企业持续发展。注重并购后的资源整合，使被并购企业资源都能为我所用。一是做好人才整合。并购后把留住人才、稳定人才作为企业人力资源整合的首要问题，重点吸引、留住并用好目标企业的核心骨干，根据他们的实际能力和水平定机构、定岗位、定人员，做到科学化管理、制度化管理，使他们人尽其才、人尽其能。二是做好文化整合。尊重东道国企业文化，本着友好合作的态度，注重吸收外来文化精华，循序渐进地推动文化融合，要在重用东道国企业领导层、关心企业职工方面体现对东道国企业文化的尊重，进而减少整合的阻力。三是做好品牌整合。品牌整合要根据被并购企业品牌的现状、历史状况以及并购企业自身需求采取不同整合策略，例如采用双品牌策略、谨慎过渡性品牌策略以及放弃收购没落品牌策略等，还可聘请跨国性的品牌经营机构进行并购品牌管理。

（5）充分借助中介机构，降低海外并购风险。海外并购是一项复杂的投资活动，企业可充分借助中介机构的力量进行调查论证，降低海外并购风险。一是注重聘请专业的咨询公司，重点在并购活动中提供咨询和策划。二是注重聘请投资银行，重点调查被并购企业的经营状况、评估被并购企业的价值、参与并购交易谈判过程及相应的融资服务、确定并购后的重组方案等。三是注重聘请有经验的律师事务所，重点为企业海外并购提供东道国有关法律、政策等方面的咨询服务。

说明

原文发表于《天津经济》期刊（2015年第7期），同时在《科技战略研究内刊》（2013年第2期）发表，本文略有修改。时值天津正大力发展小巨人企业，海外并购是企业实现转型升级和跨越式发展的捷径，但海外并购风险大、失败率较高，为此，笔者从国内视角出发，剖析了大连远东集团、大连橡塑公司、天津海鸥集团三种不同模式下企业海外并购的成功经验，提出企业要"抓好时机、定好策略、做好协同、用好政策"的四大战略点。

第12章

日韩支持中小企业海外投资的做法及启示

推动中小企业海外投资与并购一直是发达国家的主要海外投资战略，也是发展中国家支持本国中小企业发展壮大的重要途径之一。在国外，直接支持中小企业海外并购的政策较为少见，多数是把海外并购融入海外投资支持政策当中，在众多发达国家中，尤以日韩支持中小企业海外投资的策略最为典型，其政策和做法对天津科技型中小企业开展海外并购具有一定的参考价值。

12.1 ▶ 日本支持中小企业海外投资的经验做法

12.1.1 日本主要负责及推动部门

在日本，负责中小企业对外投资的扶持机构主要有：政府机构、官民联合建设的投资机构、行业协会、大型金融机构、大型商社等。政府机构主要包括日本经济产业省贸易局和日本中小企业厅等，主要负责中小企业海外投资扶持政策的制定和推动；其他机构主要包括日本国际发展组织、三菱商社、三井住友、瑞穗等，主要提供具体咨询与调查等服务（见表12-1）。

表12-1　日本中小企业海外投资主要推动机构

部门性质	部门名称
政府机构	日本中小企业厅、日本经济产业省
半政府性质机构	日本国际发展组织、日中投资促进组织等
垄断财团	三菱商社、伊藤忠商社、丸红商社、三井物产商社
金融组织	三菱东京、三井住友、瑞穗等

12.1.2　日本主要支持措施及典型做法

（1）出台文件指导中小企业海外投资方向。1988 年，日本中小企业厅发布了《中小企业白皮书》，明确指出加大对欧美国家的技术型投资力度，对韩国、新加坡等亚洲地区的资本型投资力度，以及对中国和东盟的劳动密集型投资力度。进入 21 世纪后，日本政府又深入调查国际市场的变化趋势，倡导企业主要选择一些资金回收快、投资风险小的高科技服务业和电子信息业等领域进行投资，从而使日本的海外经济得到迅速发展。

（2）设立企业海外投资专项基金。2011 年，日本政府设立了总额为 1000 亿美元的"应对日元升值紧急基金"，通过日本国际协力银行以低利息贷给民间企业，企业利用该贷款及自有资金进行海外投资。同时，日本政府还要求投资服务机构为企业的海外并购寻找对象，帮助解决与并购有关的问题。

（3）制定和实施企业海外投资保险制度。日本经济产业省贸易局下设的海外投资保险部负责制定和实施"海外投资损失准备金制度"和"海外投资保险制度"。"海外投资损失准备金制度"主要用于对中小企业投资海外欠发达国家和地区的制造业、矿业、农林水产业、建设项目，如发生亏损，按规定予以 40% 的补贴；"海外投资保险制度"主要用于当企业海外投资遇到战争、社会动乱等非常规风险时予以 90% 的补贴；同时，对海外合作伙伴破产造成的损失也可提供相应的信用保险。

（4）为企业建立"海外投资支持体系"。日本政府通过自建、共建、鼓励其他机构兴建等方式，为企业建立了海外投资支持体系：一是每年调查 100 个国家和地区海外据点的土地价格及税金等必要费用，并在官网公布；通过打包购买海外法律事务所服务等方式，为在不同地区开展海外投资的企业提供援助；二是建立了大量半官方性质的官民联合投资机构，这在海外投资体制中发挥了巨大作用，如日本国际发展组织由日本海外经济合作基金控股 1/3，其他 98 家私人企业投股 2/3；三是鼓励企业建立行业协会，通过行业协会协调本行业的海外投资，使之能够积极、有序地融入海外市场；四是积极发挥民间服务力量，促进企业海外投资，日本投资振兴机构在海外设立了 77 个办事处，这些办事处拥有庞大的市场调研队伍和卓越的战略研究机构，能够为日本企业在海外开展业务提供详细周到的信息和咨询服务。

（5）注重海外宣传。日本政府通过在东道国设立办事处，积极与当地的政府机构、智库、各类媒体、有影响力的人士进行沟通，并提供经费举办有关日本投资的论坛、学术活动、研究项目等，以此宣扬日本投资对东道国经济发展有益的各种观点，传递日本企业的价值观和投资意图，增加东道国对日本企业投资的好感，削弱日本企业在海外投资的政治风险。

12.2 ▶ 韩国支持中小企业海外投资的经验做法

12.2.1 韩国主要负责及推动部门

韩国支持中小企业对外投资的部门主要有政府机构、半政府性质公共机构和民间组织。其中，政府机构主要负责中小企业海外投资扶持政策的制定，其他机构主要负责政策的具体实施（见表 12-2）。

表 12-2 韩国中小企业海外投资主要推动机构

部门性质	部门名称
政府机构	中小企业厅
半政府性质机构	KOTRA（大韩贸易投资振兴公社）、中小企业振兴公社
民间组织	韩国贸易协会、中小企业中央会

12.2.2 韩国主要支持措施及典型做法

（1）支持银行拓宽服务于中小企业海外投资的业务。韩国中小企业海外投资的金融扶持业务主要由韩国进出口银行和韩国产业银行承担。2007 年，韩国强化了中小企业对海外投资的扶持力度，扩大了允许贷款的范围和行业领域；鼓励银行加大对韩国海外企业的注资或借款等金融咨询服务，对韩国企业或其海外子公司提供免费的金融协调等服务。

（2）为中小企业海外投资提供保险服务。韩国贸易保险公社（由政府全资所有）为韩国中小企业海外投资提供保险服务。自 2007 年以后，贸易保险公社逐渐启动了面向中小企业海外投资的保险服务，包括中小企业海外企业并购保险、项目金融保险、海外工程保险、海外资源开发基金保险等，对降低中小企业海外投资风险起到了重要作用。

（3）为海外投资企业提供税收优惠。一是实施国外纳税额抵免政策，即海外投资企业的国外所缴税款部分在国内可予以抵免，国外税率高于国内时不再缴税，国外税率低于国内税率时需补齐差额；对国外子公司向国内汇出的利润征税后，国内母公司可享受相应法人抵免税。二是实施间接国外纳税抵免政策，即如果海外子公司所在国与韩国签订的相关税务条约认定间接税抵免，只要母公司持有子公司 20% 以上的股权，对子公司向母公司提供的分红征收法人税时，便可以获得韩国国内相应税费全额抵免。三是实施认定税额抵免政策，即海外当地政府对韩国企业在本国的投资给予法人税减免时，所减免额度也被认定为在投资所在国已缴税款，可在韩国国内获得外国纳税抵免。四是对海外派遣人员实施所得税优惠政策，即对海外派遣员工国外所得进行每月 100 万韩元的免税支持。

（4）出资支持中小企业海外并购人才培养。韩国政府出资实施"海外市场开拓要员培训"计划，支持中小企业海外人才培养。"海外市场开拓要员培训"计划由韩国中小企业厅主管，由韩国中小企业振兴公社负责实施。该项目是将具有一定外语和经营能力的中小企业员工派遣到海外，通过实地营销活动来培养中小企业的海外经营人才。2010 年后，该项目以短期培训为主，主要教授投资对象国的经济、政治、文化，乃至商业习惯、税收及金融制度、劳务制度、海关制度、成功案例等。

（5）为海外投资企业建立信息咨询与服务体系。一是建立海外投资信息系统，该系统汇总了韩国知识经济部、KOTRA❶、进出口银行、贸易协会、对外经济政策研究院等 32 家机构的海外投资信息，可为企业免费提供海外投资制度、不同国家不同投资阶段的针对性信息，以及投资新闻、市场信息、招投标信息、投资案例、投资统计等服务，并提供海外投资专家的在线咨询服务。二是设立专门咨询服务机构"Global Korea"（GK），承担海外投资企业综合咨询服务业务。GK 内设"海外投资企业支援专家团"，该团由进出口银行、贸易保险公社、韩国产业银行、国税厅、劳动部等海外投资相关机构的专家组成，可提供金融、税收、法规、投资环境及扶持政策等方面的咨询服务。三是很多机构单独提供海外投资的相关咨询服务。具有代表性的有韩国进出口银行的海外投资金融业务咨询机构，KOTRA 的海外投资调查机构，中小企业振兴公社的海外投资中小企业法律援助机构，韩国贸易协会的韩中交易洽谈机构，韩国情报通信产业振兴院的 IT 服务海外投资扶持机构等（见表 12-3）。

---

❶ 大韩贸易投资振兴公社（Korea Trade-Investment Promotion Agency）的缩写。该公社是韩国政府管理的非营利贸易促进机构。

表 12-3　韩国主要公共机构海外投资相关咨询服务机构及服务项目

序号	负责机构	主要咨询项目	主要服务内容
1	韩国进出口银行	中国投资资讯	中国投资环境及投资程序等相关咨询
		海外投资金融咨询	对出口和海外投资相关的汇率风险管理、海外投资资金扶持政策提供咨询
2	KOTRA	海外投资调查代理	通过 KOTRA 海外分支机构对投资对象的概况、物流、生产、土地使用、工厂建设、雇佣环境、招商政策等方面进行调查
		国别投资咨询	提供在亚太地区、欧美地区等地进行海外投资的细化咨询服务
		韩国投资企业支援中心	海外投资企业在投资地所需的各种服务
		海外投资差旅支援	通过驻目的地的分支机构预约酒店，联系翻译，协助办理签证，提供洽谈场地等
3	国税厅	国际税务咨询	通过国税综合咨询中心对海外投资相关国际税务问题提供咨询
4	韩国贸易协会	中国企业信用调查	与中国企业信用调查机构合作，调查中国企业信用度
5	韩国贸易保险公社	海外企业信用调查	与海外信用调查机构合作，对海外企业的信用度、资金状况等进行调查
6	外交通商部(海外领事馆)	通商投资综合支援	为海外投资企业解决经营困难，与当地机构进行业务协调
7	中小企业振兴公社	民间海外支援中心	为进行海外投资的中小企业提供包括出口、投资在内的咨询服务
		出口保育中心	以低廉的租金为出口和对外投资企业提供办公场地，并邀请当地专家为企业提供咨询服务
8	韩国因特网振兴院	海外 IT 支援	为开拓海外市场的韩国 IT 企业提供办公场地以及市场、法律、人才方面的咨询

12.3 ▶ 日韩支持中小企业海外并购的共同特点

（1）发挥政府机构、半政府机构和民间组织的协同作用。日韩为中小企业海外并购提供支持的政府机构主要有中小企业厅、产业局等，半政府机构主要有中小企业振兴公社、投资促进组织等，民间机构主要有大型财团、商社、行业协会、银行等。三种类型的机构为中小企业海外投资提供的支持内容不同，为中小企业海外并购建立了完整的支持体系，中小企业海外并购的每个环节都能找到相应的支持政策和服务机构。

（2）提供保险、税收、低息贷款等多种类型的资金支持。日韩政府为中小企业海外投资提供的保险服务，全部由政府承担或者由政府全资所有的金融机构承担，根据企业海外投资的产业领域不同和风险类型不同，提供不同程度的保险支持额度。同时，日韩政府扩大了银行支持企业海外投资的贷款范围及行业领域，加强银行对海外投资企业的咨询服务，利用税收优惠或者设立专项资金等手段提供低息贷款等形式，帮助企业降低海外投资的成本。

（3）重视海外投资信息的搜集与发布。日韩政府设立了不同形式的机构帮助有海外投资需求的企业搜集和发布海外投资信息，主要包括在海外设立各行业协会、银行，或半官方机构设立海外投资咨询机构等，同时配备相应的专家团队，通过网站发布信息、专家在线咨询等形式为企业提供信息支持。

12.4 ▶ 对天津科技型中小企业开展海外并购的启示

通过以上分析可以看出，为企业海外投资提供保险服务、提供便利低息贷款服务、构建海外投资咨询服务体系，是日韩支持中小企业海外投资的普遍做法，但根据企业发展的实际需求又各具特色。对天津科技型中小企业开展海外并购的启示如下。

（1）建设海外并购咨询服务体系。在开展企业需求调查的基础上，建议市委市政府尽快筛选、认定一批具有中小企业海外并购咨询服务能力的中介机构，包括会计师事务所、律师事务所、专利事务所、资产评估机构、产业咨询机构、投资咨询机构、银行、金融服务机构等，构建起咨询服务体系，并通过政府购买服务或补贴政策等方式，定期对认定的中介机构予以考核和奖励；同时，尽快成立面向中小企业海外并购提供咨询服务的中介服务联盟，由联盟秘书处具体负责中介机构的日常沟通、协调、对接等工作。

（2）设立海外并购专项基金。设立科技型中小企业海外并购专项基金，用于企业海外并购投资补贴、贷款补贴、担保补贴、保险补贴等，帮助企业减少资金压力，消减企业对国外遭受风险的担忧，增加中小企业海外并购的信心，提升海外并购的成功率。同时，由政府协调担保机构，对进行海外投资的科技型中小企业在保险范围、保险额度、期限赔偿比例、保险费收取比例等方面予以照顾。

（3）建立海外投资信息搜集中心。中小企业在信息搜集能力上远低于大型企业，在海外并购中面临着更多的不确定因素，因此信息搜集渠道的建设对中小企业来说更为重要。建议天津市委市政府通过协调国家商务部、外交部等机构，在美国、德国、俄罗斯、意大利、瑞士等与天津市重点发展产业相关的技术发达国家建立海外信息搜集机构，并及时将信息通过天津市科技型中小企业服务网等平台发布。

说明

　　本章内容源于我和王方工程师共同撰写的一篇战略研究内刊，发表于《战略研究内刊》（2013年第1期）上。时值天津开展科技型中小企业海外并购高潮，为更有力地支持天津科技型企业"走出去"，我们基于国外研究视角，分析了日韩在支持中小企业海外投资方面的经验做法，对天津开展海外并购形成如下启示：一是要建设海外并购咨询服务体系，二是要设立支持企业海外并购的专项基金以提供税收优惠、保险等服务，三是要建设海外并购信息搜集中心。时至今日，国外的这些经验仍对天津推进企业"走出去"战略具有重要的参考价值。

第13章

推动天津科技型中小企业
海外合作并购的思路与对策

金融危机爆发以来，发达国家中小企业生存危机不断加剧，企业破产数量明显上升，西方中小企业进入并购、重组的活跃期。据统计，2008—2011年，法国有 6 万家中小企业倒闭；2012 年，德国有 3 万家拥有尖端技术和市场份额的中小企业等待出售；整个西欧有高达 30 万家中小企业正待价而沽。此时，我国企业海外并购表现出了迅猛的势头，其规模、增速和影响都达到了空前高度，企业海外并购金额从 2008 年的 103 亿美元发展到 2012 年的 652 亿美元，5 年增加了 5 倍多。

天津科技型中小企业经过三年的发展，已经进入数量与质量的跃升期，一大批科技型企业已具备相当实力，发展到"走出去"的最佳时机。

13.1 ▶ 天津现状与问题

13.1.1 企业发展现状

（1）企业数量显著增加。自 2010 年天津实施科技小巨人成长计划以来，天津科技型中小企业迅猛发展；至 2013 年年底，天津科技型中小企业总数达到 49212 家，科技小巨人企业发展达到 2435 家，比 2010 年分别增长 293% 和 234%，科技型企业数量达到了一个新的高度，具有海外并购实力的科技型企业数量明显增加。

（2）经济实力显著增强。2010—2012 年，天津科技型中小企业主营业务收入年均增长 36.8%；2012 年，总收入达到 9164 亿元，工业总产值达到 8579 亿元，占全市的 34.3%；每家科技小巨人企业年均净资产增加 4114 万元；至 2013 年上半年，天津科技型中小企业主营业务收入已经超过 1 万亿元，其中，科技小巨人企业收入超过 8900 亿元，占科技型中小企业总收入的 86%，一大批科技企业已具备相当的资金实力。

（3）海外并购意愿加强。根据市科委对科技型中小企业开展海外并购情况的问卷调查显示，有 20%～30% 的科技型中小企业具有开展海外并购的意愿；根据天津市科委召开的"推动科技小巨人领军企业海外并购"企业家沙龙座谈会显示，多数具有实力的小巨人企业已经把开展海外合作并购纳入企业的长期发展战略，其中，海鸥手表、塑力集团、福丰达影视、天津华建天恒等部分小巨人企业已经具有多次开展海外合作与并购的经历。

13.1.2　面临的主要问题

通过调查发现，企业在海外合作与并购过程中主要面临的问题表现为以下四个方面。

（1）文化研究不足，并购思路不清。一是部分企业对目标国人力资源法规、媒体态度、政府监管、政治因素、工会力量、公共关系等方面的社会环境情况了解不足，对中外文化差异研究不足、重视不够，导致并购失败及并购整合的艰难。二是部分企业在"走出去"时没有形成清晰的并购思路，往往只注重市场机会和交易价格，而缺少对企业整体战略的思考，导致并购资产价值缩水及后续的运营风险。

（2）专业人才较少，服务能力不足。一是天津企业普遍缺乏熟悉海外并购的专业人才和管理人才，整合过程中的技术、劳资、人员、资金和意识形态等问题使得许多企业的并购整合陷入艰难境地，导致企业负担加重。二是天津企业缺乏国外先进技术的承接人才，导致部分企业在并购国外企业先进技术后，后续研发衔接不上。

（3）支付方式单一，财务负担过重。由于融资渠道单一，天津绝大部分企业在海外并购时采用现金（包括自有资金和银行贷款）支付方式。这种支付方式有利于对方，但不利于并购企业，在增加交易成本的同时，还加重了企业的财务负担，而且增加了并购后企业的运营风险。

（4）扶持力度不够，支持措施不足。一是天津尚未出台支持海外并购的政策文件，缺乏对企业海外投资的总体战略指导。二是天津尚未形成与商务部等国家海外并购主管部门的有效对接机制，未能有效解决企业在并购过程中涉及的审批、外汇使用等问题。三是尚未构建起促进企业海外并购的科技中介服务体系。相关专业组织的数量较少，且服务能力远远不能满足跨国并购的要求。

13.2 ▶ 天津科技型中小企业海外合作并购的推动思路

天津科技型中小企业海外合作并购工作以深入贯彻天津市委关于建设美丽天津的决定精神为宗旨，以获取海外优势科技资源为主线，以体制机制创新为动力，以增强企业自主创新能力为核心，以推进企业转型升级和实现跨越式发展为目标，重点面向天津滨海新区各功能区及各区县工业园区等高新技术产业集聚区，重点发动科技小巨人企业和优势产业中的龙头企业，有计划、有步骤地分类进行海外合作与并购工作，大力度聚集国外高端科技资源，激发全市科技企业的创新创业活力，逐渐把科技型中小企业发展的着力点转移到高科技、高质量、高效益上来，培育一批具有国际竞争力的科技小巨人企业和领军企业，抢占全球高新技术产业制高点。

13.3 ▶ 天津推动科技型中小企业海外合作并购的战略重点

从战略高度认识和把握世界经济结构调整给天津企业实现跨越式发展提供的有利时机，结合天津创新战略部署，选择重点领域，从资金和政策上支持企业开展海外合作与并购，链接并获取全球创新资源。

13.3.1 加强宏观研究，明晰并购思路

一是加强对中外环境及文化差异的研究。组织专家深入研究海外并购过程中可能遇到的法律法规、政府监管、劳资关系、知识产权及市场环境等方面的因素，帮助企业明晰海外并购思路。

二是适时引导企业选择和调整海外并购区域及对象。美国、加拿大等国经济正在缓慢复苏；相比之下，希腊、葡萄牙以及爱尔兰等国则因债务拖累存在更多的并购机遇。企业应通过并购或合作建立技术研发中心等方式，整合其高端制造业及高新技术领域的先进技术、专利、品牌、研发团队及市场等。

三是围绕十大科技研发新高地及高端服务平台建设开展海外合作与并购。

围绕天津十大科技研发新高地和科技研发平台建设对关键与核心技术、重点专利及产业人才的需求情况，加强并购与合作，以此推动和完善创新链与产业链，加速产业集聚和平台辐射效应。

13.3.2　构建企业海外合作与并购人才保障体系

一是加大对跨国并购人才的引进力度。针对目前海外市场就业困难的局面，加强与天津人力社保局、知名猎头公司、人力资源中介等机构合作，设计并细化有强烈指向性的人才政策，进一步引进国际性跨国并购人才，重点吸引那些在国外著名投资银行有履业经历的中国留学生，以及在跨国公司从事战略规划、并购重组工作的中国留学生。

二是加大对跨国并购人才的培养力度。遵循以企业为主、社会为辅、政府指导的原则，加强与南开大学、天津财经大学等高校的合作，利用重点高校，结合案例教学，开展企业高级并购人才培训，为企业集中培养一批高素质、复合型、实用型的并购人才。

13.3.3　构建企业海外合作与并购的金融保障体系

一是建立高效的金融服务机制。加大市金融办、市国税局、市财政局（地方税务局）等政府部门与中国银行天津分行、国家开发银行天津分行、中国进出口银行天津分行等金融机构之间的合作力度，帮助企业疏通海内外并购贷款渠道，并在一定程度上创新融资手段和税收政策，及时协调、解决并购过程中出现的各种问题，为科技型中小企业海外并购做好金融服务保障。

二是建立海外并购风险保障体系。为企业提供化解风险的相关机制，重点设立天津市海外投资基金、海外投资风险准备金、海外投资保险金等，用于企业海外并购贷款补贴、担保补贴、保险补贴等，降低企业海外并购风险，减少企业资金压力，增加企业海外并购的信心，提升海外并购的成功率。

13.3.4　构建企业海外合作与并购的服务支撑体系

一是组建一支有资信、有经验的国际性专业中介服务队伍。提供针对企业海外并购的资产评估、财务预算、法律审查、尽职调查、交易工具和专项融资等专业咨询服务。

二是成立天津海外合作与并购促进协会。全面分析和评价全球并购环境，为天津企业海外并购提供项目规划、考察、谈判、签约、融资付汇、并购整合、后期管理等全过程的业务指导和决策咨询服务。同时，积极推进天津有实力的服务机构与海外服务机构开展合作，提升天津服务机构对海外并购业务的服务能力。

三是建立海外信息数据库和天津企业信息数据库。通过海外信息数据库搜集整理西方国家相关法律法规和政策、产业趋势和投资机会、科技企业信息和高科技项目，以及合作与并购对象信息等，并通过国内平台链接天津企业信息库，适时向入库企业发布并提供投资信息或介绍合作项目；定期举办专题会议，及时了解企业需求并提供现场服务。

13.3.5 提升企业进行海外合作与并购的运作能力

一是开展科技企业家对外合作与并购激发式培训。根据企业家在海外并购方面遇到的各种问题和相关需求，聘请相关专家及曾经成功实施过海外并购的企业家，有针对性地制订海外并购培训计划，面向天津拟进行海外并购的科技企业家举办培训，强化企业建立国际化发展战略的意识和理念，提升企业对海外并购目的、融资渠道和投资方式等方面的认识，促进企业海外并购战略全面升级。

二是加大帮扶力度，实施"一企一策"服务战略。对已有开展并购的目标企业，针对企业需求提供知识产权、法律、财务、融资等全方位服务，帮助企业策划并购战略，解决并购难题；对计划开展并购的目标企业，按照企业需求，帮助企业策划海外并购全程化战略，搭建技术、人才对接交流平台，对企业开展海外并购予以指导策划，推动企业的国际化发展。

13.4 ▶ 相关保障措施

（1）加强组织领导，建立推动体系。将天津科技型中小企业发展工作领导小组作为推动科技企业开展海外合作与并购的领导小组，由市政府协调，市科委具体负责，积极与市发改委、商务委、财政局（地方税务局）、人力社保局、市国税局、市工商局、市金融办、人民银行天津市分行、外汇管理局等委办和相关区县建立联动工作体系，提升服务效率，形成行政审批、资金支持、税收减免和外汇管理等方面的工作协调机制。

（2）成立专家委员会，推动并购工作。成立推动海外合作并购的专家咨询委员会和项目评审委员会。发挥专家咨询委员会的智库作用，对全市海外并购相关政策、重点难题、技术专题等开展攻关研究，提出可行建议，同时，对各区县有关部门、科技企业开展海外并购工作提供业务咨询和培训等；利用项目评审委员会对天津科技企业海外并购规划、并购项目进行可行性论证，更好地支持天津企业海外并购工作。

（3）出台激励政策，加大扶持力度。由市财政划拨专项资金，组织实施科技企业海外并购项目计划，由市科委定期组织企业进行项目申报，并会同市财政局建立严格的项目评审制度，组织专家开展项目评审与认定，对评审认定的企业，在其取得目标企业的资产所有权和管理控制权后，按照交易额50%、最高200万元，一次性给予企业海外并购奖励。同时，引导滨海新区及其他有条件的区县设立专项资金，按照一定比例做好区县资金配套支持，或给予并购企业以贴息支持、投融资服务等。

（4）加强制度建设，强化企业帮扶。建立对各区县和有关部门推动企业海外并购工作的任务目标，建立政策落实和综合服务方面的动态绩效评估制度和考核管理制度，建立科技型企业并购工作进展统计分析制度，建立市和区县的工作服务组，深入落实科技企业服务的帮扶制度，为企业提供知识产权、法律、财务、融资等全方位服务，帮助企业解决并购过程中所遇到的难题。

说明

原文发表于中共天津市委研究室《参阅件》（2014年第17期）。时值西方国家遭遇经济危机与债务危机，大量科技企业面临破产，在李春成所长的指导下，笔者提出天津应积极抓住这一最佳机遇，尽快推动企业实施海外合作与并购战略，尽快构建企业海外合作与并购的人才保障体系，构建企业海外合作与并购的金融保障体系和科技服务体系，研究报告得到了时任天津市委书记孙春兰的批示。

第 14 章

知识产权护航企业"走出去"的战略与对策

当前，全球有70%以上的各类贸易保护主义措施是针对我国，国外企业利用我国企业知识产权保护不强的特点，对我国"走出去"企业设置了各类知识产权障碍和陷阱，严重阻碍了我国企业进入世界大舞台的步伐。天津作为国际港口大城市，越来越多的科技型企业开始"走出去"，进行海外战略布局，其中，做好海外知识产权保护尤为重要。如此一来，怎样帮助企业做好海外知识产权保护，就成为当前天津面临的一个重要难题。2016 年 11 月，课题组委托统计局围绕天津科技型中小企业数据库入库企业，随机选择 100 家具有"走出去"意愿的科技型企业进行了问卷调查，收回有效问卷 92 份，以此为样本开展分析，提出相关政策与建议，供决策参考。

14.1 ▶ 天津"走出去"企业现状

14.1.1 从整体看

（1）销售收入过亿企业是"走出去"企业主力军。调研企业中，注册资金在 5000 万元及以下的企业有 49 家，注册资金在 5000 万~1 亿元的企业有 18 家，注册资金在 1 亿元及以上的企业有 25 家。从企业销售规模看，销售收入亿元以上企业 48 家，占"走出去"企业总数的 52.2%，其中，上市企业 4 家（见表 14-1）。

（2）企业科技含量越高"走出去"意愿越强烈。"走出去"企业中，高新技术企业数量较多，达到 67 家，占总数的 72.8%，这表明科技含量较高的企业参与国际竞争的意愿也较强烈；同时，这也与天津近年来大力发展高新技术企业密切相关。

表 14-1　天津 "走出去" 不同类型企业情况

企业类型	企业数量（家）	占总数比例	国外专利申请量（件）
高新技术企业	67	72.8%	68
小巨人企业	44	47.8%	49
上市企业	4	4.3%	636

14.1.2　从区域看

（1）滨海新区是天津 "走出去" 企业主要集聚区。从 92 家样本企业数据看（见表 14-2），9 个区县中，滨海新区具有 "走出去" 意愿的科技型企业数量最多，占样本企业总数的 34.8%，这与近年来滨海新区开发开放、国家自贸区建设密不可分；其他依次为北辰区、西青区、武清区、东丽区、河东区、津南区、南开区和宁河区，分别占 "走出去" 企业总数的 19.57%、17.39%、8.70%、7.61%、4.35%、4.35%、2.17% 和 1.09%。

（2）北辰区是天津海外知识产权保护力度最强区。截至 2016 年 9 月，92 家样本企业共申请海外专利 692 件，平均每家 7.5 件。从专利申请企业所属区县来看，北辰区最多，达到 634 件，占申请总量的 91.6%。北辰区的天士力控股集团等很多企业已经建立了比较完善的知识产权保护体系，具备了较强的抵御海外知识产权风险的能力。在北辰区之后，依次为滨海新区、武清区、西青区和东丽区，其中，滨海新区申请海外专利数量占申请总量的 7.8%，另外三区仅有一两件。

表 14-2　天津 "走出去" 科技型企业区域分布及相关情况

排名	注册区域	企业数量（家）	国外专利申请量（件）	国际化发展需求意愿		
				较多	一般	较少
1	北辰区	18	634	7	10	1
2	滨海新区	32	54	11	20	1
3	武清区	8	2	3	4	1
4	西青区	16	1	2	14	0
5	东丽区	7	1	1	6	0
6	河东区	4	0	0	4	0
7	津南区	4	0	0	3	1

排名	注册区域	企业数量（家）	国外专利申请量（件）	国际化发展需求意愿		
				较多	一般	较少
8	南开区	2	0	0	2	0
9	宁河区	1	0	0	1	0
	小计	92	692	24	64	4

14.1.3　从领域看

（1）高端设备、新材料和电子信息领域企业走出去意愿较强烈。天津高端设备制造、新材料和电子信息三个领域具有"走出去"意愿的企业分别占调研企业总数的30.4%、20.6%和11.1%，领域分布整体向高新技术产业延伸，专利申请主要是为了保护海外产品创新和先进技术的应用；排在第5至第9位的依次为生物与新医药、新能源及节能、高技术服务、资源与环境、建筑。"走出去"企业的领域分布格局基本与天津战略新兴产业研发活动特征一致，同时也与天津建设先进制造业研发基地，打造具有国际影响力的产业创新中心的发展定位紧密相关。

（2）生物与新医药领域海外知识产权保护强度最大。95%的海外专利主要集中在生物与新医药领域，已经表现出较强的集聚性。从该领域海外专利申请国别来看，涉及美、英、德、法、印、韩、日等十多个地区，分布比较广泛；该领域涉及海外专利诉讼的企业也较多，共有5家，占"走出去"企业总数的5.43%。

表14-3　天津"走出去"科技型企业领域分布及相关情况

排名	领域	企业数量（家）	国外专利申请量（件）
1	高端设备制造	28	16
2	新材料	19	8
3	其他	12	3
4	电子信息	10	5
5	生物与新医药	9	659
6	新能源及节能	6	0
7	高技术服务	5	1

续表

排名	领域	企业数量（家）	国外专利申请量（件）
8	资源与环境	2	0
9	建筑	1	0
	合计	92	692

14.2 ▶ 天津企业"走出去"面临的问题与需求

14.2.1　企业面临的主要问题

（1）不熟悉海外知识产权法律。从调研情况来看，天津企业在"走出去"的过程中普遍面临不熟悉产品输出地的知识产权相关法律、知识产权标准等非关税壁垒、缺乏权威专业机构的咨询指导、遭遇海外知识产权诉讼、缺乏专业化的知识产权运营团队等各种问题。其中，50%的"走出去"企业都面临不熟悉产品输出地的知识产权相关法律问题，这也是"走出去"企业在海外面临的主要问题和共性问题。

（2）高水平的海外知识产权服务机构少。天津服务于企业海外知识产权保护、侵权纠纷、维权等业务的专业机构很少，38.04%的"走出去"企业缺乏专业化的知识产权运营团队，35.87%的"走出去"企业缺乏权威机构的咨询指导，并且天津绝大多数知识产权服务机构的服务水平远未达到国际服务水准要求，许多服务机构甚至还从未接触过海外知识产权保护案件。

（3）知识产权政策支撑条件不足。天津尚未明确出台服务于"走出去"企业的知识产权保护政策。目前的政策主要是支持企业海外知识产权申请方面，对于海外维权、诉讼等还没有明确的政策文件支持，缺乏对"走出去"企业进行海外知识产权保护的系统化支持政策布局。

表 14-4　天津"走出去"科技型企业面临的主要问题统计表

序号	企业数量领域　　问题	不熟悉产品输出地的知识产权相关法律	面临知识产权标准等非关税壁垒	缺乏权威专业机构的咨询指导	遭遇海外知识产权诉讼	缺乏专业化的知识产权运营团队
1	高端设备制造	15	6	8	2	9
2	新材料	10	3	6	0	6

序号	企业数量问题领域	不熟悉产品输出地的知识产权相关法律	面临知识产权标准等非关税壁垒	缺乏权威专业机构的咨询指导	遭遇海外知识产权诉讼	缺乏专业化的知识产权运营团队
3	其他	7	2	6	0	4
4	电子信息	4	2	5	0	5
5	生物与新医药	5	2	3	0	5
6	新能源及节能	2	0	1	1	1
7	高技术服务	1	0	2	0	3
8	资源与环境	1	1	2	0	1
9	建筑	1	1	0	0	1
	合计	46	17	33	3	35
	占调研企业比例	50.00%	18.48%	35.87%	3.26%	38.04%

14.2.2 企业的主要需求

从"走出去"企业国际化发展需求角度看，95%的企业认为有需求，其中，26%的企业认为具有较多需求，可见"走出去"企业对海外知识产权保护的意识逐渐增强。

（1）企业对专业机构咨询服务需求尤为迫切。92家"走出去"企业问卷调查中，在问及目前迫切需要解决的问题时，50%的企业认为是需要专业机构的咨询服务，占比最多；其他按照需求强度，从强到弱依次为海外知识产权保护培训服务、专业化的知识产权人才引进、知识产权保护信息服务、知识产权海外申请代理、知识产权海外预警战略制定、知识产权海外运营管理服务（见表14-5）。由此可见，专业机构咨询服务是"走出去"企业最为关注的发展因素。

（2）不同领域企业的需求重点差异较大。高端设备制造领域企业主要需求是海外知识产权保护培训服务和专业机构的咨询服务，有这两项需求的企业数量占到该领域企业总数的48.9%；新材料领域企业主要需求是海外知识产权保护培训服务、专业机构的咨询服务和专业化的知识产权人才引进，这三项需求企业数量占到该领域企业总数的61.4%；电子信息领域企业主要需求是专业机构的咨询服务和专业化的知识产权人才引进，有这两项需求的企业数量占到该领域企业总数的50%；生物与新医药领域企业的主要需求是海外知识产权保护培训服务和专业机构的咨询服务，有这两项需求的企业数量占到该领域企业总数的 68.7%；高技术服务领域企业的主要需求是专业机构的咨询服务，企业数量占到该领域企业总数的 30%；资源与环境领域企业的主要需求是专业机构的咨询服务和专业化的知识产权人才引进，有这两项需求的企业数量占到该领域企业总数的 44.4%。

（3）部分座谈企业需求意愿。在与几家 "走出去" 企业座谈中，企业还提出了一些意见与需求，主要有：一是希望进一步加强对 "走出去" 企业海外专利申请的资助支持额度，减少海外专利申请负担。二是希望与国内高校、科研院所加强合作，开展知识产权人才联合培养、共建研究生实习基地、博士后工作站等，解决目前企业海外知识产权人才短缺的问题。三是希望放宽对 "走出去" 企业的高新技术企业认定、技术先进型企业认定等条件限制，进一步降低企业的税负。

表 14-5　天津 "走出去" 科技型企业主要需求统计表

序号	具有需求的企业数量 / 所属领域	海外知识产权保护培训服务	专业机构的咨询服务	知识产权海外申请代理	知识产权海外预警战略制定	知识产权海外运营管理服务	专业化的知识产权人才引进	知识产权保护信息递推服务
1	高端设备制造	11	11	3	4	1	5	10
2	新材料	9	9	5	4	2	9	6
3	其他	2	5	4	1	1	3	3
4	电子信息	4	6	2	2	1	6	3
5	生物与新医药	5	6	1	1	1	1	1
6	新能源及节能		4	0	0	1	2	1
7	高技术服务	1	3	1	1	1	1	1
8	资源与环境	1	2	1	1		2	1
9	建筑						1	1
合计		33	46	17	14	10	29	27
占调研企业比例		35.87%	50.00%	18.48%	15.22%	10.87%	31.52%	29.35%

14.3 ▶ 知识产权护航企业"走出去"的重点战略

从战略高度认识和把握世界经济结构调整给天津企业实现跨越式发展提供的有利时机，结合天津知识产权发展战略部署，做好宏观布局，充分发挥中介机构力量，帮扶企业做好海外知识产权保护。

（1）做好"走出去"企业的宏观导向与布局。一是围绕天津先进制造研发基地建设引导企业"走出去"。围绕天津生物医药、高端装备、绿色化工新材料、物联网与信息安全、都市农业与种业、航空航天、绿色能源与新能源汽车等重点优势产业领域，选择具有较好知识产权保护基础的企业，推进企业"走出去"，获得产业发展急需的先进技术、核心技术和重点专利，尽快弥补产业缺少的关键技术和关键环节。二是围绕天津高端研发服务平台建设推进企业"走出去"。科技研发平台具有更强的企业技术带动能力，提升其技术水平能够对产业发展产生更大的影响力。因此，应重点引导和鼓励市级以上工程技术中心、企业实验室和企业技术中心等依托的企业强化知识产权保护，助推其"走出去"，鼓励其建立海外研发平台，整合海外先进技术、人才团队，增强研发平台技术服务和技术辐射效应，带动天津更多企业加快发展。

（2）大力提升"走出去"企业海外知识产权保护能力。一是开展对"走出去"企业家的激发式培训。根据企业家在海外知识产权保护方面遇到的各种问题和相关需求，聘请相关专家及成功"走出去"的企业家，有针对性地制订海外知识产权保护培训计划，面向天津拟进行海外战略扩展的企业家举办培训，强化企业建立国际化发展的战略意识和理念，提升企业对海外知识产权保护的认识，促进企业海外战略全面升级。二是加大帮扶力度，实施"一企一策"服务战略。对已开展"走出去"的目标企业，针对企业需求，开展"一对一"辅导服务，帮助企业"量身定制"海外知识产权保护战略，研判"走出去"过程中可能遇到的知识产权纠纷，并提出相关预防措施，降低企业知识产权侵权风险。

（3）构建企业海外知识产权保护的服务体系。一是组建一支有资信、有经验的国际性、专业化的知识产权服务团队。筛选一批具有国际视野和丰富并购经验的律师事务所、专利事务所、投资咨询公司、会计师事务所等组成的专业服务团队，重点面向天津自创区、自贸区企业开展"走出去"专题培训、制定服务手册和宣传手册、发布实务指引、组织研讨，全力提高 "走出去" 企业的知识产权保护意识和能力。二是发挥京津冀知识产权发展联盟作用，深入开展企业帮扶。建立 "走出去" 企业知识产权保护工作进展统计分析制度，通过筛选、评估，选定 2~3 家具有较强实力的 "走出去" 企业，发挥京津冀知识产权发展联盟作用，联合各行业协会、服务机构，开展企业帮扶行动，根据企业需求，为 "走出去" 企业提供海外专利预警、专利保护、法律、维权、展会、政治、文化等方面的战略咨询与发展规划帮扶，增强企业风险防范能力。

（4）构建企业海外知识产权保护的信息支撑体系。一是建立知识产权信息公共服务平台。通过我国驻外领使馆、外国驻华使馆、国外商会、国外投资银行、国外咨询公司、国外律师事务所、会计师事务所等渠道，搜集西方国家知识产权保护相关法律法规和政策、趋势和投资机会、科技企业信息和高科技项目等，以这些信息为基础，建立与国际化发展接轨的知识产权公共信息网络服务平台，及时通过该平台，将实时信息向天津企业予以发布，服务企业海外战略。同时，构建信息反馈机制，及时将企业的需求信息予以反馈。二是建立 "走出去" 企业信息数据库。重点结合天津科技小巨人升级版中的 "走出去" 企业，深入开展企业调查，准确把握企业需求，运用大数据、云计算、物联网等信息技术，建立 "走出去" 企业知识产权数据库，定期向入库企业提供知识产权信息或介绍适宜的海外技术合作项目，定期了解海外知识产权保护政策和举措，做到及时传递国外的最新动态，并且及时了解国内企业的最新需求。

（5）打造 "走出去" 企业海外知识产权保护集聚区。建立 "走出去" 企业集聚区能够更好地发挥企业集群效应，有利于 "走出去" 企业之间形成合作与帮扶，有利于天津企业海外知识产权保护 "抱团取暖"。建议结合天津国家自创区、自贸区产业集群的发展布局，探索出台《天津市 "走出去" 企业海外知识产权保护集聚区建设支持办法》，重点支持集聚区所属园区开展专利导航工程、支持集聚区龙头企业建立企业海外专利保护试点，并重点面向集聚区开展海外知识产权保护培训；同时，注重发挥集聚区示范辐射效应，带动天津乃至整个京津冀区域内企业海外知识产权保护水平迈向新台阶。

14.4 ▶ 主要保障措施

（1）加强组织领导，建立推动体系。由市知识产权局牵头，联合市知识产权保护协会成立专门工作小组，与市商务委、市科委等委办局和相关区县建立"走出去"企业知识产权保护联动工作体系，明确各部门帮扶"走出去"企业的任务目标，形成"走出去"企业工作网络布局，健全知识产权工作推动体系。

（2）成立专家小组，发挥智库作用。充分整合京津冀高端智力资源，重点联合天津大学国家知识产权研究基地、北京高文律师事务所、天津市科学学研究所、天津仲裁委等单位及机构，联合成立"走出去"企业知识产权保护专家咨询委员会，发挥专家咨询委员会智库作用，对全市"走出去"企业知识产权保护的相关政策、重点、难题、技术专题等开展联合攻关，提出可行建议，保障工作顺利实施。

（3）加强资金支持，强化政策扶持。强化需求侧政策引领，向市财政局申请划拨专项经费，重点推进"走出去"企业知识产权保护服务"创新券"制度，具体可由市知识产权局筛选、认定一批具有较高水准的海外知识产权服务机构，对天津"走出去"企业购买的相关海外知识产权咨询服务，按照其合同额给予最高 30%、额度不超过 10 万元的创新券支持，引导企业强化海外知识产权保护。

> **说明**
>
> 原文发表于《天津经济》期刊（2016 年第 9 期）和《科技战略研究内刊》（2016 年第 20 期），本章略有修改。随着天津对外开放步伐的加快，企业在"走出去"过程中普遍面临展会执法、侵权纠纷、非关税壁垒等各式各样的挑战，企业必须拿起知识产权作为捍卫自己权利的武器。怎样发挥知识产权的"护航"作用，笔者在现状调查的基础上，提出了"谋布局、提能力、做服务、建体系、推工程"的系统化战略，得到市知识产权局相关领导的采纳。

第15章

天津融合外资研发机构的对策与建议

随着全球经济一体化、创新网络化的发展提速，加强外资研发机构管理、充分发挥外资研发机构的技术溢出效应，对天津加快融入全球科技创新浪潮、高效利用海外创新资源、建设具有国际影响力的产业创新中心和全国先进制造研发基地越来越重要。为此，课题组重点面向滨海新区、北辰区、西青区、武清区4个区县的20家机构进行了问卷调研，并提出了相关政策建议。

15.1 ▶ 在津外资研发机构主要特点

15.1.1 来源广泛，分布集中

据不完全统计，天津已有各类外资研发机构140多家，投资来源涉及欧洲、美洲、亚洲等的20多个国家和地区。研发机构数量排在前三位的投资国分别是美国、日本和韩国。另外，从年注册量来看，2003—2005年，天津外资研发机构注册量达到了高潮，4年累计注册量占到机构总量的48%，其中，2005年，注册数量达到顶峰。

从外资研发机构在天津的区域分布来看，具有明显的聚集性。如图15-1所示，48.2%的机构集中在滨海新区，其中，以经济技术开发区数量最多，占滨海总数的34.9%。排在第二至第七位的依次是南开区、西青区、武清区、生态城、北辰区和东丽区，分别占总数的14.0%、8.4%、7.0%、5.6%、4.5%、4.5%，外资研发机构集中在这些区域，与其优越的投资环境密不可分，特别是滨海新区经济实力强、开放程度高、高层次人才流动频繁，成为跨国公司在津设立研发机构的首选区域。

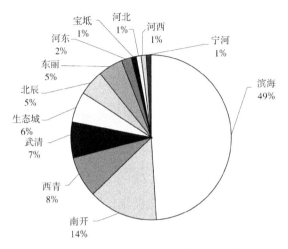

图 15-1　天津外资研发机构的区域分布图

15.1.2　领域分布以战略新兴产业为主

天津外资研发机构研发领域整体向高新技术产业延伸，外资研发活动侧重于产品创新和技术应用，研发投资重点主要集中在电子信息、先进制造、生物医药、高端装备、新材料、现代农业、环保节能、化工、新能源、航空航天和科技服务领域，其中，电子信息领域跨国公司在津设立研发机构数量最多，占总数的 30.7%，这与天津高端人才资源相对密集有关。排在第二至第五位的依次为先进制造、生物医药、高端装备、新材料，分别占比为25.9%、12.6%、8.4%、6.3%（见图 15-2），研发领域分布格局与全球研发活动的特征基本一致。

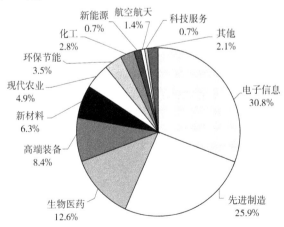

图 15-2　天津外资研发机构的领域分布

15.1.3　所有制形式以独资机构为主

天津外资研发机构主要采取了独资、合资、合作等投资进入方式，其中，独资研发机构正逐渐成为跨国公司在津研发投资的主要形式，占总数的50.3%，这种形式能够较好地贯彻跨国公司的战略意图，保密性好，因而成为跨国公司在津研发投资比较集中的形式。合资研发机构、合作研发机构分别占总数的34.3%和15.4%，合资与合作形式是跨国公司通过与天津的高校或科研机构共同进行研究与开发，借助天津研究机构的技术力量取得所需的研究成果。另外，从机构设立形式来看，企业内设研发机构较多，占总数的90.4%，把研发中心设在企业内部，便于增强研发的针对性，提高研发效率，使研发成果能尽快转化为产品。

15.2 ▶　在津外资研发机构的研发活动分析

为进一步了解在津外资研发机构的研发活动及发展需求，课题组集中走访了斯坦雷电气、飞思卡尔半导体、西门子机械传动等5家企业，重点面向滨海新区、北辰区、西青区、武清区4个区县24家机构进行了问卷调查，收回有效问卷20份。被调研的20家企业主要来自美国、德国、法国、日本、韩国等8个国家和地区，其中，独立法人的研发机构7家，非独立法人的企业内设研发机构13家、独资企业9家、合资企业11家，55%的企业建立了市级以上企业技术研究中心，涵盖电子信息、高端制造、生物医药、新能源、新材料、农业、节能环保等7个领域，企业的经营范围主要集中在技术研发、技术服务、产品生产销售3个方面。

15.2.1　研发人员质量分析

在20家机构问卷调查中，有17家机构回答了机构人员数量、科研人员数量和2014年研发投入等情况，3家机构没有回答。各机构从业人数分布情况为：人数最少的机构有11人，最多的有3921人，总从业人数为9756人，平均从业人数为573人。科研人数最少的为11人，最多的有752人，总科研人数为3251人，平均科研人数为191人，科研人数占从业人数的比例为33.3%。

科研人数靠前的前 5 家机构的科研人数占了总科研人数的 68.4%。另外，科研人员中，中方人员最低占比为 17%，最高为 100%，平均占比为 92.1%；科研人员全部为中方人员的机构有 9 家，占调研机构总数的 52.9%。

15.2.2　研发投入情况分析

根据问卷回收结果，共有 15 家机构回答了 2014 年研发经费投入的情况，投入的最小额度是 80 万元，最大额度是 9.5 亿元，平均是 9869 万元，15 家机构的总投入为 14.8 亿元。投入经费过亿元的机构只有两家，均为日企，分别是 1.4 亿元和 9.5 亿元，投入额度在 5000 万~1 亿元的企业 1 家，投入额度在 2000 万~5000 万元的机构 10 家，占机构总数的 50%。

2014 年研发投入占总收入比例平均为 11.02%，其中，最低研发投入比例为 1.66%，最高比例为日本一汽丰田技术开发有限公司，其研发投入比例达到了 100%；2014 年研发和检测设备占固定资产比例在 5% 以下的有 5 家，在 6%~10% 的有 2 家，在 11%~20% 的有 2 家，在 21%~50% 的有 3 家，在 81% 以上有 1 家。

15.2.3　专利和标准产出分析

根据 20 家机构的问卷调查分析，2014 年拥有有效知识产权企业共 14 家，有效知识产权数达到了 626 件，平均有效知识产权数为 44.7 件，其中，有效知识产权数超过百件的企业分别为津亚电子有限公司和京瓷（天津）太阳能有限公司，分别为 136 件和 125 件，两家机构占 20 家调查机构有效知识产权总量的 41.7%。排在第 3~5 位机构的有效知识产权量分别为 77 件、75 件、40 件，这在一定程度上表明知识产权在不同外资研发机构间的分布是不均衡的。对于国际 PCT 专利，仅凯莱英医药集团（天津）股份有限公司 1 家机构拥有，拥有量为 18 件，这表明，在津外资研发机构的专利申请区域重点是中国国内。

从标准制定情况来看，仅有 3 家机构承担过行业以上标准制定工作，分别是天津津亚电子有限公司、京瓷（天津）太阳能有限公司、保光（天津）汽车零部件有限公司，2014 年这 3 家机构共制定标准 125 项，其中，行业标准 31 项、国家标准 90 项，国际标准 4 项，这表明天津外资研发机构对标准的参与力度并不大。

15.2.4　产学研合作情况分析

进行问卷的 20 家机构中，仅有 1 家企业面向外资企业开展了技术转让服务，表明外资研发机构的技术保密性要求极高。有 7 家企业可以承接外部技术委托服务，占问卷机构总数的 35%，委托服务对象主要是内资企业、外资企业和高等学校。2014 年承接企业技术服务委托获得收入占总收入比重大部分在 5%~10%。开展联合技术攻关的机构有 7 家，70% 以上的机构联合攻关对象是高等学校，联合技术攻关获得收入占总收入比重均在 5% 以下。与外部机构联合开展人才培养的机构共有 10 家，联合培养对象主要是高等学校。与外部机构共建实体（重点实验室、工程中心等）的机构有 3 家，共建实体对象也主要是高等学校。以上表明外资研发机构比较注重与我国的高等学校合作，最常用的合作方式是人才培养，今后，天津最有可能在基础研究与共建方面率先融合国外研发资源。

在被询问是否面向市场提供技术服务时，有 45% 的机构选择是，服务内容主要集中在研发试验及成果转化服务、科研设备共享服务、产品宣传推广服务、咨询服务和人才培训服务 5 个方面，2014 年面向市场技术服务占总收入比重均在 5% 以下。

15.3 ▶　在津外资研发机构政策环境分析

20 家问卷机构中，选择通过相关部门组织政策宣讲及培训途径了解政策的机构占 85%，选择通过公共媒体途径了解政策的占 55%，选择通过电话咨询途径了解政策的占 15%，选择通过科技中介服务机构途径了解政策的占 10%，可见，政策宣讲及培训是外资研发机构获知政策的最主要途径。

据调查，有 70% 的研发机构在近三年内获得过相关政策支持，享受最多的前五项支持政策依次为高新技术企业认定、研发费用税前加计扣除、科技计划项目、技术先进性服务业认定、知识产权运营与保护（见表 15-1），可见税收相关政策是外资研发机构最关注的方面。

20 家问卷机构三年内累计获得政府资助项目数为 58 项，平均每家每年获取不足 1 项，表明目前外资机构仍难以获得相关政策支持，研发机构三年内累计项目支持占总收入比重平均在 5% 以下，表明目前的政策支持对外资研发机构的研发投入影响并不大。

当问及未获得政策支持的主要原因时，35%的机构认为是对政策缺乏了解，15%的机构认为是不符合条件，10%的机构认为是与执行部门沟通不畅，10%的机构认为是手续烦琐政策落实成本高，20%的机构认为是其他原因造成的。当问及对已获得政策的评价时，30%的机构表示满意，45%的机构表示比较满意，10%的机构表示非常满意，没有表示不满意的机构，可见外资研发机构对我国的政策支持诉求并不太高。

表 15-1　20 家研发机构享受相关政策的基本情况

序号	政策类别	享受政策的机构数量
1	高新技术企业认定	14
2	研发费用税前加计扣除	7
3	科技计划项目	6
4	技术先进性服务业认定	4
5	知识产权运营与保护	3
6	科研人员落户	2
7	科研仪器进口免税	1
8	科技成果奖励	1

15.4 ▶ 在津外资研发机构对外技术合作主要问题

（1）对外合作不多，合作关系疏松。外资研发机构与天津企业的技术合作多为松散型、临时性的项目研发模式，真正设立固定合作机构或建立长期、稳定战略联盟合作关系的较少；也有一些外资研发机构虽有合作的意愿，但由于信息不对称等原因而找不到合适的合作对象。

（2）合作积极性不高，合作效益不显著。在津外资研发机构与天津研发机构合作所取得的科技成果等原则上应由双方共享，但由于受"未经对方允许、不得转让第三方"等附加条款的制约，导致知识产权所带来的收益很难持续，从而削弱了双方持续合作的积极性和主动性。

（3）政策知晓度不高，部分机构政策申请意愿不强。35%的外资研发机构认为对当前天津产学研合作方面政策并不了解，对相关支持政策的知晓度

不足，直接导致难以获得相应的政策支持，降低了对外合作积极性；还有
10%的外资研发机构认为政策申请手续烦琐、政策落实成本高，而不愿意去
申请。

15.5 ▶ 在津外资研发机构的主要发展需求

调研的 20 家外资研发机构中，65% 的机构认为目前迫切需要解决的是人
才问题，其他依次为资金、配套服务、产学研合作、场地方面问题。可见，
人才资源是外资企业最为关注的发展因素。

（1）人才需求方面。外资研发机构对人才需求排在首位的是专业性人才
引进和培养，其次，依次为人员落户、人才梯队建设、领军人才引进和人才
招聘，50% 的研究机构提出希望政府为公司的外地员工尤其是研发人员在安
排落户、子女上学等方面提供相关便利支持。另外，外资研发机构希望与国
内高校开展联合人才培养、研究生实习等人才交流活动，解决目前研发人员
流失较严重的问题。

（2）资金需求方面。45% 的外资研发机构最希望获得银行贷款，30% 的
外资研发机构希望获得政府投入支持，20% 的外资研发机构希望获得股权融
资支持，其他方面需求占 5%，这表明外资研发机构对获得银行贷款的意愿比
较强烈。在资金使用方面，外资研发机构希望资金依次用在购置研发设备、
引进高水平人才、拓展服务市场、进行成果产业化等方面，这表明外资研发
机构对研发设备的购置比较重视。

（3）产学研合作需求方面。27% 的外资研发机构希望进行信息交流、
22.7% 的外资研发机构希望进行联合技术攻关，22.7% 的外资研发机构希望进
行联合市场开拓，18% 的外资研发机构希望进行检验技术成果合作，9% 的外
资研发机构希望共同组建联盟。

（4）配套服务需求方面。外资研发机构对配套服务的需求比较广泛，涉
及交通、住宿、税务、法律、知识产权等各个方面，排在前五位的需求依次
为研企对接、公共交通设施、知识产权运营保护建设、员工住宿生活设施、
法律咨询。

（5）配套政策需求方面。政策需求表现出多样化的特点，涉及财政资金
支持、税收减免、平台建设、政府采购、知识产权管理、风险补偿、人才聚

集、产学研合作八个方面。其中，排在前三位的政策需求依次为财政资金支持、税收减免和平台建设支持，最希望再放宽对外资企业高新技术企业认定、技术先进型企业认定等条件限制。

15.6 ▶ 融合外资研发机构，促进天津创新发展的对策与建议

15.6.1 加快构建面向外资研发机构的政策支撑体系

从服务于天津国家自贸区、自主创新示范区、京津冀协同角度，出台支撑、融合外资研发机构的相应政策，制定实施细则，加强政策落实，使外资研发机构及其研发活动成为天津科技创新体系的重要组成部分。

（1）支持外资研发机构与天津的高校、科研院所、企业开展合作。重点支持战略新兴产业领域外资研发机构与天津企业、高校、院所共建联合实验室、研发中心、研发公共服务平台、产业技术创新战略联盟等。支持符合条件的外资研发机构与天津高校、科研机构和企业合作参与市政府重大科研和工程项目、联合申报各级各类科技发展计划项目。鼓励外资研发机构运用其自身研发资源及全球创新网络，与天津高校、科研院所、企业联合开展产业链、创新链核心技术攻关，融入天津四链融合建设。

（2）支持外资研发机构承担天津科技计划项目。把外资研发机构纳入天津科技计划承担主体范畴，明确外资研发机构参与天津不同科技计划的领域，明确申请科技计划项目的外资研发机构的资质、义务和权利，形成技术成果、知识产权等具体管理办法。对申请科技计划的外资研发机构进行备案登记，在项目评审时做到内外无别。同时，面向外资研发机构，加强各类政府科研项目的前期宣讲，拓宽外资研发机构参与天津科研项目的渠道，解决政策沟通不畅问题。

（3）支持外资研发机构的科技成果在天津实现转化和产业化。鼓励外资研发机构具有自主知识产权的技术和成果进入天津技术交易平台。把符合条件的外资研发机构纳入我国《科技成果转化法》支持范畴，享受有关优惠政策。对在天津转化的科技成果项目，根据其综合经济指标的完成情况及项目知识产权的属性、创新程度等，对其高新技术成果转化项目给予一定的资金扶持。

（4）支持外资研发机构面向天津科技型中小企业开展技术研发、技术推广服务。对于符合条件的服务型外资研发机构纳入天津平台类机构支持范畴，同等条件下，享受同等待遇，促进外资研发机构利用品牌、技术、人才等优势加大面向天津科技型中小企业的服务与辐射力度。

15.6.2　加大对外资研发机构高端人才支持力度

针对天津外资研发机构中优秀外籍专家和海外归国人才匮乏的现状，进一步加大面向外资研发机构高端人才的支持力度，优化人才政策支撑体系。

（1）充分利用外资研发机构的人才智力优势。优化面向外资研发机构的人才支持政策，重点支持在外资研发机构工作的高层次外籍人才申报国家及天津"千人计划"、首席外国科学家、高端外国专家项目等人才计划（项目），支持参加天津市"海河友谊奖"等政府奖项的评选，支持申报市人民政府特聘专家评选。对优秀的外籍领域专家纳入天津专家库，支持参与天津重大科技和工程项目的前期可行性研究、咨询与评审工作，支持有国际眼光的大型外资研发机构人才参与天津国际重大项目的研发与决策咨询工作。

（2）鼓励外资研发机构培养高素质人才。进一步放宽面向外资研发机构享受《有关职工教育经费税前扣除试点政策》的条件限制，提高外资研发机构获得相应职工培训的补贴额度。支持外资研发机构建立高校、科研院所实践基地，联合培养研究生。鼓励外资研发机构与天津高校、科研院所、企业共建人才培养基地。鼓励支持研发能力强、产学研结合成效显著的外资研发机构设立企业博士后科研工作站，允许招收外籍博士后科研人员，加快形成多层次、多渠道的高素质人才培养体系。

（3）鼓励并支持外资研发机构引进各类高层次、紧缺急需人才。对外资研发机构急需的高层次、紧缺人才，经认定，可享受外国高层次专家待遇，并可办理天津市人才"绿卡"（A 卡），对贡献突出并符合相关条件的外资研发机构人才，经聘用单位推荐，优先支持其申办永久居留资格。对在外资研发机构工作、符合条件的海外回国高层次留学人才，支持参加天津高级职称评审，其国外专业工作经历、学术或专业技术贡献可作为参评高级专业技术职称的依据，不受本人国内任职年限限制。

15.6.3　营造促进外资研发机构发展的良好环境

支持外资研发机构加强知识产权保护，鼓励外资研发机构在我国申请专利，对认定的外资研发机构，允许申报天津专利工作试点和示范单位、享受相关知识产权支持政策。支持外资研发机构参与天津奖项评选，对经认定的外资研发机构所取得的发明、发现和其他科技成果，可参与天津各有关部门组织的各类奖项的评选，并给予相关资金支持。

15.6.4 围绕自创区和自贸区加快培育外资研发机构集聚区

重点结合天津国家自创区"一区二十一园"产业集群的发展布局，结合天津国家自贸区建设发展规划，探索出台《天津市外资研发机构集聚区建设支持办法》，并结合发挥开发区、高新区等区域现有外资研发机构的支持政策，吸引更多的外资研发机构在天津集聚发展，加快形成在全国具有一定影响力的外资研发机构的聚集区；同时，通过强化引导，充分发挥外资研发机构的产业支撑作用，加快促进天津产业转型升级，加快新的产业业态形成。

> **说 明**
>
> 本章内容源于与天津市委研究室联合开展的一次外资研发机构调查研究，随着越来越多的外资研发机构落户在天津，引导外资研发机构面向天津开展成果转化、技术合作和人才培养成为亟待解决的问题，本文在分析在津外资研发机构主要特点、问题和发展需求的基础上，提出加快融合外资研发机构的相关对策与建议，目前来看，相关措施不仅适用于天津，对其他省市也具有较高的参考价值。成文内容修改后发表于《参阅件》2016 年第 40 期。

第4篇

论科技与产业之发展战略

第16章

区域战略性新兴产业核心竞争力的识别与培育

战略性新兴产业是指某一个较长的经济发展和技术创新周期内，对一个国家或地区未来产业结构具有重大影响的产业或产业群，是当期经济发展的新增长点和未来的优势产业、支柱产业（李春成，2010）。当前全球战略性新兴产业迅猛发展，必将成为引领和带动全球经济复苏的新引擎，各区域战略性新兴产业竞争能力的强弱取决于其核心竞争能力，因此，对区域战略新兴产业核心竞争力的正确识别，将有利于找出其核心发展优势，辨别其发展薄弱环节，便于在培养新兴产业过程中使优势资源有的放矢，便于提出并实施具有针对性的培育措施和方案，促进战略性新兴产业的茁壮成长。

16.1 ▶ 区域产业核心竞争力研究评述

"核心竞争力"这一概念是由普拉哈拉德（Prahalad）最早提出的，他的主要贡献是对核心竞争力进行了全面系统的论证。在此基础上，后来的学者对核心竞争力的概念做了一系列的拓展和完善。"产业核心竞争力"这一名词在当今已经普遍使用，在很多期刊文献上很容易发现类似词汇，与此相比，对于"区域产业核心竞争力"的研究就相对较少，虽然其中的部分文献对其做出了解释，但是，目前在学术界尚没有对"区域产业核心竞争力"给出一个权威、统一的定义，几个具有代表性的观点如下。

李明中（2003）认为，"区域产业核心竞争力包括区域产业比较优势和区域产业竞争优势。区域产业比较优势是指各区域经济生产中利用独具的资源与有利条件发展优势产业，它是获得差别利益的主要途径；区域产业竞争优势是指在区域产业的竞争中比对手具有更强的能力与素质，它依赖于现代科学技术、市场竞争和经济全球化"。

范太胜（2006）做出的定义是："区域产业核心竞争力是产业发展到一定阶段的高层次竞争能力，是产业在内部系统相互协调和耦合的系统整合能力上产生的一种持续竞争优势，是产业发展保持长期动态发展的内在成长动力。"

彭慧梅（2007）认为，"区域产业竞争力是区域竞争力的核心，指不同区域的某一产业或整体产业经济主体在相互竞争中发展产业资源，同时通过对生产要素和资源的高效配置及转换，稳定、持续地生产出比竞争对手更多财富的能力。"

汪敏（2009）认为，"区域产业核心竞争力是以区域环境为基础，在该产业的研究开发、生产经营和产业文化上形成特有的关键因素的组合，使该产业能持续地在区域产业竞争中具备优势"。

在作者检索的相关文献视野之内，对于区域产业核心竞争力的概念和内涵虽然在语言描述上有所不同，但无可置疑的是他们都赞同区域产业核心竞争力是一种促使区域产业发展处于相对优势的能力。对于这种能力到底是什么，不同的学者给出了不同的看法。本文认为区域产业核心竞争力是在该产业对区域科技创新体系、区域产业政策环境、区域产业资源环境进行的一种高度协调、整合的基础上，产生的一种促使该区域产业处于相对竞争优势的能力，该种能力可集中反映在产业技术水平的提升，产业优势资源凝聚力的提升，产业创新链的完善等诸多方面。

16.2 ▶ 基于新兴产业形成与发展过程的核心竞争力识别模式

区域战略性新兴产业是区域产业的一种形态，因此其核心竞争力必然囊括在区域产业核心竞争力范畴之内，再从新兴产业的形成和发展过程看，新兴产业是人类认识世界和改造世界过程中逐渐形成的，是逐步走向高级化的生产劳动组织体系，新兴产业作为一种新兴事物，有其必然的发展规律。发展经济学的代表人物熊彼特提出的传统创新理论认为企业通过创造性破坏重组资源，不断积累技术和创新能力，从而促进新产业的出现。迈克尔·波特认为新兴产业的出现主要是由于创新、相对成本结构的改变、新的顾客需求，或是因为经济与社会上的改变使得某项新产品或服务开创新事业而产生的。

新古典经济学派的代表人物马歇尔和希克斯认为，新兴产业的产生主要是由于市场的需求作用，多数新产业的成长都是为了满足人们的需要而产生的结果。华人新兴古典经济学代表人物杨小凯认为产业的交易效率和分工促使了新兴产业的产生和发展，而交易效率的提高和分工的细化正是得益于产业技术创新和市场发展需求。综上观点虽有不同，但是他们都隐含认可技术创新和市场需求是新兴产业得以发展的两大主要因素。纵观世界各国、各地区现代新兴产业的形成与发展，现代新兴产业的演进相比以前逐渐呈现出更短的生成周期性、更强的技术创新性、知识融合性、产业关联性和环境复杂性，因此，本文认为，现代新兴产业的发展除了受技术创新的推动作用和市场需求的拉动作用以外，受其产业基础、政策环境、人才条件、资金投入和区位状况的影响也越来越显著，这些因素的共同作用促进了新兴产业的形成和发展。其中，技术创新和市场需求是其发展的根本动力，对新兴产业的发展起着决定性作用；产业基础（含相关配套产业状况）是其发展的先决条件，它在很大程度上决定着新兴产业的未来发展潜力和发展速度；政策环境为新兴产业实现快速发展提供最重要的制度保障，同时也是最活跃的影响因素；人才条件为新兴产业实现科技创新、科技进步提供智力保障；资金投入是新兴产业进行自我完善、实现自我发展的重要推动力量；区位状况是影响新兴产业生产要素流动的重要因素。

综上，参照区域产业核心竞争力内涵，从新兴产业形成过程辨识，以上七个方面决定了新兴产业的形成与发展，这七种因素及其他们之间的相互作用也就构成了该新兴产业的核心竞争力，其构成图如图 16-1 所示，因此，在对区域战略性新兴产业核心竞争力识别时，可以从这七种因素及其相互影响入手，逐项进行分析，辨识出其相对竞争优势，找出核心竞争力，同时也可以辨识出其发展劣势，利于提出一系列具有针对性的培育措施和建议，以保障该产业的健康成长。

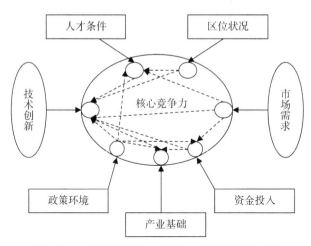

图 16-1 新兴产业核心竞争力理论模式构成图

16.3 ▶ 天津市新能源产业核心竞争力的分析与识别

根据以上基于新兴产业形成过程的核心竞争力架构模型，本文拟从技术创新和市场需求 2 个决定性因素和其他 5 个重要影响因素，来分析和识别天津市新能源产业核心竞争力，并根据分析结果找出影响产业发展的关键瓶颈，提出相关培育措施，为保障天津新能源产业健康持续发展提供研究基础。

新能源是指相对于煤炭、石油等传统常规能源而言，通过新技术和新材料开发利用的能源，例如太阳能、风能、生物质能、氢能、海洋能、地热能等。"十一五"期间天津市把新能源作为重点发展产业予以扶持，重点发展了储能电池、风力发电、太阳电池和燃料电池四大板块。回顾"十一五"期间天津新能源产业的发展过程和发展状况，按照战略性新兴产业核心竞争力构成模式进行逐项归类分析，作者认为，目前在这 7 项影响因素中，天津市新能源产业已经在技术创新、产业基础、政策扶持环境、市场供给与需求 4 个方面在国内积聚了较强的竞争优势，具备了一定的核心竞争力，而在人才积聚、资金投入、区位优势发挥 3 方面能力提升显得相对不足，缺乏竞争力。

（1）技术创新方面，天津市绿色能源产业已经在全国处于领先地位。"十一五"期间天津市新能源产业技术创新取得了较大进展，在太阳能、燃料电池、风力发电、储能电池、氢能等多个新能源技术领域形成了一批关键技术，部分重点领域的技术已经达到国际先进水平，同时完成了一批重大项目，具备了实施新能源产业重大项目的能力和基础。例如，科技人员通过加强薄膜太阳电池技术攻关，攻克了各单项和集成技术，其中新一代非晶硅/微晶硅叠层太阳电池技术达到世界领先水平；天津金牛电源材料有限责任公司通过自主研发，成为国内唯一一家掌握以自制六氟磷酸锂制备电解液技术的生产企业；由津能电池科技有限公司承担，以南开大学技术力量为支撑，研发的非晶硅薄膜太阳电池生产技术成为目前国际上生产效率最高的技术，技术创新成为推动天津新能源产业发展的根本动力和最主要核心竞争力。

（2）产业基础方面，天津已经形成以储能电池、风力发电、太阳电池和燃料电池为主体的四大板块，形成了较完整的产业链和产业集群。乘借天津滨海新区开发开放的历史机遇，天津在滨海高新区规划建设了占地 6.6 平方公里的新能源产业基地。聚集了海泰集团、力神电池、蓝天电源、津能电池、巴莫科技等近 10 家大型新能源企业，发展了一批具有国内、国际市场竞争能力的拳头产品，基地企业数量和产值占到全市新能源产业一半以上，形成了国内产品门类最全、技术水平最高的新能源产业集群。例如，力神公司通过项目自主研发，形成了年产亿只锂离子电池的生产规模，成为国内最大的锂离子动力电池生产基地；巴莫公司成为国内规模最大的锂离子电池正极材料生产企业。

（3）政策环境方面，天津市委、市政府对新能源产业的支持力度逐年增大，政策支持范围不断深入和细化。天津市委、市政府高度重视新能源产业的发展，将其列为天津市六大优势产业和重点发展的高新技术产业之一，积极出台了多项鼓励、扶持政策，使新能源产业保持了 40% 以上的发展速度。首先，加大了资金支持力度，每年安排 2 亿元用于支持新能源企业上市、并购、实施重大科技产业化项目、开拓国际市场、引进和发展配套企业等；其次，出台了鼓励科技领军人才创新创业管理办法，支持引进新能源产业高端人才；最后，努力做好新能源产业科技创新体系建设，市委市政府先后组建了滨海新能源产业研究院、滨海生产力促进中心、绿色能源公共技术平台、国家新能源高技术产业化基地、技术和产品创新中心、新能源产品应用示范中心等，通过支持各类创新平台来加快新能源产业科技成果向现实生产力的转化，良好的政策扶植环境已经成为天津市新能源产业的核心竞争力之一。

（4）市场供给与需求方面，天津新能源产品具有广泛的市场占有率和巨大的市场前景，其知名度较高、影响力较大，具备了较强的竞争优势。近年来，天津新能源产业领域形成了一批有竞争力的大型企业，收入过亿元企业24家，过10亿元企业8家，保障了天津在全国新能源产业中占据主导优势，风力发电设备、锂离子电池和镍氢电池的市场占有率位居全国前列，并且产生了较大的市场影响力，为满足市场需求，天津新能源产业平均保持了40%以上的发展速度。可见，天津新能源产业在市场占有、市场认可和今后的发展潜力方面具备了较强的产业核心竞争力。

（5）人才积聚、资金投入方面，天津市新能源产业的能力建设相对薄弱，竞争力有待提高。随着新能源产业的快速发展和天津相关人才政策、资金支持政策的实施，虽然引进、培养和聚集了一批高层次创新型科技人才，吸引了一批国内外大型新能源企业落户，使天津新能源产业人才数量和资金投入达到了一定规模，但相对于天津新能源产业对人才和资金的需求程度，仍然尤为不足，相对于北京、上海、珠三角和长三角地区，天津专业技术人员的收入水平明显偏低，政府引导资金更显得捉襟见肘。

（6）区位因素方面，天津的区位优势很有利于新能源产业的发展，但尚不能构成其核心竞争力。天津位于环渤海海岸带，交通发达、航运便利，对本市新能源产业的发展具有一定推动作用，但是由于新能源产业的产业特性并不是由区位来决定，两者关联性不大，因此，本文认为，对新能源产业而言，区位优势尚不够分量定位为其核心竞争力。

16.4 ▶　天津市新能源产业核心竞争力的培育

在培育措施的采取和使用上，以提升产业核心竞争力为目的，以促进技术进步、满足市场需求、夯实产业基础、优化政策环境、提升人才条件、加大资金投入和深入发挥区位优势这七大影响因素为根本出发点，结合战略性新兴产业特点，提出了以下六个方面的培育措施。

（1）构筑涵盖天津科技界、经济界、政界的新能源产业创新联盟，加大产业创新力度。以天津科技界为创新主体，经济界为市场牵引和投资主体，政界为合作推动主体，建立新能源产业科技创新联盟，使创新覆盖整个产业链的所有重要环节。在联盟中政府通过政策支持、资金引导等措施促使科技界和经济界相联合，引导双方良性合作机制和利益分配机制的建立，引导社会资金和企业资金的可持续投入。同时加强以企业为创新主体的联盟内部产学研合作机制，确保科研成果的转化力度和应用前景。创新联盟的建立将有利于保障联盟单位的共同利益，保障新能源产业的投资安全，促进行业研发投入的积极性，增强天津对外能源贸易的话语权。

（2）加强国际合作、紧跟国际趋势，注重天津新能源产业研发战略的国际化和全球化。把天津新能源产业的发展放在全球视角下来审视，从全球角度选择研发领域、谋划项目建设、配置产业要素；同时，还可设立科技驻外代表机构，加强国际跟踪调研，加快天津国际能源资源战略整合，加强与国际领先者的合作，最终提高天津新能源产业的国际竞争力。

（3）强化天津新能源产业新技术、新产品、新工艺等产业标准体系建设，提升天津新能源产业的行业地位和话语权，获得行业市场的超额利润。业界认为，一流企业做"标准"，二流企业做"品牌"，三流企业做"产品"，可见标准的重要性，事实上，标准之争其实就是市场之争，谁掌握了标准，就意味着先行拿到了进入市场的入场券，进而从中获得巨大的经济利益，甚至成为行业的定义者。因此，建议针对新能源产业下大力度鼓励一些研发能力强、技术含量高的企业，例如力神电池、巴莫科技等，积极参与或主持新能源产业相关行业标准、国家标准和国际标准的制定工作，率先使天津掌握产业相关标准的制定权，掌握市场竞争的主动权，从而保障天津相关能源企业获得最大的利益空间和生存空间。

（4）加强天津新能源产业知识产权保护工作，做好成果保护工程，提升产业核心竞争力。知识经济时代，知识产权对于提高一个产业，尤其是新兴产业的核心竞争力凸现出前所未有的重要性，因此，做好产业知识产权保护工作已经成为我国各类产业提高国际竞争力，实现长远发展的必然选择。新能源产业是天津战略性新兴产业，技术开发潜力大，新技术创新多，新产品种类多，为了使天津新能源产业创新成果避免被侵权、被搭便车，应鼓励企业在项目立项、研发、成果转化等各个环节，都抢先一步做好知识产权保护工作，并有准备地做好知识产权战略谋划工作，提高产业核心竞争力。

（5）加大新能源产业高端人才培养和引进力度，重点做好科技领军人才的留用和智能发挥。要积极培育和满足天津新能源产业发展所急需的人才，加强高层次创新创业人才的培养和引进力度，造就一批具备国际战略眼光、市场开拓创新能力、现代经营管理水平的企业家，形成一批掌握国际前沿核心技术，具有优越创新能力的尖端人才，增强对天津新能源产业优化升级的智力支持。改革人才激励制度和评价制度，形成产业内公平、开放、流动、人尽其才的灵活用人机制，营造有利于创新创业人才脱颖而出和充分展示才能的制度环境。

（6）加强政府引导力度，建立健全有利于新能源产业发展的政策体系。新能源产业作为一种风险较高的产业，在发展的初期阶段往往会遇到各方面的困难，容易造成发展动力不足、发展滞后等现象，因此，建议市委市政府根据天津新能源产业的不同发展阶段和发展程度，综合利用税收优惠、贷款贴息、政府代购、出口补贴等政策手段，加强对新兴产业的支持力度，建立多层次、多角度、全方位的新能源产业政策支撑体系。

16.5 ▶ 本章小结

区域战略性新兴产业对于该区域未来经济发展有着至关重要的作用，做好对战略性新兴产业核心竞争力的识别和培育，有利于加速新兴产业的成长速度，有利于提升新兴产业的竞争地位和竞争优势，有利于加快该区域产业结构调整和产业升级步伐。本文从新兴产业的形成与发展过程角度出发，构筑了新兴产业核心竞争力架构理论模型，提出了新兴产业核心竞争力识别的着手点，随后以天津市新能源产业为例，进行了实证研究。其中，需要指出的是，该辨识过程依据逐块分析法，具体识别的正确程度与分析人员对该产业了解的状况密切相关，因此，建议在实际操作中，采取多专家分析后汇总求同模式，来找出该产业"共认"的核心竞争力，以便提出更有针对性的培育措施；另外，本文在分析新兴产业核心竞争力时，没有考虑各影响因素间相互作用联合产生的内生竞争优势，例如，各因素间生成的匹配优势等，因此，对各因素间作用机理和作用方式的研究将是本文后续探讨的主要内容。

> **说明**
>
> 　　原文内容发表于《科技进步与对策》期刊（2011 年第 11 期），本章略有修改。
>
> 　　对区域战略性新兴产业核心竞争力的正确识别和培育，直接关系到该产业未来发展的战略地位，也关系到区域经济的走势。本文从新兴产业的形成和发展视角，揭示出区域战略性新兴产业核心竞争力的关键影响因素，勾画出其识别模式，并以天津市新能源产业为例进行了实例剖析，提出相关培育措施。现在来看，本文的思考方法和思考角度仍对相关研究单位和决策部门具有一定参考价值。

第17章

天津市高技术产业科技需求能力的比较

近年来，天津高技术产业迅猛发展，已经成为引领天津经济发展的主要驱动力，产业的发展无不得益于其科技水平的提高，而科技水平的提高又与其科技需求能力息息相关，因此准确地把握产业科技需求能力，了解产业科技需求强度，就能够准确地把握产业科技发展趋势，能够有计划地选择出重点发展产业及重点发展程度，并有利于做出合理的产业发展规划，进行有效的科技资源配置，还有利于针对不同产业发展特点采取有效的科技发展保障措施。

为便于理解，本文对科技需求定义为：科技需求产业在其发展过程中，在需求渠道作用下，对科技资源存在的需求。对科技需求能力定义为：产业内科技需求主体对科技资源实际需求能力的期望程度，它反映了特定产业实际科技需求力的大小和强弱。

17.1 ▶ 科技需求分析现状

科技需求分析逐渐成为政府部门进行产业科技发展规划和项目资金支持安排的重要环节。已经开展科技需求调研与分析的省份也比较多，其中比较突出的有北京和山东。早在 2003 年，北京就提出"需求导向、主题引领、汇聚资源、领域支撑、示范带动"的科技管理改革思路；在采用科技需求分析方法方面，北京市科委根据不同的分析目的采用不同的分析方法，常采用的方法有系统分析法、专家知识集成法、比较分析法、技术卡片、技术汇编法、层次分析法、系统图示法和问题树法等。在针对高技术产业科技需求能力分析的相关文献中，中国社会科学院工业经济研究所郭克莎、王文龙采用德尔菲法和算术平均加权相结合的方法，以人力资源投入、物力资源投入、财力资源投入、科技产出等四方面作为主要评价指标进行过我国及国外高技术产业科技需求能力比较分析；吉林大学管理学院杨雪、李建华、成宝英以科技需求整体水平为研究对象，构造了基于 BP 神经网络的科技需求预测模型，重点对科技需求能力这一衡量指标进行过相关问题分析。

　　本文以天津高技术产业科技发展为科技需求主体，构造基于熵值法的综合评价模型对天津高技术产业科技发展需求能力进行比较研究，样本数据主要来自天津科技统计年鉴，由于统计年鉴统计口径问题，本文主要选择医药制造业、信息化学品制造业、电子及通信设备制造业、电子计算机及办公设备制造业、医疗设备及仪器仪表制造业、公共软件服务业这几个重点领域，在反映产业对科技需求的强度上，我们采用侧面反馈的形式，从科技投入和科技产出两方面入手，选择一些能够较好体现这两方面的科技指标，通过模型计算，使产业的科技需求能力主要反映在科技需求综合指数、科技投入指数、科技产出指数及科技产出效率（即产出投入比值）四个方面，从而进一步对天津高技术产业科技需求强度进行比较分析和研究。

17.2 ▶　评价指标体系的选择

　　在科技投入指标选择上，本文主要考虑财力和人力的投入情况。财力投入主要是为了保证行业自身科技需求的实现，保证自有技术开发资源的实现，保证外来技术的引进，本文主要选取 11 个衡量指标。人力的投入是形成产业自身技术创新能力的保障，实现产业技术创新的前提和基础，也是满足行业对自有科技需求的重要源泉，本文主要采取 3 个指标来衡量。在科技产出指标选择上，本文主要从产业承担科技项目、新产品开发及申请专利几个方面考虑，共选取 6 项指标。指标设计详见表 17-1。

表 17-1　高技术产业科技需求能力分析评价指标体系

一级指标	二级指标	三级指标	
科技活动投入情况	科技活动经费筹集	X_1	政府对科技活动经费筹集总额占该行业当年主营业务收入比例（%）
		X_2	企业对科技活动经费筹集总额占该行业当年主营业务收入比例（%）
		X_3	金融机构对科技活动经费筹集总额占该行业当年主营业务收入比例（%）
	科技活动经费内部支出	X_4	科技活动劳务费内部支出占该行业当年主营业务收入比例（%）
		X_5	科技活动仪器设备费内部支出占该行业当年主营业务收入比例（%）
		X_6	科技活动研发经费内部支出占该行业当年主营业务收入比例（%）
	新产品开发经费支出	X_7	新产品开发经费支出占该行业当年主营业务收入比例（%）
	技术研发经费投入	X_8	技术改造经费投入占该行业当年主营业务收入比例（%）
		X_9	技术引进经费投入占该行业当年主营业务收入比例（%）
		X_{10}	技术消化吸收经费投入占该行业当年主营业务收入比例（%）
		X_{11}	购买国内技术经费投入占该行业当年主营业务收入比例（%）
	科技活动人员	X_{12}	科技活动人员占从业人员年均数比例（%）
		X_{13}	科学家与工程师占科技活动人员总数比例（%）
		X_{14}	R&D 活动人员全时当量占从业人员年均数比例（%）
科技活动产出情况	科技项目	X_{15}	单位企业年平均承担科技项目数（项）
	新产品开发	X_{16}	单位企业年均新产品开发数（个）
		X_{17}	新产品产值占该行业总产值比例（%）
		X_{18}	新产品销售收入占该行业总产品销售收入的比例（%）
	专利产出	X_{19}	单位企业年均专利申请数（项）
		X_{20}	单位企业年均专利获得数（项）

 17.3 ▶　评价模型构建与评价计算结果

17.3.1　综合评价模型构建

本文采用基于熵值法的综合评价模型。熵的概念是德国物理学家

R. Xlausis 和 L. Boltgman 首先提出来的，熵被用作对不确定性的一种度量，信息量越大，不确定性就越小，熵也越小；反之，不确定性越大，熵也越大。采用熵值法可以克服多指标变量间信息的重叠和人为确定权重的主观性，能够深刻反映出指标信息熵值的效用价值，该方法比层次分析法和专家经验评估法可信度更高，适合对多元指标进行综合评价。具体评价模型如下：

（1）将原始数据标准化，设有 m 个方案、n 个指标、d_{ij} 为原始数据，μ_{ij} 为标准数据，M_j 和 m_j 分别为第 j 项指标的最大值和最小值，极大型指标数据转换为

$$\mu_{ij} = \frac{d_{ij}}{M_j} \quad i = 1,\ 2,\ \cdots,\ n \qquad ①$$

$j \in$ 极大型指标。

（2）将标准数据 μ_{ij} 转化为比重值 P_{ij}

$$P_{ij} = \frac{\mu_{ij}}{\sum\limits_{j=1}^{m} \mu_j} \quad (i = 1,\ 2,\ \cdots,\ m;\ j = 1,\ 2,\ \cdots,\ n) \qquad ②$$

（3）计算各指标的熵值 e_j

$$e_j = -k \sum_{i=1}^{m} P_{ij} \ln P_{ij} \quad (j = 1,\ 2,\ \cdots,\ n),\ k = \frac{1}{\ln(m)} \qquad ③$$

（4）计算第 j 项指标的差异系数，即为指标的权重 w_j

$$w_j = 1 - e_j$$

归一化后得：

$$w_j^{'} = w_j / \sum_{j=1}^{n} w_j \qquad ④$$

（5）计算加权综合评价值 E_i

$$E_i = \sum_{j=1}^{n} w_j^{'} \mu_{ij} \quad (i = 1,\ 2,\ \cdots,\ m) \qquad ⑤$$

17.3.2 评价计算结果

数据主要来源于《2010年天津科技统计年鉴》和《2010天津科技年鉴》。统计数据详见表17-2。按照熵值模型基本计算步骤，根据式①、式②和式③，可以得到各评价指标的熵值；在此基础上，通过公式④可以得到各指标的权重，计算结果见表17-3；通过式⑤可以计算出产业的科技需求综合指数、投入指数、产出指数和科技产出效率，计算结果见表17-4。

表17-2　天津市2010年科技需求指标统计基础数据　　　（%）

行　业	医药制造业	信息化学品制造业	电子及通信设备制造业	电子计算机及办公设备制造业	医疗设备及仪器仪表制造业	公共软件服务业
X_1	0.1999	0.0045	0.0094	0.0058	0.2028	2.5435
X_2	3.7782	4.8400	2.8803	4.8748	4.5852	39.7556
X_3	0.2689	0	0	1.1253	0.3696	6.8839
X_4	0.6354	1.5094	0.2709	0.4606	0.8169	17.4433
X_5	1.0565	1.5169	0.1481	0.7260	1.2525	7.7956
X_6	2.1485	4.4683	0.3605	3.2643	3.3766	22.4378
X_7	2.3456	3.2122	0.6186	3.3549	2.3694	0
X_8	0.7506	0.2039	0.0487	0.2444	0.0472	0
X_9	0.0055	0	2.2452	0.0125	0.0305	0
X_{10}	0.0023	0.1889	0.0117	0	0.0118	0
X_{11}	0.0373	0	0.0037	0	0.0124	0
X_{12}	9.3567	6.6626	6.0322	6.8289	6.8543	55.5871
X_{13}	21.1250	9.1360	13.9076	5.9241	32.2418	35.4753
X_{14}	4.1081	3.7897	2.4890	1.3114	2.8063	24.3703
X_{15}（项）	0.9349	0.3750	0.3256	1.1818	0.1469	3.3740
X_{16}（个）	0.8254	0.3750	0.2847	1.0519	0.1276	0
X_{17}	21.3855	42.4577	48.9778	1.0681	9.4900	0
X_{18}	17.1924	43.4985	50.7692	1.1166	6.7126	0
X_{19}（项）	1.4882	0.1250	0.3874	0.8701	0.1289	0.3740
X_{20}（项）	0.6036	0.6250	0.1015	0.4805	0.0348	0.3821

表 17-3 各指标熵值与权重计算结果

指标	X_1	X_2	X_3	X_4	X_5	X_6	X_7	X_8	X_9	X_{10}
熵值	0.2999	0.6663	0.3849	0.4003	0.6740	0.6738	0.8403	0.6508	0.0677	0.2675
权重	0.0905	0.0431	0.0795	0.0775	0.0421	0.0422	0.0207	0.0452	0.1205	0.0947
指标	X_{11}	X_{12}	X_{13}	X_{14}	X_{15}	X_{16}	X_{17}	X_{18}	X_{19}	X_{20}
熵值	0.4323	0.7224	0.9070	0.6905	0.7468	0.7760	0.7122	0.6788	0.8091	0.8647
权重	0.0734	0.0359	0.0120	0.0400	0.0327	0.0290	0.0372	0.0415	0.0247	0.0175

表 17-4 主要产业科技需求评价指数

行　业	科技需求综合指数	综合排名	科技投入指数	科技产出指数	产出投入比值
公共软件服务业	0.5126	1	0.5664	0.2718	0.4799
信息化学品制造业	0.2704	2	0.2069	0.5551	2.6829
电子及通信设备制造业	0.2517	3	0.1868	0.5422	2.9026
医药制造业	0.2189	4	0.1410	0.5678	4.0270
电子计算机及办公设备制造业	0.1452	5	0.0920	0.3835	4.1685
医疗设备及仪器仪表制造业	0.1013	6	0.0986	0.1136	1.1521
以上六产业平均值	0.2500		0.2153	0.4057	2.5688

17.4 ▶ 产业科技需求能力对比分析

（1）天津公共软件服务业科技需求势头强劲，但是其科技产出能力以及对天津经济拉动作用尚待提高。从表 17-4 可以看出，公共软件服务业的科技需求综合指数和科技投入指数在参与统计的六产业中均排名第一，分别是排名第二的信息化学品制造业科技需求综合指数和科技投入指数的 1.9 倍和 2.74 倍，是六产业平均值的 2.05 倍和 2.63 倍。但是从其科技产出指数和产出投入比值来看，仅仅是六产业平均值的 67.0% 和 18.7%，产出投入比值远不能达到产业平均值。这也表明，天津公共软件服务业正处于发展爬坡阶段，也比较符合新兴产业发展规律，今后该产业随着更多支持政策的落实和实施，随着天津创新创业环境的不断优化和完善，必将呈现出强劲的发展后劲。另一方面，我们也简单对阻碍天津软件产业发展的瓶颈做出探悉。从天津软件服务业发展实际情况看，虽然天津软件产业先后成立了诸如天津市集成电路设计中心等一些研发机构，但是大型骨干企业仍旧屈指可数，知名品牌更少；同时，软件人才结构性矛盾突出，高层次的技术人才、复合型人才缺乏，尚未形成以产品开发为中心，以专业化服务体系为支撑的发展模式。

（2）天津医药制造业、电子及通信设备制造业、信息化学品制造业三新兴产业发展相对成熟，已成为天津经济发展的重要支撑，但是其科技需求能力后劲略显不足。如表17-4所示，天津医药制造业、信息化学品制造业、电子及通信设备制造业虽然科技投入指数均低于产业平均值，但其产出投入比值和科技产出指数均高于参与统计的六产业平均值；其中，三产业科技投入指数依次是平均值的65%、87%和96%，产出投入比值依次是平均值的1.57倍、1.04倍、1.13倍，科技产出指数依次是平均值的1.40倍、1.37倍、1.34倍。同时我们不难发现：这三产业的科技需求指数远低于公共软件服务业这一新兴产业，仅是软件服务业科技需求指数的42.7%、52.7%和49.1%。由此可见医药制造业、信息化学品制造业、电子及通信设备制造业三产业发展得已经比较成熟，已经成为天津经济的核心组成部分之一，还是促进经济增长的重要力量。同时我们也得注意，这些新兴产业发展形势依然严峻，科技需求能力相比其他部分新兴产业已严重不足，不利于产业形成后续发展优势，也不利于产业实现跨越式发展和可持续发展。

（3）电子计算机及办公设备制造业投入产出效率高，但科技需求能力较差，科技产出指数较低。由表17-4可以看出，电子计算机及办公设备制造业产出投入比值位于六产业之首，是六产业平均值的1.62倍，但是其科技需求指数仅为行业平均值的58.08%，是公共软件服务业的28.33%，其科技产出指数也低于六产业平均水平。究其原因，电子计算机产业入门条件较高，天津电子计算机研发制造单位主要集中于天津电子计算机研究所等几家大型企业，这些企业基础力量雄厚，开发能力较强，投入很少就能够实现一般技术的开发，因此投入产出效率较高。同时该产业共性技术已经比较成熟，形成新的重大技术突破已非常困难，从而导致该产业科技需求指数较低，科技产出规模不大。

（4）天津医疗设备及仪器仪表制造业科技需求能力差，科技投入和科技产出处于低水平螺旋式缓慢进步状态。由表17-4评价结果可以看出，天津医疗设备及仪器仪表制造业无论是科技需求综合指数、科技产出指数还是产出投入比值均远低于六产业平均值，分别是平均值的 40.52%、28.00%、44.85%。并且看到其投入指数仅为 0.0986，科技产出指数为 0.1136，科技需求综合指数为 0.1013，同时进一步结合天津医疗设备及仪器仪表制造业近些年实际发展情况，我们不难看出：该产业科技创新投入不足，科技进步不明显，技术转化能力较差，最后导致科技产出水平低，而低水平的科技产出又会影响该产业的科技投入力度，这样似乎形成一个恶性循环过程，迫使该产业进入低水平螺旋式缓慢进步状态。

17.5 ▶ 提升天津高技术产业科技需求能力的对策与建议

（1）进一步加大科技创新投入强度，优化科技创新投入结构。建议政府部门加大科技投入强度，始终坚持以科技创新作为推动经济发展的主要驱动力；优化科技创新投入结构，加强投融资环境建设，建立包括政府财政、产业资本、风险资本、金融资本、民营资本的多元化投融资渠道、多层次投入体系，形成以政府资金为引导，企业投入为基础，风险投资为补充，银行贷款为保证的科技创新投入机制；同时重点加强对行业共性技术的科技资源投入、研发和转化，注重国内外技术的引进、消化、吸收和再创新。力争在科技投入方面增强产业科技的需求能力。

（2）加大对高层次创新人才的培养和引进力度，注重提高产业科技开发人员的数量和质量。大力实施人才战略，秉承"人才资源是第一资源，人才战略是第一战略"发展思想，把发现人才、培养人才、稳住人才作为重要战略任务；大胆激活人才，建立开放的人才流动机制，营造宽松的人才引进政策，对拔尖科技专家和高层次人才实行"软引进"；充分调动人才存量的积极性，开发人力资源，培养出结构合理、素质较高，具有较强创新能力和团队精神的科技人才队伍，力争在人才保障上提升产业科技需求能力。

（3）加快产学研联盟协同发展机制建设，提高科技成果转化水平。联合高校和科研院所，建立以企业为主体的产学研联盟体系，使企业与高校、科研院所之间实现双向交流，形成以技术成果产业化为目标，以资产为纽带的优势互补、共存共荣、利益共享、风险共担的"产学研"一体化的新格局。鼓励产学研联合组建工程中心、重点实验室，使科技真正成为拉动天津经济快速发展的驱动力，力争从机构间产学研合作来提升产业科技需求能力。

（4）注重加强产业内部及产业间的密切联系与合作。打破产业界限，打通各部门、各企业间的藩篱，寻找产业内部及产业间共同利益点，加强产业间及产业内部的相互协调，联合优势资源，共同解决行业共性技术难题，探索跨学科、跨专业的新兴技术领域，形成产业复合开发技术，力争从产业内部和产业间技术交流与合作方面提升产业科技需求能力。

（5）发挥天津优势产业和优势地区的引力效应，集聚国内外优势科技资源。积极发挥天津滨海新区、新技术产业园区等区域性科技研发集群和服务集群的凝聚力，发挥天津电子信息、生物医药、化工工艺等优势产业带动效应和技术辐射效应，创造优越环境，积极吸引国内外重点研发机构、著名企业及风险投资机构来津投资发展，力争从引进国内外优势科技资源方面提升产业科技需求能力。

说明

原文发表于《科技进步与对策》期刊（2010年第12期）。科技需求分析是制定规划的前提和基础，进行科技需求能力对比研究是了解产业科技需求强度的主要方式，是拟定科技规划发展力度和科技规划保障措施的重要参考依据。本文以天津市高技术产业为例，选取20项指标，构建了科技需求能力分析评价指标体系，并构造了基于熵值法的综合评价模型，从多个方面对天津市主要高技术产业科技需求能力进行了比较分析，得出了相关结论，提出了提升天津高技术产业科技需求能力的对策与建议。目前来看，相关研究方法和对策建议仍具有较强的实用性。

第 18 章

天津市滨海新区前沿科技的战略抉择

当前，即将到来的以信息科学和生命科学为代表的新技术革命和产业革命正在引发全球竞争格局的深刻调整。面对能源资源、粮食安全、人口健康、气候变化等全球性问题，世界各国纷纷把科技创新上升为国家战略，在新能源、新材料、信息网络、生物医药、节能环保、低碳技术、绿色经济等前沿技术领域加快布局，培育战略性新兴产业，抢占未来发展制高点。在国内，我国正处于转变经济发展方式的攻坚期，先进地区竞相布局前沿科技领域，加大科技研发投入，争夺高端创新资源，谋求发展先机。滨海新区作为国家总体发展战略布局的重要部分，要充分发挥科学发展的排头兵作用，做到"五个争创"，必须加快建设自主创新高地和创新型城区。因此，紧紧抓住新一轮科技革命的重大机遇，密切跟踪重点领域的前沿技术进展，制定新区前沿技术发展战略，对实现国家对新区功能定位，尽快建成自主创新领航区，具有重要意义。

18.1 ▶ 世界前沿科技发展趋势分析

18.1.1 科技发展的态势

（1）世界正处在科技革命的前夜。进入 21 世纪以来，特别是最近的国际金融危机爆发以来，一些重要的前沿科学问题和关键核心技术发生革命性突破的先兆已日益显现。一是人类生存发展的新需求强烈呼唤科技创新突破和科技革命。包括中国、印度在内的全球 1/3 的人口追求小康生活和实现现代化，将为全球科技创新和文明进步注入前所未有的动力与活力，也对全球资源供给能力和生态环境承载能力带来了新挑战。传统的发展方式不可持续，必须创新生产与生活方式，走科学发展道路。二是科学技术内在的革命呼之欲出。从当今世界科技发展的态势看，奠定现代科技基础的重大科学发现基本发生在20世纪上半叶，"科学的沉寂"已达60余年，而技术革命的周期也日渐缩短。同时，科学技术知识体系积累的内在矛盾凸显，在能源、资源、信息、先进材料、现代农业、人口健康等关系现代化进程的战略领域中，一些重要的科学问题和关键核心技术发生革命性突破的先兆已日益显现。

（2）科技革命催生产业革命和社会重大变革。18世纪60年代到19世纪中期，第一次工业革命开创了以机器代替手工工具的时代。19世纪70年代，电磁感应现象的发现成为电气革命的知识基础，电机电器相继发明，第二次科技革命开始，催生了19世纪70年代到20世纪初的第二次工业革命，发展出电力电气等新兴产业，人类进入电气时代。20世纪四五十年代，随着量子力学、计算机理论模型等的提出，成为电子信息技术的科学基础，发展出电子信息、计算机等新兴产业，开始了第三次科技革命，人类进入电子信息时代。未来，以能源、材料、信息与生物为核心的新科技革命，必将催生人类发生第三次工业革命，引领人类进入绿色、智能和可持续发展的新时代，为生产力发展打开新的空间。

（3）加大科技投入促进战略新兴产业发展。自金融危机爆发以来，发达国家不断强化科技引领战略性新兴产业发展。例如，金融危机发生后，奥巴马政府划出1200亿投入高科技领域以支持新兴产业的发展；主张依靠科学技术开辟能源产业发展新路径，在18年内把能源经济标准提高一倍。欧盟提出《欧盟能源技术战略计划》，计划在2013年前投入1050亿欧元，重点发展绿色经济，强调以"绿色技术"撬动低碳经济发展。2009年，日本投资24.4万亿日元，实施了第四次经济刺激计划，重点发展环保型汽车、电力汽车、低碳排放、医疗与护理、文化旅游业、太阳能发电等。韩国制定了《新增长动力规划及发展战略》，在2015年中期，向26个新兴产业项目共投资1550亿韩元，以促进绿色技术、尖端产业融合、高附加值服务等17个新兴产业发展。

（4）高度重视科技型中小企业在前沿技术转化中的独特作用。美国政府把中小企业作为再工业化的主要载体之一，对中小企业寄予厚望。2009年3月，奥巴马宣布计划从7870亿美元经济刺激方案中划拨部分款项（约7.3亿美元）解决小企业贷款难的问题。2009年10月，奥巴马宣布一项支持小企业发展新计划，以帮助小企业渡过信贷紧缩难关。2009年12月，奥巴马政府计划将 7000 亿美元问题资产救助计划的剩余资金用于扶持小企业。美国政府还多次敦促美国各家银行为那些有可能增加就业机会的小企业提供更多贷款。2012 年 8 月，英国能源部拨款 6400 万欧元，鼓励、资助科技型中小企业在建筑物控制系统、照明系统、供热与制冷系统等方面发展低碳技术，促进科技型中小企业发挥在英国低碳技术转化中的重要作用。

18.1.2　重点前沿科技领域发展趋势

世界科技发展正呈现出新的趋势和特征，在今后的 10~20 年，很有可能发生一场以能源技术为核心，以生物、信息、材料技术为重点，以先进制造技术为基础的新科技革命和产业革命，其中，大健康及其生物技术、能源与资源科技、信息科技、先进材料与制造四个前沿领域将对世界未来产业的发展起到关键性推动作用。滨海新区作为我国重要的产业技术研发转化基地，在生物医药、新能源、信息科技、新材料与制造技术方面形成了较强的优势，处于国内领先水平，逐渐具备了新科技革命和产业革命的基础条件。

（1）大健康及其生物技术领域。全球人口在 21 世纪中叶可能达到 90亿~100 亿，同时人类将步入一个老龄化社会，这给人类健康提出了许多新挑战。进入 21 世纪以来，生物医药、医疗器械、大健康等产业迅速发展，被认为是将在 21 世纪催化又一次技术革命的核心产业。大健康及生物技术诸产业已经成为世界各国争抢新的经济技术发展先机的主要竞争战场，也必将成为我国实现产业结构调整和经济模式转型，在世界技术发展洪流中抢占高地的重要领域。目前，在关系到人类健康的诸多领域中已经涌现了一大批具有突破性的技术成果。如新一代基因测序技术的迅猛发展和功能性基因组学的应用，将加快实现人类对包括自身在内的生物遗传机理的解读，从而有望在将来实现个体全基因组 DNA 序列的快速低成本检测。

当前，营养健康、食品安全和重大疾病预防的机制、手段和体系研究，生殖健康的机制研究和分子细胞水平的早期诊断及干预治疗技术，老年退行性疾病延缓和治疗的科学基础，认知神经科学与心理精神健康，以干细胞治疗和组织工程为核心的再生医学研究等，成为该领域世界前沿科技的主要方向。

（2）能源与资源科技领域。能源与资源的紧缺已经成为全球经济发展一个极为严峻的制约因素。同时，长期大量化石能源消费排放的温室气体蓄积在大气层中，所造成的温室效应导致自然灾害和极端气候发生的频度显著增加，威胁着人类社会的可持续发展，因而迫切需要构建高效、经济、清洁且符合低碳经济要求的可持续的能源与资源开发技术及供应体系，以进一步推动能源与资源技术革命和社会文明的进步。

当前，化石能源的勘探、开采与低碳化利用技术，可再生能源高效利用的核心关键技术，核能的开发与利用，天然气水合物的勘探开发技术等，成为该领域世界前沿科技的主要方向。

（3）信息科技领域。进入21世纪，信息科技正以前所未有的速度渗透到整个科学技术领域，不仅推动着生物信息学、计算生物学、纳米科技、认知科学等学科的发展，还有助于解决能源、健康、教育、就业、环境保护、全球气候变化等重大问题。集成电路、存储器、计算机以及互联网等现有信息技术，都将遇到难以继续发展的障碍，维持了半个世纪的摩尔定律有可能在未来10~15年逐渐失效，信息科技领域呼唤新的技术突破。信息世界正从人机共生转型为人机物三元世界，传统的信息科技已不适应开发人机物三元世界的应用系统，信息科技正逐步融入各个应用领域中，并与生物、纳米、认知等学科交织在一起，形成新的学科方向。

当前，新的网络科学，未来传感器网络与云计算应用研究，海量数据挖掘与管理，碳基纳米器件、量子、自旋电子和分子器件，光电子和光子器件等，已成为该领域世界前沿科技的主要方向。

（4）先进材料与制造领域。材料和信息、能源并称为21世纪现代文明和生活的三大支柱。同时，材料也是信息和能源的基础，是提升传统产业技术能级、调整产业结构的关键。战略高技术及高新技术产业化，迫切需要提高基础材料的品质、降低制造成本能耗以及解决升级换代问题。未来30~50年，能源、信息、环境、人口健康、重大公共工程等对材料和制造的需求将持续增长，先进材料和制造将向全球化、绿色化、智能化方向发展，制造过程将更加清洁、高效和环境友好。

当前，绿色、智能材料结构与性能设计，近终尺寸形貌加工以及材料器件一体化，极端条件下材料结构和性能演化规律，制备过程精确控制及全寿命成本控制等，已成为该领域世界前沿科技的主要方向。

18.2 ▶　滨海新区经济社会发展对科技的重大需求分析

18.2.1　滨海新区科技发展基础与优势

多年来，特别是滨海新区纳入国家发展战略重点以来，深入贯彻落实市委"一二三四五六"的奋斗目标、工作思路和构筑"三个高地"、打好"五个攻坚战"的重大战略部署，始终把提高自主创新能力作为经济社会发展的主线，通过不断深化改革、扩大开放，大力推进前沿科技的研发转化与产业化，聚集国内外高端科技创新资源，推动研发转化基地建设。这为进一步加快推进滨海新区国家创新型城区建设，抢占科技制高点，打下了较好基础。

一是综合实力显著增强，产业向高端化、高新化、高质化加快转变。到2011年，新区完成生产总值6206.87亿元，"十一五"以来的六年年均增长速度超过23%，综合实力跃上新的台阶。多年来，坚持以大项目、好项目为抓手，以高端制造业、现代服务业为重点，以科技进步和自主创新为动力，实现了经济发展方式的快速转变，高端、高质、高新化的产业结构基本形成。

二是科技改革与开放不断深化，高端、前沿科技资源加快聚集。滨海新区紧紧抓住上升为国家战略、被批准为全国综合配套改革实验区的宝贵机遇，先后实施科技体制改革两个三年行动计划，坚持扩大对内对外开放，先后与科技部、卫生部、中科院、中国医科院、中国军事医学院、中电科技集团等国家部委、国家研发机构和中央大企业，与美国、意大利、瑞典等国家和地区，建立了全面科技合作关系，国内外知名高科技企业或高端项目先后落户新区，引入国内外高端创新资源规模不断扩大。启动了滨海新区国家863计划产业化伙伴城区、院市合作机制和天津未来科技城建设。建成了国际生物医药联合研究院、国家纳米技术研究院、中科院天津工业生物技术研究所、国家超级计算天津中心等一批产业创新大平台，新区聚集利用国内外前沿科技资源的载体功能显著增强。

三是形成了一大批居于全国领先的前沿技术研发与转化领域，自主创新能力加快提升。累计组织实施了120多项自主创新重大项目，全区每年市级以上科技立项超过300项，创新药物、干细胞、海水利用、水处理技术、高性能计算、高性能膜材料等一大批技术领域达到国内领先水平。经认定的高新技术企业 664 家，占全市比重达到 71%。拥有了一大批具有自主知识产权的技术和产品。2011 年，滨海新区专利申请量达到 11855 件，其中发明专利 4235 件，占总申请量的 35.7%。

四是高新技术的产业化能力显著增强，创新体系加快完善。建成文化与科技融合基地、民用航空科技基地、科技兴海基地、半导体照明产业化基地等 20 家国家级科技产业化基地，高新技术产业总产值占全市比重近 80%，占全区工业总产值的比重提高到 48%。重点围绕生物医药、电子信息、先进制造、石油化工等领域，建成市级以上重点实验室和研发中心 208 家，其中重点实验室 24 家、工程技术中心 60 家、企业技术中心 124 家；建成行业技术中心 10 家、各类孵化机构 30 家、科技服务机构 400 家。新区研发机构呈现出数量多、分布面广、行业带动性强等特点，逐步形成以企业为主体的技术创新体系，为产业结构调整、促进经济平稳较快发展做出重要贡献。

五是大力推动科技型中小企业发展，战略性新兴产业集群加快形成。认真落实市委市政府大力发展科技型中小企业的重大战略部署，两年来，新区科技型中小企业群体数量和小巨人企业数量显著增加，科技企业总数突破万家，其中，电子信息、新能源、新材料、装备制造、生物医药等领域的企业占 85% 以上，培育了赛象、力神、曙光等一批自主创新龙头企业，科技型中小企业成为科技创新、发展战略性新兴产业的生力军；开发生产了基因药物、信息安全产品、新一代移动通信终端、民航机电产品、膜材料、海水淡化装置、电动汽车等自主创新战略产品，国家重点发展的七大战略性新兴产业在滨海新区正向着集群化、规模化方向良性发展。

18.2.2 滨海新区经济社会发展对科技的需求

（1）建设高端产业高地和高水平研发转化基地对前沿科技的需求。新区产业自主创新能力与核心竞争力亟须提升，产业技术升级对前沿科技的需求广阔而迫切。

一是优势支柱制造业发展水平尚待提高。技术水平、劳动生产率和工业增加值率都还需要进一步提升。石化产业主要集中在产业链中上游，深加工能力相对薄弱；装备制造在数控基础件等核心领域实力相对不足，产品的智能化、精密化水平需要提高；汽车及零部件配套产品中，汽车电子等高端产品不足，产业链集中于制造环节，上下游研发设计和销售服务等领域较薄弱。

二是战略性新兴产业领域自主技术研发能力尚需提升。航空航天、生物医药产业和新能源新材料等新兴产业占全区工业的比重还较低，产业化能力有待提升。战略性新兴产业自主发展能力相对较弱，具有重大突破的技术成果和国际影响力的产品与企业数量不足。如电子信息行业外向度达 90% 以上，产品较为单一，缺乏传感器网络、高端通用芯片等高端电子信息产品以及 IC、LCD 等基础环节和关键技术，新一代技术的研发和产业化发展有待加强。

三是高新技术产业中外资企业占较大比重，内资企业创新能力亟待增强。滨海新区以外向型经济为主，大多数外资企业"两头在外"，技术外溢不足；同时，外资企业的关键零部件等多由国际供应链供应，与本地企业的生产联系较弱，本地企业还不能大范围地参与国际产业分工。

（2）建设生态宜居城区对前沿科技和适用技术的需求。人民群众对解决人口健康、生态环保、公共安全等问题的需求日益迫切，但科技在保障和改善民生方面的能力仍较薄弱，对先进适用技术的集成应用尚难以满足社会可持续发展的需求。

一是人口与健康问题有新的挑战。新区老年人口将平稳增长，2020 年老龄化水平将接近 30%。高龄老年人口成为增长最快的部分，面临着传染性疾病和慢性非传染性疾病的双重威胁，生物、食品、药品安全面临严重问题，但是新区健康产业发展基础薄弱，中医药现代化发展缓慢，医学科研及诊疗水平不高。

二是资源环境约束增强，生态环保问题严峻。新区水资源严重短缺，人均水资源占有量仅为全国平均水平的 1/17；同时，由于新区石化行业比重大，水处理和重复利用难度大，另外，随着新区"十大战役"全面铺开与逐步完成，碳排放压力进一步增大，环境问题面临着新的挑战。

三是能源消费结构不尽合理。煤炭消耗占 68.4%，原油消费占 22.7%，天然气仅占 4.6%，地热、太阳、风能等可再生能源比重为 2%。特别是节能降耗产业技术实力不足，节能新技术、新产品应用前景十分广阔。

四是文化产业总体规模不大，整体水平尚待提高。截至 2012 年 6 月，滨海新区通过科技型中小企业认定的动漫企业 84 家，不足区内企业总数的 1%；注册资金在 300 万元以下的企业占 41%，而注册资金 1000 万元以上企业不足 30%；尚没有一家资产、收入超百亿元的文化企业（集团）；另外，文化企业主要集中在设计、制作、游戏等动漫产业链前端，具有原创能力生产的企业不到一成，许多文化企业只是贴牌加工，缺乏有影响力的精品和品牌。

18.3 ▶ 滨海新区前沿科技战略抉择的思路、原则与路径思考

18.3.1 前沿科技抉择的战略思路

紧紧围绕国家自主创新战略，结合世界前沿科技发展趋势和新区科技经济发展实际，按照中央和市委关于加快滨海新区开发开放的一系列重大战略部署，以新区"开放创新，引领未来"的城市精神为指引，坚持以基本建成高水平现代制造业与研发转化基地为核心任务，以增强自主创新能力为核心脉络，以深化改革、扩大开放为核心动力，超前部署代表科技和产业发展趋势与方向的新领域、新行业，积极发挥重大科技创新专项带动作用，加快各类重大共性技术与重点行业、产品核心关键技术的开发、产业化、应用推广，培育壮大战略性新兴产业，推动新区率先实现创新驱动、内生增长模式转变，高水平地推进科技领航区建设，打造具有国际影响力的前沿技术研发和产业化高地。

18.3.2 前沿科技抉择的基本原则

一是坚持区域发展与国家科技战略相结合的原则。按照国家中长期科技发展规划纲要确定的"自主创新、重点跨越、支撑发展、引领未来"的指导方针，结合国家对滨海新区的战略定位，确保滨海新区、天津市、国家三级科技战略重点发展方向相一致，前沿技术相互衔接。

二是坚持科技需求与功能定位相结合的原则。满足滨海新区构建高端产业高地、自主创新高地、生态宜居高地建设，实现滨海新区开发开放的功能定位，促进前沿科技发展，满足新的经济社会发展需求；有利于加快建设高水平研发转化基地，使前沿技术的研发、转化和产业化能够显著提升滨海新区科技发展显示度与影响力。

三是坚持重点突破与长远布局相结合的原则。遵循现代科技发展规律，顺应当前世界新的技术革命和产业革命发展方向，顺应世界重点产业前瞻技术的发展趋势，结合滨海新区"十二五"国民经济社会发展规划确定的重点优势产业和战略新兴产业，以当前新科技革命最有可能突破的领域和技术为重点选择方向，确保滨海新区前沿技术选择既具有可行性又具有前瞻性。

18.3.3　前沿科技抉择的实现路径

一是遵循自主开发与引进聚集并举的技术来实现双途径战略。通过前沿技术自主创新和引进聚集国内外高端创新资源并举，加快缩小与国际先进水平的差距，大幅提升前沿技术研发、转化与产业化水平与能力，加快提高自主创新能力，带动产业升级和结构调整。

二是遵循深化科技改革与扩大科技开放互动的技术发展双动力战略。坚持科技对内对外开放，积极参与京津冀和环渤海区域的科技合作，大力推进科技创新国际化，在全球范围内聚集国内外创新资源，增强对区域服务的辐射能力。充分发挥滨海新区作为国家综合配套改革试验区的优势，在科技体制机制创新方面先行先试，加快推进重点领域和关键环节的科技体制改革，努力解决制约科技发展中的深层次问题，探索有特色的区域自主创新道路。

三是遵循紧密配合国家、天津市产业与技术发展重点的双对接战略。做好与国家战略性新兴产业、国家中长期科学技术发展规划纲要发展重点的衔接，争取国家支持。加强与天津市十大研发高地建设重点、十大产业链布局重点、天津市中长期科技发展规划重点相衔接，结合新区建设高水平研发转化基地建设需要，选择技术重点领域、发展方向与关键技术项目，打造新区未来新优势。

四是遵循高层次、急需人才引进与培养相结合的双渠道战略。深入贯彻国家和天津市中长期人才发展规划纲要精神，采取人才引进与培养相结合的方式，大力发展滨海新区"人才特区"战略。落实《滨海新区加快引进海外高层次人才暂行办法》，围绕新区前沿技术产业需求，重点引进拥有关键技术的海外高层次人才；设立"滨海新区重大人才工程专项资金"，加快实施滨海新区五大人才工程，注重培养一批新区发展急需的高层次人才。

18.4 ▶　滨海新区重点领域前沿技术的战略抉择

18.4.1　引领与支撑高端产业发展的前沿技术抉择

从世界各国重点发展领域看，先进制造、新一代信息技术、生物技术与现代医药、新能源、新能源汽车、航空航天、纳米技术与新材料、海洋科技已经成为今后科技战略发展的重点，我国也把这些领域纳入了重点发展行列。滨海新区经过多年的培育、集聚和发展，在这些领域已初步形成集群的雏形，具备了一定产业创新基础，新能源汽车、生物医药等部分领域还处于国际和国内领先地位，在技术上即将进入爆发式增长阶段，因此，选择这些领域作为滨海新区高端产业发展重点领域。

（1）先进制造领域

1）发展趋势。随着信息技术和互联网技术的飞速发展，以及新型感知技术和自动化技术的应用，制造业正发生着巨人转变，正在向信息化、自动化、智能化、集成化和服务化的方向发展，智能制造已经成为下一代制造业发展的重要内容。特别是制造业信息化技术发展日新月异，新一代信息技术与制造技术相融合，形成了制造业信息化新的核心技术，不断推动着制造业的进步和发展，也为我国制造业的跨越式发展提供了难得的历史机遇。

2）发展思路。重点开发、集成应用绿色制造、制造业信息化等一批共性技术，加强高新技术和优势制造产业的融合，推广信息技术、绿色技术、节能环保技术、现代制造集成技术等先进制造共性技术，提升石化、装备等优势支柱产业技术水平。研发重点优势产业的核心关键技术，加快产业技术换代升级，增强产业竞争力。

3）前沿技术抉择。一是自动化智能化绿色化技术，主要包括产品信息交换技术、监控诊断技术、新型传感技术、模块化与嵌入式控制系统设计技术、工业过程低温余热的高效回收技术等工业节能关键技术，以及产品剩余寿命及再制造产品质量评估技术等绿色制造技术。二是先进制造工艺技术，主要包括3D打印技术、高性能微控制技术、超高精加工技术、先进纳米加工技术。三是现代设计技术及系统集成技术，主要包括产品结构分析优化仿真技术、协同设计技术、产品全生命周期的设计技术、CAD/CAE/SIM等产品设计平台技术与系统、CAPP/MES/PDM/CAM/MPM等制造过程平台技术与系统、PLM/云制造/制造物联等现代制造集成技术与平台等。

4）重点建设任务。一是支持建立一批先进制造产业技术创新联盟。通过"项目—人才—基地"的长期支持，形成滨海新区产学研战略联盟的激励约束机制，重点围绕自动化智能化绿色化技术、3D打印等柔性制造技术、现代产品设计技术等建立一批产业技术创新战略联盟。二是强化前沿技术领域产业技术平台建设。完善前沿技术产业共性技术平台体系，围绕自动化、智能化、先进制造等领域，新建10家国家或者市级的实验室和工程技术研究中心，强化其服务于前沿技术领域的能力。三是强化现有创新机构和服务机构功能建设。发挥天津滨海生产力促进中心、大港石化产业生产力促进中心、汉沽生产力促进中心等科技服务作用；发挥天津市快速成型国家工程技术中心对新区前沿技术的辐射带动作用；支持前沿技术领域重点企业建立企业技术中心，推进企业建立以技术中心为核心的技术创新体系，引导、鼓励和支持企业建立多种形式的技术开发机构，增强企业对核心技术的掌握能力。

（2）新一代信息技术及应用领域

1）发展趋势。信息通信技术的发展日新月异，综合信息网络向宽带、融合、泛在、安全的方向加速演进，物联网、云计算等新兴业态的技术创新和产业化方兴未艾，信息技术集成创新更加活跃，核心芯片集成度和处理能力仍呈指数增长，计算技术面临深刻变革，软件技术加快向网络化、智能化发展，网络技术向宽带、无线和智能方向演进，新兴服务模式不断涌现。新一代信息技术产业正在催生新的经济增长点。表现为以下七个趋势：①宽带化的发展趋势，宽带接入移动化日益显著；②泛在化的发展趋势，泛在网络应用不断深化；③融合化的发展趋势，三网融合进程不断加快；④智能化的发展趋势，向更高阶段的智能化方向发展；⑤绿色化的发展趋势；⑥安全化的趋势；⑦服务化（或模式创新化）的发展趋势，软件应用模式发生实质性改变，也就是服务化。

2）发展思路。做大优势产业（新一代服务器、新型显示、LED等）、培育新型业态（物联网、云计算等）、突破高端环节（软件与集成电路设计等）、提升基础产品（关键元器件等），通过集聚资源壮大产业，通过产业转型提升产业，通过应用引领和扶持产业，通过优化环境培育产业。大力促进新一代信息科技在文化创意等领域的应用，促进科技文化创意产业的融合，提高文化企业装备水平和文化产品的科技含量。

3）前沿技术抉择。一是发展集成电路及软件关键技术，主要包括超深亚微米级芯片制造工艺技术，高密度集成电路封装技术和测试相关技术，大数据与非结构化等数据库技术。二是发展物联网关键技术，主要包括功耗低、作用距离远、读写速度快、可靠性高的RFID芯片设计与制造技术，RFID标签封装与印刷、造纸、包装等结合技术，多功能、多接口、多制式RFID读写器设计技术，海量数据存储及智能分析处理技术，可信软硬件技术，密码应用技术，病毒与攻击检测及预警技术，无线网络与移动通信安全关键技术等信息安全技术；各类物理、化学、生物信息传感器的设计、制造和封装技术。

三是发展下一代信息网络关键技术，主要包括 3G 增强型技术、第四代移动通信（4G）技术等新一代移动通信关键技术，移动蜂窝网络、新一代宽带无线接入（UWB）、短距离无线互联、无线传感器网络等移动互联关键核心技术，IPv6 规范的 G 比特无源光网络（GPON）和以太网无源光网络（EPON）的光线路终端（OLT）、光网络单元（ONU）等新一代互联网关键技术。四是发展云计算关键技术，主要包括高性能计算机服务器相关技术和超大容量相关技术研发等超算服务与新一代服务器应用及产业化技术，软硬件一体化云存储平台等大规模分布式存储技术，具备运营管理、资源调度、按需计费等功能的云计算综合服务平台、云中间件技术等云服务运营平台技术，数据中心监测和多重租赁、数据加密和密码随机化、身份管理、防欺诈和恶意软件检测、数据丢失防护等云计算安全技术。五是发展电子核心基础制造技术，主要包括 TFT-LCD 关键技术、3D 显示技术等新型显示技术，数字电视产品专用集成电路芯片、嵌入式控制软件和前端系统的设计与集成技术、网络信息家电核心技术、数字压缩、编码、传输技术等数字电视关键技术，LED 外延片及芯片、封装与应用技术、背光及智能化控制技术、新型显示材料及显示关键技术等半导体照明关键技术。

（3）生物技术与现代医药领域

1）发展趋势。当前，生物技术正在进入大规模产业化阶段，生物医药、生物农业日趋成熟，生物制造、生物能源、生物环保快速兴起，全球生物产业年增长率高达 30%，生物产业已经成为国际竞争的焦点。目前，国际上生物技术的发展主要围绕解决人类社会面临的健康、粮食、能源、环境等突出问题展开。在农业领域以转基因技术为代表的生物育种技术得到不断发展，其目标是提高农产品产量、丰富品种。在医疗保健方面，围绕预防医学和个体化治疗，高通量筛选、基因组学技术得到迅速发展；以干细胞和组织工程技术为核心的再生医学有望衍生出一种新的治疗模式；针对生物伦理学面临的问题，体细胞重编程技术发展迅速。在新能源新材料方面，面对当前化石能源危机和污染严重的问题，以人工合成细胞与生物催化剂为核心的生物制造技术和以生物质为原料的生物燃料技术发展迅速，从而有效降低经济对石油等资源的依赖，降低温室气体排放。此外，伴随基因组研究的深入，生物信息学作为一门新兴交叉学科逐步发展，由该学科衍生的生物信息产业将生物技术和信息技术结合起来，未来将具有非常广阔的发展前景。

2）发展思路。充分发挥生物医药联合研究院、中科院工业生物研究所、天津药物研究院为代表的产业技术研发服务平台的作用，提升首创药、中药和医疗器械企业规模和创新能力，打造国内知名的新药创制和医疗器械企业；做大做强新药创制、医疗器械产业，培育医药研发外包（CRO）、生物制药、生物制造、农业生物等新的增长点。

3）前沿技术抉择。一是发展新药、新制剂创制及现代生物制药关键技术，主要包括基因重组治疗性抗体、人源单克隆抗体和生物芯片技术，数字化药物分子设计、手性化合物的拆分、高内涵药物筛选技术，中药及天然药物中有效成分的鉴定检测及生产全过程自动化控制技术，基于高分子靶向药物载体、纳米颗粒/纳米乳缓释药物载体的药物制剂缓释、控释技术。二是发展高端医疗器械前沿技术，主要包括智能医疗机器人的运动和控制技术，生物医用材料改性技术，多模态融合成像、低剂量光子探测成像及电化学/生化传感和微流控等数字化检测诊断技术。三是发展生物制造产业化和农业生物关键技术，主要包括微生物全细胞催化技术，生物高聚物、大宗和特种氨基酸、工业酶和工业蛋白质、有机酸制备技术，分子标记/设计育种和转基因育种技术，动物生物反应器技术。

（4）新能源领域

1）发展趋势。新能源已成为全球性能源结构的重要组成部分，开发利用新能源已成为当今世界发展的大趋势，新能源战略也成为西方发达国家占领国际市场竞争新的制高点，主导全球价值链的新王牌。尽管短期内新能源还无法替代传统化石能源，但世界范围内资源的供给紧张以及应对气候变化为新能源发展提供了广阔的空间。新能源产业发展呈现以下趋势：一是新能源未来发展呈现多元化、清洁化、高效化、全球化和市场化，二是新能源消费总量将持续增长，三是新能源科技发展至关重要，四是节能备受重视。

2）发展思路。依托新区已经形成的风能、太阳能、绿色电池三大主要板块，力争用 3~5 年的时间，集聚一批新能源领军企业、科研机构和服务机构，推进新能源领域科研成果的产业化，将新区打造成为我国新能源产业高地和国际一流的新能源产业聚集区。一是发挥现有风电企业集聚的优势，加大研发投入，提高关键零部件制造水平和国产化率；二是加快力神、友达光电、建龙、三星 SDI 等项目建设，重点发展动力电池、锂离子电池、薄膜电池、聚光电池和新型晶硅太阳电池等高端产品，打造我国先进光伏制造基地和绿色电池之都；三是积极跟踪核能、潮汐能、生物质能等潜在领域，培育新的增长点。

3）前沿技术抉择。一是发展风力发电技术，主要包括风电装备成套制造关键技术（变桨距变速调频技术、电控系统技术、变流器装置关键技术、整机设计技术），海上风力发电技术，大型并网风电机组短时蓄能技术，风电配套关键技术（叶片、主轴、发电机等关键配套零部件及材料制造技术）。二是发展太阳能光伏相关技术，主要包括多晶硅提纯技术（纯度达到99.9999%以上），太阳电池制造关键技术（铜铟镓硒薄膜太阳电池技术、高倍聚光太阳电池），光伏建筑一体化技术。三是发展绿色电池相关技术，主要包括绿色电池制造关键技术（金属氢化物镍氢蓄电池、聚合物电解质锂蓄电池、锌空气电池、质子交换膜燃料电池、生物燃料电池），绿色电池材料技术（储氢材料、锂离子嵌入材料、液态电解质），能量高效存储及转化技术。

（5）新能源汽车领域

1）发展趋势。一是氢动力燃料电池汽车将成为全球新能源汽车发展的终极目标。具有环保、燃烧效率高等特点。二是磷酸铁锂电池将成为新能源汽车电池的主流方向。磷酸铁锂电池成本、工作温度、比功率、比能量密度、循环性等综合性能属最好。三是新能源汽车产业将形成新的产业生态体系。包括替代能源提供商、电池供应商、政府、电力公司、车队以及金融公司等都将成为产业合作伙伴。四是充电设施建设将基于智能电网。五是新能源汽车将提供智能、便捷、互连的全新驾驶体验，数字设备、物联网技术、远程控制等技术将率先应用在电动汽车上。六是新能源汽车产业将具万亿元规模。

2）发展思路。按照"占领技术高地、建设产业基地"的总体策略，实现新能源汽车产业技术创新与产业化双轮驱动。坚持研发创新与产业化并重，坚持根植培育与招商引进并重，坚持整车发展与关键零部件并重，突破整车生产、电池技术、电池材料、电机与电控等关键核心技术。依托滨海高新区、经济技术开发区等功能区，对接国家资源，加强对外交流与招商引资，加快载体平台建设，促进产业集群发展，有序推进和提升新能源汽车的开发、设计、示范及产业化水平。

3）前沿技术抉择。一是发展电池、电机和电控关键技术，主要包括高能量型和能量/功率兼顾型锂离子动力电池关键技术，动力电池材料关键技术，面向下一代纯电驱动系统的电力电子、电机与传动技术，纯电驱动汽车分布式、高容错和强实时控制系统，高效、智能和低噪声的电动化总成控制系统。

二是发展电动汽车运营及测试关键技术，主要包括智能充/换电关键技术、电动汽车测试评价技术。

4）重点建设任务。一是加快重大公共技术平台建设，加速筹备动力电源国家工程技术研究中心和电动汽车共性技术等研发大平台。二是加大科技招商引智力度，针对新区新能源汽车客车生产方面薄弱的现状，重点引进新能源大客车整车企业深圳五洲龙等。三是提升电池及配套材料企业的研发创新能力，助力企业建成企业研发中心、工程技术中心等平台，提升盈利能力和竞争力。四是组织实施好新能源汽车科技重大专项，加快新型产品的开发和利用。在车辆关键技术完善升级的基础上，重点进行超级电容电动汽车、双转子电动汽车等具有基础且前景广阔的新能源汽车技术研究与开发。五是积极建设新能源汽车产学研联盟，建设新能源汽车成果转化管理机构，积极对接天津大学、中科院等高校和研究机构，搭建产学研联盟。六是加速"863"科技成果落实转化，积极落实滨海新区"863"科技成果转化试点城市建设首批落户项目中10多项与新能源汽车相关的技术，充分利用好国家技术力量，尽快实现产业化。

（6）航空航天领域

1）发展趋势。①在航空方面，航空制造产业的全球化生产呈现出了国际转移进程加速及产业转移链条逐步延伸的趋势；航空制造产业产品开发模式由主系统集成商制订标准转包生产向"风险共担，利益共享"的合作开发模式转变；世界航空运输业重心逐渐东移，亚洲成为航空运输业盈利最高地区，中国将成为仅次于美国的世界第二大航空运输市场。我国航空制造资源的战略性重组以及低空开放政策呼之欲出，通用航空产业破茧而出。②在航天方面，2010年，全球航天工业经济规模达到2765亿美元，其中卫星产业占比68%，中国航天产业两大巨头中国航天科工集团和中国航天科技集团主导中国航天产业发展。我国航天产业跨入集群发展时期，主要产业集群基地为西安国家民用航天产业基地和上海国家民用航天产业基地。

2）发展思路。发挥航空航天产业大项目龙头带动作用，依托已有高端装备制造与研发设计资源，加强军地融合，利用天津航空航天产业地域聚集优势，拓展延伸航空航天产业链条。①在航空产业方面，继续围绕空客A320发展飞机总装与关键部件生产，加快形成航空维修、航空物流、航空教育培训和航空商业服务业等配套产业；培育无人机总体研发、系统集成及关键设备制造能力；大力拓展通用航空领域，推进包括中航直建设直升机、公务机等通用航空整机制造业发展。②在航天产业方面，加强大推力火箭、大卫星、大型国际空间站的本地制造与部分设计研发；建设卫星资源测控体系和卫星通信应用支撑平台；成立一批航空产业技术创新联盟，攻克空间自动化技术等一批重大关键技术，形成完善的航天产业网络、创新网络与运营服务网络。

3) 前沿技术选择。①发展民用航空制造技术，主要包括新一代空管系统与设备技术（空中交通流量管理系统、通用航迹预测软件、航班协同进场管理应用软件、航班协同放行管理应用软件、空域运行仿真与容量评估系统、雷达管制模拟机、塔台管制模拟机、流量管理模拟机等关键技术及产品）航空发动机技术。②发展航天制造及配套技术，主要包括卫星应用技术（围绕"北斗"的卫星导航技术、卫星遥感应用技术、同步授时设备技术）、空间推进技术、航天复合材料技术。

4) 重点建设任务。①依托中航直、中国民航科技产业化基地等资源，建设通用飞机、直升机产业化平台。②争取国家发改委等部委支持，与空客集团进一步接洽，引进空客 A320 后续机型及相关配套设施，持续巩固民航产业发展引擎能量。③推动研发设计资源聚集，打造产业创新大平台。重点组建天津航天制造工程中心、天津航空维修技术工程中心和天津航空航天新材料技术工程中心等技术创新机构，推动建设一批与航空产业密切相关的国家级航空新材料研发中心、重大装备设计中心、航空关键技术研发中心。④积极推进与中科院沈阳自动化研究所在无人机、空间自动化技术等方面开展技术合作，吸引其在新区设立分支研发机构。⑤加强与航天科技集团、航天科工集团协调沟通，积极争取新的航天大项目落户，弥补现有航空产业研发资源缺失环节。⑥探索建立中航直等龙头企业牵头的航空航天产业协会组织。发挥"国"字号企业和院所作用，组建民航配件产业技术创新战略联盟、天津航空航天装配技术创新战略联盟等联盟组织。⑦面向全球航空航天产业主制造商及配套厂商招商，发展大火箭及相关民品项目，引入新一代运载火箭的配套厂商和二次配套承包商，初步形成冷拔管、风机叶片、先进复合材料、电控设备、大型模具、特种车辆、振动检测设备等六大产业集群雏形，推进航天业集群由嵌入性向根植性转变。

（7）纳米技术与新材料领域

1) 发展趋势。新材料产业是高技术产业和先进制造业的基础和先导，是当今科技创新最为活跃的领域之一，也是我国加快培育和发展的七大战略性新兴产业之一。随着科技革命的迅猛发展，新材料产品日新月异，产业升级、材料更新换代步伐加快，新材料技术与纳米技术、生物技术、信息技术相互融合，结构功能一体化、功能材料智能化趋势逐渐显现，材料的低碳、绿色、可再生循环等环境友好特性备受关注。

2）发展思路。以"为优势产业的产品与技术升级提供材料支持，为高端智能化绿色制造业提供材料保障，为循环经济发展提供材料服务"的发展思路，做大做强电子信息材料、绿色化工新材料产业，培育纳米材料、膜材料等新增长点。

3）前沿技术抉择。①发展纳米材料制备、检测与多领域应用关键技术，主要包括纳米材料制备和检测技术，纳米电子和器械应用技术。②发展先进复合材料关键技术，主要包括复合材料的成型工艺和复合工艺技术、树脂基复合材料技术、金属基复合材料技术、陶瓷基复合材料技术、碳/碳复合材料技术、多功能纤维复合材料及纤维制备工艺、聚合工艺。③发展新型功能材料关键技术，主要包括高温超导材料、智能凝胶、智能纤维和智能黏合剂等智能材料。④发展膜材料关键技术，主要包括高性能、抗污染的各类膜材料和相关膜设备的研制技术、针对不同类型处理水的膜工艺及其优化控制技术和不同膜设备仪器的自动化控制技术。

（8）海洋科技领域

1）发展趋势。已经有 100 多个沿海国家将海洋开发作为了基本的国策，大力支持海洋科技的研究发展，海洋技术也被列为我国中长期科技发展重点前沿技术领域之一。国内外海洋科技围绕全球重大环境问题、经济社会发展和海洋安全的重大战略需求，呈现新的趋势。一是重大综合性海洋科学研究计划的实施，催生着一些新的海洋科学研究领域，带动着海洋高技术领域的重大突破；二是以海洋生物技术和深海技术为核心的海洋高技术领域快速发展；三是海洋监测和探测向高分辨、大尺度、实时化、立体化发展，建设海洋环境业务化监测系统成为许多国家的重要举措；四是大量的海洋科技成果转化为现实生产力，支撑和引领海洋产业向高科技化发展，海洋经济成为世界经济的重要组成部分。

2）发展思路。发挥天津的区位优势、资源优势和海洋技术领域的科研开发优势，重点做大做强海洋开发与环境监测探测仪器、海洋高端装备、海水淡化与综合利用等重点产业，广泛聚集国内外海洋领域各类研发设计机构，培育海洋技术服务产业，建设高水平的海洋技术公共研发服务平台，成为我国海洋高技术产业的前沿技术研发转化与产业创新中心。

3）前沿技术抉择。①发展海洋工程高端装备制造技术，主要包括大潜深结构设计技术、超大型浮体结构制造技术、水下设施承压密封和设施连接技术。②发展海洋探测技术，主要包括海洋生态过程与生态区遥感遥测技术、海洋灾害成灾机理和近海近岸精细化海洋环境预报技术、近岸滨海旅游区及重大海洋工程等环境预报及服务技术。

18.4.2　支撑生态宜居城区建设的前沿技术抉择

节能环保、重大疾病防治和文化发展不仅是我国迫切需要的重要领域，更是全球关注的重大研究方向，滨海新区要构建生态宜居城区必须大力发展节能环保技术构建生态城，做好重大疾病防治构建健康城，繁荣文化事业构建宜居城。

（1）节能环保领域

1）发展趋势。到 2020 年，节能环保将成为中国国民经济的支柱产业。环保装备将向成套化、尖端化、系列化方向发展，环保产业由终端向源流控制发展，其发展重点包括大气污染防治、水污染防治、固体废弃物处理与防治、土壤污染修复等方面。节能领域中，工业领域的节能服务将会成为节能服务业发展重点，潜力巨大。

2）发展思路。以先进适用技术集成应用为重点，大力发展新型高效节能、先进环保、资源循环利用技术和装备，发展节能环保服务业和再制造产业等环保产业新业态。

3）前沿技术抉择。①发展节能减排关键技术，主要包括工业余能回收利用技术等工业节能技术，智能建筑、新型高效节能墙体材料开发利用等建筑节能技术，碳捕获与封存（CCS）技术等碳排放减量技术。②发展水资源节约与水污染治理技术，主要包括污水资源化、高浓度有机废水处理的高性能膜材料合成技术，海水淡化及浓海水综合利用技术，高浓度难降解有机工业废水深度生物法处理技术。③发展固体废弃物再生利用及成套装备技术，主要包括废旧电器电子产品拆解及利用技术，生活垃圾的生物处理技术，生产建材产品处理处置技术等。

（2）重大疾病防治与低成本医疗领域

1）发展趋势。①医疗行业核心业务流程信息化和网络化水平将不断提高。以互联网为基础的数字医疗解决方案、远程医疗、移动诊疗将逐渐普及。

②基因技术、细胞技术、组织工程、微创技术等微观层面技术将越来越多地应用到临床。③中医药在心脑血管病、糖尿病等重大疾病的防治中继续发挥巨大的作用。④医疗器械的发展倾向于保健和慢性疾病的预防诊治，并具有便携性的特点。

2）发展思路。重点围绕天津市抗癌科技研发治疗高地建设，结合"863"国家科技成果转化基地，尽快引进一批在癌症诊治方面疗效显著的技术成果在津转化，建设好"卡罗林斯卡分子医学中心（天津）"，在癌症机理等方面实现突破。进一步加快天津国际生物医药联合研究院在重大疾病相关药物开发方面的载体平台优势，吸引海外研发创业团队，充分发挥好新区在心血管疾病治疗方面的优势。加强与天津中医药大学、北京中医药大学等相关高校的合作深度，在糖尿病、心血管疾病等慢性疾病方面，发挥中医药防治优势，促进新区成为重大疾病防治产学研合作基地。组织相关企业、院所承担和实施好相关国家科技重大专项。

3）前沿技术抉择。①发展癌症诊疗技术。癌症的早期筛查和分型试剂盒；以癌症发生发展中重要的功能分子为靶标，设计、筛选能够特异性抑制的化学小分子、天然产物及抗体。②发展新一代心血管诊疗技术。新一代载药血管支架等新型介入治疗产品、自体细胞移植等心肌病、冠心病方面诊疗技术。③发展干细胞治疗技术，包括干细胞体外培养扩增和定向诱导分化技术，干细胞移植治疗技术。

18.5 ▶ 推动滨海新区前沿技术研发及产业化发展的主要措施

（1）实时发布重点领域前沿技术目录。通过各种渠道跟踪前沿技术国际、国内发展最新动态；组建专家咨询团队，建设咨询机制；结合滨海新区实际，编写《产业技术前沿与动态》（暂定名），进行前沿技术项目库建设，及时报道产业技术前沿与趋势，把握前沿科技态势，储备前沿技术项目；同时，每3年发布一次滨海新区重点领域前沿技术、共性技术目录和项目储备目录，以此引导滨海新区科技型中小企业、高校、科研院所等科技研发机构的技术开发方向，引导项目申报方向，并将新区企业对目录技术的采用情况作为企业评优的重要考核指标。将技术目录和项目目录作为滨海新区招商引资方向的重要评判依据，指导新区科技招商引资工作。

（2）实施重大前沿技术应用示范工程。设立前沿技术应用示范专项资金，加大对企业和研发机构开展前沿技术研发转化的支持力度。一是围绕滨海具有较好产业基础的前沿技术领域，选择一批研发、转化及产业化实力较强的企业作为载体，实施5~10项重大前沿技术应用示范工程，发挥示范项目辐射带动作用，力争在部分领域率先突破，抢占产业发展前沿。二是对购买示范工程所生产的前沿技术产品实行用户购买补贴，加快前沿技术产品市场化的进程。三是将支持企业实施重大前沿技术应用示范工程与科技招商引资相结合，作为加快推进招商引资工作的一个重要举措和手段，促进新区开放创新，增强新一轮发展后劲。

（3）聚集创新资源，建设、完善前沿技术重大研发转化平台。一是建立各领域国内前20位的知名研发机构、科技企业信息库，聚集一批国内外技术领先的研发机构和企业；跟踪国内外技术领先企业，着力聚集创新型领军企业，作为开发、吸纳前沿技术的产业化主体；跟踪大院大所创新团队及最新成果，跟踪跨国公司研发布局态势，着力加大工作力度和政策引导，聚集国家级科研院所、海外高水平研发机构、跨国公司研发中心落户，作为开发、吸纳前沿技术的研发转化主体。二是依托未来科技城等研发聚集区，加快滨海新区国家"863"计划产业化伙伴城区建设，建立国家"863"计划科技成果天津交易中心、技术转移服务中心，聚集高水平科技成果；建设和完善20个国家级高新技术产业化基地，促进高新技术产业加快发展；加强孵化转化一体化载体建设，重点建设10个孵化转化一体化载体，为科技型中小企业创新创业提供更好的软硬件环境。

（4）坚持不懈地推动科技型中小企业发展。坚持把发展壮大科技型中小企业作为增强新区科技创新活力的重要内容，围绕各时期的企业发展需求，进一步加大中小企业支持力度，重点组织实施自主知识产权成果产业化项目，深入开展"一企一策"培育科技小巨人与领军企业，加强科技招商引智，举办高校企业成果对接会，加强金融服务，推动中小企业在创业板上市，落实和实施"科技特派员"和"创业导师"制度，实施"科技型中小企业成长路线图"工程等，扩大科技型中小企业群体，加速"科技小巨人"企业的成长及其研发机构建设，使小巨人企业成为新兴产业前沿技术研发转化的生力军。

（5）有重点地深化新区科技体制改革。围绕滨海新区重点领域前沿技术发展需要，以提高自主创新能力为核心，以加速科技成果转化和前沿技术商品化为重点，重点加强科技投融资体制改革、科技人才体制改革，做好产业扶持和创新联盟建设。一是建立从天使投资、创业孵育、政策性融资到资本市场的科技投融资体系，支持和引导科技产业基金、科技风险投资和信贷融资的发展。二是加大对创新型人才的培养力度，采取政策补贴，鼓励企业加强人才培养、人才深造。三是设立产业发展专项资金，重点对于科技型中小企业、科技服务企业、高新技术企业加大对前沿技术研发转化的支持力度，完善产业集群和产业链条。四是突破产学研合作的体制机制障碍，组织京津地区高校和科研机构的科技力量，启动产学研创新联盟建设。

（6）加强与国家部委、市以及下层功能区的联动。加快提升滨海新区自主创新能力，建立与国家、市、区与功能区四级联手互动机制。一是加强与国家部委联动，加强与科技部联动，共建"863"伙伴城区；加强与教育部联动，开展协同创新，建设高校成果转化中心；加强与中科院联动，共同推进科技成果转化。二是加强与天津市联动，使新区及时掌握天津科技政策和产业发展最新动态，能够及时启动一批重大科技项目并争取市级财政支持；三是加强与各功能区联动，使各功能区发展重点与滨海新区前沿技术目录相结合，共同推动滨海新区前沿技术发展。通过四级联动机制还能够及时围绕国家、天津市、新区以及各功能区的重大科技需求，推动新区开展多种形式的协同创新活动，加速滨海新区营造协同创新的环境和氛围。

（7）完善滨海新区政策体系，加强政策落实和实施。发挥滨海新区作为全国综合配套改革试验区的带动作用，先试先行一批科技配套政策，增强新区自主创新的动力。一是梳理新区人才政策，加强高层次人才、紧缺人才引进政策的制定和实施，完善现有人才政策。二是切实落实好国家和天津市实施中长期科技规划纲要的配套政策与措施，重点加强企业研究开发费用税前加计扣除税收政策的实施，加强高新技术企业税费减免政策的落实。三是制定鼓励企业加强研发投入的新政策，重点制定企业新技术应用补贴政策，企业研发转化项目补贴政策和企业开展产学研合作、参与创新联盟建设的支持政策，进一步优化创新创业政策环境，形成海纳百川、科技资源汇聚的高地。

说明

　　本章研究内容源于 2013 年承担的滨海新区科委委托课题《滨海新区前沿科技发展战略调研报告》，课题由李春成所长牵头，时任副所长唐家龙指导，由闫凌州等其他同事提供部分研究素材，由我执笔完成。时值"十二五"中期，滨海新区创新实力显著增强，产业向高端化、高新化、高质化方向快速迈进，滨海新区高水平研发转化基地和生态宜居城区建设对前沿科技提出了迫切需求，为了充分把握全球前沿技术发展趋势，拟定新区前沿科技战略，按照滨海新区区委、区政府指示，滨海新区科工委专门设立了课题调研组，并组织了大量专家座谈，最终形成了滨海新区十大领域前沿科技发展战略抉择研究报告。目前来看，一些战略、措施、关键技术仍是滨海新区发展的重点，对新区未来的发展仍具有重要参考价值。

第 19 章

天津推动互联网跨界融合的系统思考与战略

"互联网+"是把互联网与社会各领域相融合，推动科技进步和组织变革，提升实体经济的创新力、创造力，形成以互联网为基础和要素的经济社会发展新形态。当前，大力推进互联网跨界融合创新，发挥互联网对天津主导产业的支撑作用，对天津重塑创新体系、激发创新活力、培育新兴业态和创新科技服务模式具有重要促进作用，对天津国家自主创新示范区建设和加快实现具有国际影响力的产业创新中心建设具有重要意义。

19.1 ▶ 天津开展互联网跨界融合创新的基础条件与问题分析

天津是中国北方经济中心、全国先进制造研发基地和高新技术产业基地。自 2015 年，天津启动实施互联网跨界融合创新示范工程以来，共支持互联网跨界融合创新示范项目 98 项，其中 2015 年立项 48 项，占比 48.9%；2016 年立项 28 项，占比 28.6%；2017 年立项 22 项，占比 22.4%。累计资助金额达到 7815 万元，取得了良好效果。

（1）互联网跨界融合产业创新不断突破。项目实施注重推动产业转型升级，注重项目经济效益的实现。通过互联网与现代农业相结合，培育了一批网络化、智能化、精细化的现代"种养加"生态农业新模式，进一步完善了天津新型农业生产经营体系，培育了多样化农业互联网管理服务模式，建立了农副产品、农资质量安全追溯体系。通过互联网与环保服务相结合，构建了 BIM 关键技术研发、京津冀道路客运大数据管理运营、城市公共服务综合管理平台，培育了产业发展新优势和新动能。通过互联网与先进制造业结合，装备制造、研发设计等融合创新的高端技术研发取得重大突破，工业机器人、3D 打印、可联网的智能产品等新技术、新产品、移动 O2O 等新模式显著增多，企业综合集成服务能力不断提升，制造业服务化深入发展，超算中心、云计算数据中心等融合基础支撑显著加强。目前，已统计到的 68 个互联网融合实施项目累计完成产值 50535 万元，平均每个项目完成产值 743 万元；累计实现主营业务收入 54604 万元，平均每个项目实现主营业务收入 803 万元；累计实现净利润 6410 万元，平均每个项目实现净流入 94 万元；累计实现上缴税金 1665 万元，平均每个项目上缴税金 24 万元。

（2）互联网跨界融合亮点企业不断涌现。通过项目实施，天津互联网产业结构显著优化，聚集效应明显，规模实力持续增强，龙头企业集聚度和产业资源集成度位居全国前列，互联网融合"亮点"企业频现。天津瑞普生物技术股份有限公司开发的兽医呼叫系统，在线兽医 7800 名，注册养殖场超过 10 万个，成为国内最大的在线兽医服务系统，实现年技术服务收入 1300 万元，年服务企业增收 3.1 亿元，年服务养殖户增收 60 亿元。天津市代谢病医院针对早期二型糖尿病患者开发的"三一照护"移动医疗健康管理系统已正式上线开诊，已累计为近千余人次糖尿病患者提供了医疗服务，实现血糖达标人数占总人数的比率从 38% 提升至 70%。飞鸽车业突破"自行车+互联网"技术，成功开发智能公共自行车系统，实现传统产业转型升级，获李克强总理点赞；天津创世生态景观建设股份有限公司建立基于互联网的智慧苗圃生产管理云平台，实现生产、加工、运输、销售全流程在线管理；特来电、圣纳等新能源企业通过项目实施，基本实现对电站的信息管理及充电设施监控，建立了基于互联网的充电网络服务体系。

（3）人才团队素质增强，人才规模扩大。通过项目实施，有效地推动了承担单位以项目实施促进人才发展的目标。对 2015—2016 年天津市立项且统计到有效数据的 68 家单位分析，发现 57.9% 的项目负责人具有研究生学历，40.8% 的项目负责人具有本科学历；21.1% 的项目负责人拥有博士学位，42.1% 的项目负责人拥有硕士学位；30.3% 的负责人具有正高级技术职称，32.9% 的负责人具有副高级技术职称。总计 936 人参与项目研究，平均每个团队 13.8 人。累计培养研究生 98 人，其中培养博士研究生 8 人，硕士研究生 90 人；培养博士后 2 人；累计晋升职称 48 人，其中晋升正高级技术职称 2 人，副高级技术职称 17 人，中级技术职称 29 人，整体人才培养成效良好。

（4）先进技术和创新成果持续涌现。随着项目的实施，天津互联网相关领域创新技术和创新成果不断增多。①开发先进技术多。通过项目实施开发的苗床 AGV 管理系统和组培专用 AGV 小车开发技术、互联网植物医生服务平台及其远程诊断技术、淡水养殖精准监测控制与精细管理关键技术等达到了国际先进水平。②知识产权数量多。68家单位共申请专利99件，平均每家申请1.5件；其中，申请发明专利45件，申请实用新型专利53件，申请外观设计专利1件；获得专利授权61件，其中，授权发明专利8件，授权实用新型专利50件，授权外观设计专利3件；获得软件著作权等其他知识产权76项。③高质量论文产出多。68个项目合计发表科技论文63篇，其中，在国外发表11篇，在国内发表52篇；SCI、EI和ISTP三大系统共收录论文19篇，占比30.1%；会议宣读论文6篇；出版科技著作3本。④积极参与各级标准的制定。68个项目合计完成国际标准4项，正在制定中的国际标准2项；完成行业标准137项，正在制定中的行业标准69项；完成地方标准140项，正在制定中的地方标准72项；完成企业标准145项，正在制定中的企业标准77项。⑤承担单位开展成果登记和参与各级评奖多。68个项目合计完成成果登记36项；10项成果获得各级奖项，其中，获得省部级奖项3项。

　　整体看，天津在互联网及融合应用方面取得了明显的进步，形成了一定优势，具备了深入推进互联网融合发展的基本条件，但仍存在着一系列问题：一是企业资金和人才不足。通过调查问卷发现，在制约企业互联网融合发展因素中，资金匮乏占40%、人才短缺占30%、观念落伍占10%、基础设施滞后占10%，整体看，资金匮乏与人才短缺依然是企业实施互联网融合的最大难题。二是企业创新力度不足。座谈中发现，部分企业，尤其是传统领域企业，进行互联网技术创新主要是对传统信息技术的应用改良，很少涉及核心信息技术的研发与应用。三是企业实施互联网融合的内生动力不足。座谈中发现，部分企业实施互联网迫于形势所迫，盲目跟风，没有从根本上弄懂本企业实施互联网融合的价值。四是体制机制障碍难以突破。尤其是在互联网医疗领域，一些好的项目因为医保政策限制、医疗资质限制等，很难深入实施。

19.2 ▸ 面临的国内外形势分析

　　从国际看，互联网经济高速增长，互联网跨界融合全面展开。在过去五年，互联网经济贡献了全球经济增长的25%，在大多数发达国家，互联网经济增长速率是其总经济增长速率的2倍，成为全球最有活力的新兴产业和增长引擎；云计算、大数据、互联网、物联网等信息技术正全面向先进制造、交通物流、节能环保、食品农业、商业金融、生物健康、生活服务等领域融合，互联网正在改变各行各业生产方式、产品形态和商业模式，大量的新技术、新业态正在形成。其中，将信息技术与制造技术深度融合，引发生产方式、商业模式乃至产业形态的变革已经成为世界各国核心发展方向，例如，德国提出工业 4.0 战略，加快信息物理系统与制造系统的融合，从而驱动制造过程与产品的智能化；美国提出制造业创新网络计划，通过数据总线、异构系统集成、平台与大数据等技术，大幅缩短产品研制周期，提高快速响应市场的能力。

从国内看，互联网跨界融合已经成为我国创新驱动发展的重要引擎。当前，随着我国经济发展进入新常态，我国互联网信息消费市场达到 2.8 万亿元，互联网对我国经济贡献率超过 6.9%。同时，互联网企业加速向传统行业进军，阿里巴巴、百度、腾讯等纷纷进入金融、教育、文化、医疗、汽车等行业，互联网教育、互联网娱乐、互联网医疗等正呈现快速发展之势。涌现出滴滴打车、ofo 小黄车、摩拜单车等新经济模式。以互联网为主要平台和内容的信息技术正与工业、能源、生活等领域的技术交叉融合，"四新"模式（新技术、新产品、新服务、新商业）创新占得竞争制高点，催生了多种新兴业态，推动"中国制造"向"中国智造"转变。

19.3 ▶ 天津开展互联网跨界融合创新的系统考虑

19.3.1 关于融合领域选择考虑

互联网跨界融合创新领域的选择既要围绕天津经济发展的实际，又要考虑当前天津经济基础和当前国家政策倾向。经研究，本文认为确定融合领域应坚持：一是需求导向，紧密结合天津"全国先进制造研发基地"功能建设、自创区"一区二十一园"产业转型升级和服务社会民生进步三个方面的重大需求；二是基础导向，重点选择天津互联网融合发展基础较好的领域，进一步融合提升；三是政策导向，重点考虑对接科技部印发的《国家高新区互联网跨界融合创新中关村示范工程（2015—2020 年）》、国务院印发的《中国制造 2025》和《国务院关于积极推进"互联网+"行动的指导意见》，做好产业承接；四是目标导向，着力培育新技术、新产品、新业态和新模式，形成"互联网跨界融合"发展新格局，成为天津经济社会高质量发展的新引擎，为建设具有国际影响力的产业创新中心和全国先进制造研发基地提供强有力的支撑。

19.3.2　关于系统推进路径考虑

互联网跨界融合创新是当前世界科技创新的新趋势，天津建设实施，一是要坚持前瞻布局与引领创新相结合的路径，重点巩固和提升天津互联网发展基础，围绕重点领域加强前瞻性布局，以互联网融合创新为突破口，培育壮大一批新兴产业，引领新一轮科技革命和产业变革，实现跨越式发展。二是互联网跨界融合创新的重点应该是融合，应坚持融合发展与全面渗透相结合的路径，重点强化传统产业的互联网应用思维，鼓励传统产业与互联网应用相结合，推动互联网向社会各产业领域广泛渗透，以融合促发展，以融合促创新，以融合促转型，加快形成产业发展新动能。三是互联网跨界融合应是一项系统与特色相结合的工程，在实施上应坚持全面推进与特色突出，重点针对天津经济与社会发展的实际，结合自创区"一区二十一园"产业发展规划，全面推进互联网跨界融合创新发展；同时，根据不同分园产业特色，因地制宜地确立互联网跨界融合发展模式、发展重点和实现路径，形成特色鲜明、主题突出的互联网跨界融合发展新格局。四是互联网跨界融合应充分发挥企业、高校、科研院所等市场主体的创造性，形成市场主导与政府引导相结合的路径，促使政府在推进互联网跨界融合中，更多注重构建公平、公正、公开的市场环境。

19.3.3　关于实施思路考虑

结合天津实际和系统化分析，笔者认为互联网跨界融合创新工程的实施应充分结合《天津科技创新"十三五"规划》的重点发展方向，选择天津互联网融合发展基础较好的领域，以引导科技型中小企业"触网"、加快互联网跨界成长型企业壮大、成熟型企业扩大推广示范为重要抓手，以构建跨界融合创新服务平台为重要支撑，以加快产业链延伸与跨界整合为重要方向，着力加强互联网促进传统产业转型升级、构筑产业新优势和新动能，着力加强互联网应用、惠及民生、增强公共服务能力，着力培育形成新技术、新产品、新业态和新模式，最终促进产业结构调整和优化升级。

19.4 ▶ 天津互联网跨界融合重点任务的提出

按照前期的系统思考，结合天津实际发展需求，确定以先进制造、医疗健康、环保服务、现代农业 4 个领域为试点开展互联网跨界融合工作。经过企业调研，提出各领域的主要建设任务。

（1）互联网先进制造领域。要对标国家政策，重点突破传感器、智能网络装备、工业互联网平台研发建设的技术壁垒，打造与天津装备制造业发展水平相适应的互联网生态体系，实现互联网产业发展质量和效益的全面提升。一是推动关键技术突破。重点依托天津大学、南开大学、清华高端装备研究院、中科智能研究院等开展互联网相关领域研究的科研机构，着力开展智能传感器、智能化网络设备。二是加快生产模式调整。重点依托天津大学、国家超算天津中心等研发机构，开展装备制造企业信息化水平提升，加速企业的数字化进程，促进供给侧结构性改革；促进企业之间、产业集群之间形成较完备的产业链，催生制造业新的发展模式。三是促进生态系统形成。通过三年政策引导培育，装备制造业互联网产业体系基本形成，掌握关键核心技术，供给能力显著增强，形成一批具有国际竞争力的龙头企业，实现新技术、新模式、新业态大规模推广应用，两化融合迈上新台阶。

（2）互联网医疗健康领域。要及时抓住互联网跨界融合发展的重大机遇，推动以移动互联网、物联网、云计算、大数据等新一代互联网技术与医疗健康产业的融合创新，重点开展常见慢性病、老年病监控，管理相关的移动设备和信息系统开发，依托大型中心医院，开展云诊疗、分级诊疗、家庭医生等创新诊疗模式的研究与应用。

（3）互联网环保服务领域。要重点加强资源环境信息共享共用平台建设，支持建设环境遥感数据监测信息平台；利用智能监测设备和移动互联网，完善重点企业污染物排放在线监测系统；指导重点用能单位能耗在线监测和大数据分析的集成，建立企业环境信息数据共享机制；推动汽车产品售后全生命周期信息的互通共享；指导互联网企业参与产业园区及城市废弃物回收平台建设；开展可再生清洁能源利用、储能、智能电网与主动配电网等能源互联网关键技术攻关。支持大气污染物监测技术与装备应用，支持基于大数据的资源循环利用产业支撑技术与示范；支持海洋环境观测智能平台关键技术研究与应用；支持近岸海洋工程动态监测和海洋生物多样性监测关键技术研究；支持近岸海域立体监测及污染治理技术研究与示范；支持湿地动态监测与退化风险评估技术与恢复示范。

（4）互联网现代农业领域。要重点促进天津农业与互联网深度融合，推动农业科技型企业应用互联网技术，提升完善农产品全产业链智能产销体系，探索新型农业精准化生产关键技术、农业互联网远程诊断技术，加快农业智能感知及控制装备研发，构建大规模农业物联网监管系统。加快农产品电子商务科技创新，引领天津农产品企业、合作社等农业组织实现农产品网上顺畅营销，打造农业网销品牌，推进天津农业电商产业化和农业生产基地电商化，带动天津现代都市型农业的快速发展。

19.5 ▶ 天津推进互联网跨界融合创新方式的思考

天津市互联网跨界融合建设才刚刚起步，还远远没有形成市场驱动模式，所以目前来看，靠政府引导是最有效的途径。结合国家科技部、工信部等部委的专项方案工作思路和天津互联网跨界融合建设现状，本文提出"三五三"推进计划，即围绕天津试点领域，分"三种类型、五个层面、三个步骤"推进实施。

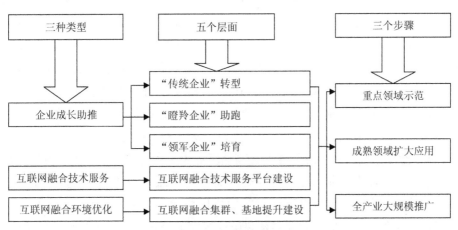

图 19-1　互联网跨界融合创新工程推进设计

（1）关于"三种类型"的思考。最终考虑，天津市互联网跨界融合工程的实施应主要以重大科技项目的方式推进。从促进互联网与天津重点产业融合的角度，建议围绕"企业主体、平台服务和环境优化"方面拟定"企业成长助推、互联网融合技术服务、互联网融合集群基地建设"三种项目类型，并予以支持。

（2）关于"五个层面"的思考

1）支持互联网跨界融合助推"传统企业"转型。应重点引导天津装备制造、节能环保、农业领域的传统生产企业，在生产、制造、研发、管理、物流和营销等核心业务环节应用互联网新技术，构建新型企业管理结构和运营模式，形成传统企业与互联网相结合新型商业业态，发展个性化定制，扩大线上产品供给。鼓励相关传统企业面向行业龙头企业在线提供业务对接、商品对接，助推传统企业转型发展。加强大数据、云计算等关键技术和体系方法在传统企业中的应用，提升工厂运营管理智能化水平，激发传统企业发展和应用互联网的内生动力。

2）支持互联网跨界融合助跑"瞪羚企业"发展。应重点支持正在开展互联网跨界融合或已经具备较好的互联网跨界融合基础的高成长中小企业，帮助企业快速发展壮大。重点支持企业开展跨界融合新技术、新材料、新工艺、新产品的研发和集成应用，提升企业在互联网应用解决方案方面的研发创新能力。支持企业探索基于互联网的新型产业组织模式和商务服务模式，大力培育线上到线下等新业态，支持企业的平台化发展。

3）支持互联网跨界融合加快"领军企业"培育。应重点支持已在互联网跨界融合领域有成熟应用的企事业单位做大做强，成为互联网跨界融合细分领域"领军企业"。鼓励企业围绕跨界需求开展互联网、大数据与工业网络、行业网络融合技术与应用的研发和标准化，大力支持创制国际标准和国家标准。同时，不断总结形成有效经验和模式，通过召开行业经验交流会、媒体宣传报道、出版案例集等方式，在相关行业形成示范推广效应；同时，积极对接国家政策，推动相关试点企业优先申报国家相关项目。

4）支持互联网跨界融合催生"高端服务大平台"建设。应重点以解决传统产业、战略新兴产业与互联网融合的关键技术瓶颈为目标，支持基于大数据、云计算、人工智能等互联网相关的应用技术服务平台的建设，支持提供智能化、绿色化、协同化互联网系统设计技术平台建设，支持超级计算服务、大数据基础设施、开源软硬件、在线产品测试等互联网相关基础支撑平台建设。支持互联网技术服务平台面向企业提供专业化的技术服务，鼓励骨干企业、行业协会、科研院所、产业创新联盟等搭建互联网跨界融合服务平台，开展技术服务外包,推动企业与互联网融合发展。积极承接非首都功能疏解,深化全面对接机制,引进高端互联网技术服务机构在津发展,推动京津冀互联网产业转移对接,形成优势互补。

5)支持互联网跨界融合优化"集群与基地"环境建设。应重点支持天津国家自主创新示范区、京津冀协同创新共同体、国家火炬特色产业基地、国家级产业集群的互联网跨界融合创新发展,优化集群、基地互联网跨界融合环境建设。支持集群、基地内企业联合利用互联网技术,提升上下游产业合作紧密度,共同构建产业链、创新链、产业创新联盟、创新共同体、服务共同体等,推动本区域产业向智能化、网络化、协同化方向发展。

(3)关于"三个步骤"的思考。互联网跨界融合工程并不能一蹴而就,它是一项系统而长远的工程,对任何一个地区而言都应该循序渐进,对此,笔者提出"三步走"战略。

第一步是做好重点领域的示范。初步在试点领域实施互联网跨界融合创新工程,围绕试点领域制定并发布《互联网跨界融合创新科技重大专项》项目指南,公开征集一批项目,在重点领域做好样板示范,催生一批互联网跨界融合新产品、新业态、新模式。

第二步是在成熟领域扩大应用。选择互联网应用较好或潜力较大的领域,进一步扩大试点领域范围,总结推广前期实施经验和实施模式,扩大应用规模,促进一批互联网跨界融合企业、平台、集群、基地发展,打造互联网跨界融合软环境,初步在发展较好的区域形成一批互联网跨界融合高地。

第三步是进行全产业大规模推广。充分发挥已建项目和重点企业的辐射带动作用,促进互联网企业、平台规模化融合发展,形成一批互联网跨界融合产业集群,构建互联网与社会各类创新主体协同发展格局,将天津打造成为全国互联网跨界融合和应用的领航区和策源地。

19.6 ▶ 重点保障措施

(1)建立协调机制,加强联动发展。遵循"重点发展,兼顾全盘,各有侧重,优势互补"的原则,结合自创区"一区二十一园"产业布局,强化与区县及功能区的协同组织,构建跨界融合创新区域支撑服务体系,支持基础好、实力强、条件优的区域,建立互联网跨界融合创新平台,在重点领域整合产业资源，以区县重点推荐和公开征集相结合的方式，实施互联网跨界融合创新示范工程，建立协调推动机制。

（2）加强高端咨询，推动科学发展。按专业分领域从企业、高校、科研院所、科技专业机构选择一批高层次专家，建立专家咨询决策机制，协助制定政策规划、项目指南，同时研究和分析互联网跨界融合发展过程中遇到的新情况、新问题，并提出建议和意见，促进天津互联网跨界融合规范、有序、持续、健康地发展。

（3）加快人才聚集，壮大人才队伍。继续加大全球引智力度，充分利用现有各类人才引进计划，集聚全球互联网跨界顶尖人才，支持天津企业和高校院所吸引国内外掌握信息基础技术、跨界融合技术和实践经验的领军科学家、领军企业家、优秀留学生来津发展；大力培养互联网跨界人才体系，加强大学、科研院所、企业和培训机构对互联网跨界产业高技能人才的培养。大力支持各类创业者围绕互联网跨界的市场需求进行创新，围绕互联网跨界融合大力发展众创空间，提供低成本、便利化、全要素的开放式服务平台。

（4）组建创新联盟，加大整合力度。通过政府引导，龙头企业牵头，吸引行业企业、创业团队、创投公司、孵化载体、高校等参与组建"天津市互联网跨界融合产业创新联盟"，定期组织行业论坛、技术峰会、商业需求对接交流会等多种形式，实现技术、信息共享和上下游企业的需求对接；鼓励并支持联盟建设发展，围绕核心需求，整合天津互联网跨界产业资源，推动天津互联网跨界融合产业快速聚集与发展；同时，加大与中关村对接，通过产学研结合、技术转移等多种方式加强与首都互联网机构合作，着力引进互联网跨界融合企业。

（5）推动模式创新，催生新兴业态。依托天津自贸区建设，借助电子商务、跨境电子交易等模式，提升天津传统产业销售渠道，促进平台化、专业化、品牌化电商服务模式发展；探索基于互联网的新型产业组织模式和商务服务模式，支持企业充分利用全价值链数据管理驱动线下商业线上化，利用大数据技术，推动精准营销、个性化服务、技术开源、研发众包、商品众筹等商业模式；推动医药电商、网络医院等新型医疗商业模式的创新。

说明

　　本章源于笔者负责的天津市科委战略研究课题《天津市互联网跨界融合创新示范工程实施经验与模式优化研究》。随着《中国制造 2025》《国务院关于深化"互联网+先进制造业"发展工业互联网的指导意见》的实施，天津已经到了推进互联网跨界融合的最佳时机，抓住机遇便有实现弯道超车的可能。但是，天津作为一个重工业城市，传统产业仍旧占据着较大比重；另外，相比深圳、上海和北京，天津互联网龙头企业、领军人才严重短缺，这些已经成为天津推动互联网跨界融合的重要掣肘，面对问题，天津如何迎难而上？如何高效推进互联网跨界融合？引起笔者的思考，时值，天津市科委计划开展互联网跨界融合工程，两事并举，提出如上建议。互联网跨界融合工程在天津已经实施三年，在医疗健康、智能制造等领域已经取得了比较突出的成效。

第20章

创新理念下天津大邱庄钢铁产业
转型升级的思考与对策

　　大邱庄位于天津西南方向，长期以来以钢铁产业为主，是我国钢铁产业生产基地。大邱庄的经济兴衰是我国钢铁产业发展历程的一个缩影，见证了产业发展的演变规律。20世纪80年代中期，大邱庄人靠钢生产率先成了我国当时知名首富村，90年代，受亚洲金融危机影响，市场形势骤变，铺摊大、水平低、重复建设的大邱庄钢铁产业受到了严重创伤。痛定思痛，1997年，大邱庄正式进行产业结构调整，一方面想升级换代，另一方面又想跳出钢铁工业这个圈子，进入其他新兴产业，虽然取得了一定成效，但仍未脱离产业粗犷式发展局面，其他新兴产业也未形成规模。当前，随着京津冀一体化国家战略的加快，京津冀三地大气污染开始联防、联控，节能减排新政的实施为大邱庄钢铁产业转变发展方式提出了严峻挑战，新形势下大邱庄钢铁产业必须面临新一轮的产业变革，但目前这种落后的生产工艺、传统的管理模式、粗犷的能源消耗、低端的产品结构、严重的环境污染，迫使产业面临不关即改、不得不改的发展境地。如何破题？怎么改？成为大邱庄人一直思考的问题，本文基于科技创新的视角对产业转型进行了一些思考，提出了相关建议。

20.1 ▶ 大邱庄钢铁产业 SWOT 战略分析

20.1.1 内部优势分析

　　（1）基础性钢铁产业体系初步构成。大邱庄镇共有传统钢铁产业企业398家，其中，黑色金属冶炼及压延加工业260家（规模以上企业117家），有色金属制品7家（规模以上企业2家），金属制品业130家（规模以上企业

24 家），其他企业 1 家。基本形成了四级产业发展体系，第一级，从钢坯到型材的发展；第二级，从型材到卷板、热轧带钢、石油套管等板材的发展；第三级，从板材到管材的发展；第四级，从管材到钢丝、钢绞线等金属制品的发展。初步形成了以型材、板材、管材和金属制品为主的钢铁产业发展体系。

（2）创新环境和创新能力逐步提升。近年，静海县和市科委签署了"委县共建"协议，联合推进钢铁研究总院在大邱庄建立先进金属材料涂镀国家工程实验室产业化基地，带动大邱庄涂镀行业自主创新能力整体提升；为解决企业关键技术难题，大邱庄搭建了"冶金企业升级转型的公共服务平台"，组织企业与天津大学化工学院、行业先进制造和材料类重点实验室、工程技术研究中心等进行产学研合作，重点攻克了酸洗技术、废液处理技术等关键技术，企业获得专利数量达到 107 件，其中发明专利 4 件；另外，大邱庄还积极推动一些具有较强研发实力的企业，通过技术创新、示范带动等模式，搭建了中国北方优质钢材加工和金属制品研发制造基地，带动行业升级。

（3）生产性服务业逐渐形成。目前，大邱庄镇已建有各类服务机构 20 多家，其中，科技企业孵化器、生产力促进中心、企业技术研发中心、钢铁交易配送中心、钢铁行业服务中心、产业化基地各 1 家，产学研联盟、企业重点实验室各 2 家；同时还成立了大邱庄商会，在调查研究大邱庄钢铁行业经济发展、规范行业行为、价格议价等方面起到了积极作用；围绕钢铁产业发展，大邱庄还逐步建立起了相对完整的生产性服务业支撑体系。

（4）区域节能减排力度加大。随着天津大幅提高排污费标准，大邱庄镇加大了对企业燃煤、酸洗和镀锌工艺等高能耗、高污染项目的治理力度，关停了一批企业，大力促进天然气等洁净能源的普及率，强化钢铁产业的清洁生产和绿色制造。同时，大力支持大邱庄镀锌行业酸洗废液的集中与资源化处理，部分企业排放的酸洗水质达到国家二级排放标准，"三废"排放完全达标，降低了对环境的二次污染。

20.1.2 内部劣势分析

（1）企业数量多、规模小且同质化竞争严重。大邱庄镇传统产业企业虽然达到 398 家，但 60% 以上属于规模以下企业，在全国范围内具有影响力的大型企业几乎没有；从事管材生产的企业占 71%，其中绝大部分企业以产生焊接钢管为主。

（2）产业结构不合理，整体处于价值链底端。从钢铁企业构成看，大邱庄 90% 以上企业从事型材、板材、管材和金属制品生产，且部分上游高端原料的生产率和下游高端产品的开发率严重不足，处于微利运行生产状态。

（3）技术研发力度不足，核心技术严重匮乏。在大邱庄，通过认定的科技型中小企业约占钢铁企业总数的 24%，高新技术企业暂时没有，仅有 1 家企业建成了市级企业重点实验室，绝大多数企业采用产品仿制、工艺模仿的形式开发，企业核心技术的掌握程度普遍偏低，驱动发展后劲不足，与国际先进企业相差甚远。

（4）企业管理理念和管理意识落后。缺乏企业长远发展规划，不能从行业角度把握企业的发展方向；普遍缺乏宏大理想和抱负，多数处于"小富即安"的状态，思想意识过于保守；对人才的重视程度不够，很难采取有效措施引进和留住高层次人才；缺乏合作观念，企业间的信任机制与合作机制缺失，各企业普遍处于单打独斗状态。

（5）钢铁企业能源利用效率较低。部分企业工序能耗未达到国家标准《粗钢生产主要工序单位产品能源消耗限额》限定值，占钢铁企业二次能源总量 70% 以上的副产煤气仍存在一定程度的放散。此外，天然气等洁净能源的普及率和有效供给率也未得到保障。

（6）主要污染物排放控制尚待提高。企业吨钢烟粉尘、SO_2、氮氧化物、碳氧化物排放量与国外先进钢铁企业相比尚有较大差距，通过清洁生产审核的钢铁企业不足 1%；全镇钢铁行业年产废酸液多达 50 万吨，废酸液处理规模仍严重不足，固体废物综合利用技术水平偏低。

（7）产业循环经济模式尚未建立。钢铁行业循环经济指标体系尚未建立、循环经济激励政策不到位等，废钢综合单耗远低于世界水平，废钢资源不足问题十分突出，水资源利用方式仍然比较粗放。

20.1.3 外部机会分析

（1）我国战略性新兴产业发展将会加大对精品钢铁的需求量。培育发展战略性新兴产业已被确立为我国加快转变经济发展方式的主要方向，其中，高端装备制造、新能源、新能源汽车等产业必将对精品钢铁产生巨大需求，未来对钢铁产业高端产品的需求量会较大。

（2）京津冀一体化建设将为大邱庄钢铁产业发展提供智力支持。借助京津冀一体化契机，更有利于大邱庄联合京津冀的有关高校和研究院所，仿效仁爱学院的创立模式，组建以钢铁加工为基础、配以其他相关产业的学历教育、职业教育和继续教育等为目标的教育机构，加强对员工的继续教育力度；同时有利于加强与具有资质的职业培训机构合作，加强对钢铁企业焊接等技术工种持证上岗的培训，获得更多专业资质人员。

20.1.4　外部威胁分析

（1）我国钢铁产业市场需求整体放缓。"十二五"时期，在国家严格控制钢铁新增产能条件下，我国钢铁产业将进入与微利时代相适应的低速发展时期。同时，随着城镇化进程的加快，民众消费将逐渐升级，我国的汽车、家电等相关领域的用钢增长将会加快，对钢铁产品和质量将会提出新要求，相应会为精品钢铁提供新的发展空间，而低端钢铁产品市场将会进一步萎缩。

（2）节能减排政策为钢铁产业提出了明确要求。钢铁工业是节能减排潜力最大的行业，在节能减排工作中占有举足轻重的地位，现行政策明确要求钢铁产业继续加大节能降耗力度，大力推广循环经济和节能减排新工艺新技术，提高"三废"的综合治理水平，走低消耗、低排放、高效益、高产出的新型工业化道路。

20.1.5　SWOT 分析矩阵构建

根据前文对大邱庄钢铁产业内外部环境分析，构建 SWOT 分析模型如表 20-1 所示。

表 20-1　大邱庄钢铁产业 SWOT 战略分析矩阵

外部因素 ＼ 内部因素	产业内部优势（S）	产业内部劣势（W）
	①基础性钢铁产业体系初步构成 ②创新环境和创新能力逐步提升 ③生产性服务业逐渐形成 ④区域节能减排力度加大	①企业数量多、规模小且同质化竞争严重 ②产业结构不合理，整体处于价值链低端 ③技术研发力度不足，核心技术严重匮乏 ④企业管理理念和管理意识落后 ⑤钢铁企业能源利用效率较低 ⑥主要污染物排放控制尚待提高 ⑦产业循环经济模式尚未建立

续表

		S-O 战略	W-O 战略
产业外部面临机会（O）	①我国战略性新兴产业发展将会加大对精品钢铁的需求量 ②京津冀一体化建设将为大邱庄钢铁产业发展提供智力支持	①加大技术改造力度，完善优化技术体系 ②优化生产工艺和产品结构 ③加速成熟技术科技成果转化力度 ④促进技术链延伸和深化 ⑤加强产学研合作，建设钢管研发基地 ⑥中瑞钢铁创新研发中心 ⑦依托企业建立一批研发服务载体 ⑧实施科技创新示范工程	①制定严格的项目准入标准，完善淘汰手段和机制 ②联合高校科研院所进行共性技术攻关 ③推进钢铁企业联合、兼并与重组 ④将创业企业家分批纳入天津市新型企业家培养工程 ⑤支持大邱庄优秀企业家创新发展 ⑥加强政府出资和引导力度
		S-T 战略	W-T 战略
产业外部面临威胁（T）	①我国钢铁产业市场需求整体放缓 ②节能减排政策为钢铁产业提出了明确要求	①推进钢铁产业循环经济发展 ②实施减量化策略 ③加强钢铁企业的能效管理 ④搭建节能环保服务平台 ⑤构建节能减排和循环经济建设新机制	①加强我国市场准入门槛 ②依托电子商务建设现代化钢铁物流配送体系 ③依托大型钢铁公司构建行业结算中心 ④设立钢铁产业民营银行 ⑤构建专业化钢铁产业人才培养体系

20.2 ▶ 绿色转型升级的路径思考

根据大邱庄钢铁产业 SWOT 分析，结合当前"美丽天津建设"一号工程建设要求，今后大邱庄钢铁产业发展应以"减量、增效、环保、精品"为主线，突出高端发展、创新发展、融合发展、低碳发展，遵循控制数量、提升质量、淘汰落后、促进联合、限制能耗、取缔污染的发展方针，坚持问题导向，运用倒逼机制推动钢铁产业绿色转型升级增效，以创新和环保理念重塑大邱庄钢铁行业发展，切实提高企业自主创新能力，走新型工业化道路，做到研发最先进、产业最核心、精品最集中，构建生态、环保、可持续发展的大邱庄钢铁产业。在实现路径上应注重四点：一是总量控制与结构优化并重。在控制总量的前提下，调整优化结构，大力推进技术创新，带动大邱庄钢铁产业能级的提升。二是技术改造与技术创新并重。着力培育集成化、开放式的自主创新环境，集中力量突破制约产业转型升级的核心技术，加强技术改造，提升工艺水平，提高产品档次。三是完善规划布局与企业发展重组并重。推进以创新链、产业链、价值链为重点的钢铁产业二次发展布局，推进大集团对中小型企业的兼并与重组。四是保护环境与节能减排并重。加强行业环境发展指导，支持节能降耗，鼓励资源综合利用，大力推广清洁生产技术与工艺，进一步加大环境治理力度，形成低消耗、低排放、高效益、高产出发展模式。

20.3 ▶ 推动战略与发展对策

根据大邱庄发展现状、问题以及转型升级的路径思考，从技术升级与产品换代、绿色生产与节能减排、企业淘汰与兼并重组、整合资源与注重创新、企业家培养与素质提升五个方面提出如下战略与对策。

（1）技术与产品提升方面，加大技术改造力度，优化生产工艺和产品结构。以清洁生产和节能环保技术领域突破为重点，以整体技术水平提升为目标，力争在绿色制造、核心技术、钢铁精品、钢铁延伸产业技术和完善技术创新体系等方面取得突破。一是加强绿色技术研发及应用。聚焦节能减排和绿色工艺技术研发，重点研究镀锌钢管清洁生产技术（主要包括热镀锌生产工艺优化、废物排放污染处理技术）、焊接钢管表面防腐技术（主要包括焊管连接街头、接口处防腐技术等）、焊接技术、冶炼和轧制工艺技术，关注新钢材替代、新用途替代、新材料替代发展，构建绿色钢铁制造体系。二是推进重点领域核心技术研发。聚焦转底炉直接还原技术、焊接钢管高端产品生产技术、超低铁损取向硅钢生产技术、超高合金钢管生产关键技术、超纯铁素体不锈钢关键技术、汽车板生产技术等，突破一批关键和核心技术。三是深入实施精品工程建设，生产钢铁精品。重点推进高强钢生产改造、热镀锌机改造、热轧精整纵切线改造、中薄板线改造等，建设精益生产线，提升高端型管的产能。四是促进技术链的延伸和深化。推进工程技术、资源开发、金属深加工、生产性服务业等相关产业技术的产业化。五是完善和优化技术创新体系，进一步提升大邱庄钢铁企业集成创新能力，努力推进"大邱庄钢铁产业创新创业基地"建设，使得研究开发、工程集成与持续改进协同发展，推进知识产权战略的实施，深化"产学研用"合作，构建技术创新体系。

（2）绿色生产改造提升方面，深入推进节能减排，实现绿色低碳生产。针对钢铁产业资源和能源密集特点，推广应用先进的节水、节能、降耗、减排、工业废物回收循环和清洁生产技术，坚持低碳化发展，优化用能结构，强化能耗控制，提高资源与能源利用率。一是实施减量化策略。重点推广能源与资源的梯级利用与优化技术，应用通用节能技术，提高能效；推广水循环系统的梯级与串接利用技术，减少水消耗；加强三废排放控制与治理，尤其在治污方面，按照污染点集中治理、污染工艺专业化设计的思路，确保小规模企业集中、大规模企业达标的治理措施，同时对专业化治污企业给予一定的政策扶持和便利条件，争取尽快形成以社会化、专业化处理为主的治污格局。二是加强大邱庄钢铁企业的能效管理。重点加强钢铁企业能源计量、能源审计等管理工作，尽快完成企业的能耗统计，加强对水耗能耗总量、污染物排放总量的管理，制定出不同类型企业的清洁能源用能指标，全面推进能源合同管理。三是推进大邱庄钢铁产业的循环经济发展。重点提高钢铁产品生产过程中废料的回收再利用，不断提高工业废物的回收利用率，形成循环经济模式。

（3）企业淘汰重组方面，加快淘汰落后产能企业，推进产业结构调整升级。坚持问题导向，运用倒逼机制，有目标地淘汰产能落后企业，进行企业重组，构建产业新体系，推进产业机构调整。一是完善淘汰手段和机制。综合运用环保政策、能源审计、清洁生产审核、市场、法律、财税等手段，明确调整淘汰的标准体系，健全调整监管制度，建立和完善企业退出机制，依法推进调整淘汰工作。二是重点推进高污染、高能耗钢铁企业的调整淘汰。按照产业发展的总体要求，加大对大邱庄用水、用能、排污重点企业进行效能监测，加强对企业实际情况的调查和分析，针对不符合国家及地方钢铁产业发展的"高能耗、高污染、低效益"企业，强制限期、分类进行关停、调整，对环保不达标企业，实行环保一票否决制。三是对于新建钢铁项目，制定严格的准入标准。综合考虑投资项目的产品结构、市场前景、环保要求、科技含量等，严把项目进驻关，保证新建项目与大邱庄产业升级需求相吻合。四是推进钢铁企业联合、兼并与重组。对经营不善、长期亏损、运行困难的企业，积极推进与国有或行业龙头企业合作，通过引进先进生产技术、管理和资金进行联合重组；或以挂牌、拍卖、协议出让等方式向大型钢铁企业依法转让，促进企业兼并重组；或通过金融部门授信的政府平台收购，盘活现有企业资源。同时，政府可采取资本金注入、融资信贷、资产划转等方式，对重组企业给予适当扶持。

（4）资源整合与创新提升方面，加快创新性服务载体建设，提升产业创新水平。一是加强产学研合作，建设钢管研发基地。借助京津冀一体化国家发展战略，依托大邱庄国家钢管加工基地，加快与北京高校、科研院所的产学研合作，重点引进首都高科技人才，引进钢铁产业新技术、新工艺、新设备，发展高端精品钢管研发、钢管生产通用设备研发，由国家钢管生产基地向研发基地转变。二是建立中瑞钢铁创新研发中心。整合瑞典钢铁研发集团专家人才、先进工艺和创新成果，联合当地企业共同建立中瑞钢铁创新研发中心，双方企业组成联合小组，共同进行大邱庄钢铁生产新工艺、节能环保新技术方面的合作研发，提升行业技术水平。三是依托企业建立一批研发服务载体。支持联众钢管公司、吉宇薄板公司和乾丰防腐等科技含量高、研发实力强的企业搭建企业技术中心、工程技术中心、企业重点实验室、产品质量检测中心等科技研发服务平台，支持这些企业作为其他市级创新机构的培育对象。四是实施钢铁产业科技创新示范工程。依托重点企业、重点研发机构等，着力实施镀锌、焊接、高端钢管制品成型、钢管表面处理等实施科技示范工程，形成以点带面的创新格局，提升行业技术水平。五是搭建各类节能环保服务平台。重点在环境监测、能源中心、节能检测、碳足迹审核、能源审计、用能诊断等方面进行企业节能环保技术服务；同时，组织建立节能降耗在线交流平台，促进企业间环保技术交流及环保理念的同步提升。

（5）企业家能力提升与素质培养方面，实施创新型企业家培育工程，提升企业管理理念和水平。一是将创业企业家分批纳入天津市新型企业家培养工程。加强大邱庄镇政府和市科委协调沟通，在大邱庄重点钢铁企业选拔一批具有较大潜力的创业企业家，纳入天津市"新型企业家培养工程"范围，定期邀请行业知名专家，对企业家进行产业技术、国家政策、企业战略、市场营销、上市投融资等方面的专题授课。二是定期组织企业家强化培训。根据大邱庄钢铁企业不同产品领域，定期选送部分优秀企业的创业企业家到国内名牌大学、MBA学位班、培训基地或海外研修学习，重点学习现代化企业管理理念、现代化企业管理模式、现代化企业创新模式等企业管理前沿知识，并将创业企业家参与培训活动的效果纳入政府对企业的重要考核指标，强化提升企业家经营管理水平。三是支持大邱庄优秀企业家创新发展。把企业家培养与科技项目的实施结合起来，优先支持培育企业家申报天津及国家各类科技计划、科技奖项和人才计划项目，在培养期内，优先为培育企业家提供科技或人才项目经费，优先组织企业与国内外高校、科研院所进行产学研合作对接。

20.4 ▶ 本章小结

从产业链角度看，大邱庄钢铁企业主要集中于产业上游环节，产品的低附加值和同质化竞争是其显著特点；从创新链角度看，大邱庄在产业前端的新技术开发和中端的成果转化环节基本处于空白，绝大多数企业偏重于使用传统的工艺进行产品的产业化生产；从资源和环境角度看，高能耗、高物耗、高污染是其产业生态的显著特点，深入反思。

（1）难道在导致这一结果的长期历史进程中，大邱庄没有机会改变这种粗放的状况吗？显然不是。但是这种状况一直却没有改观，深究其原因，既有企业的内在原因，又有社会的外在原因；但究其根本，内因起了决定性作用，这主要包括企业家的管理理念和创新精神与时代发展相脱节、企业技术创新与市场需求相脱节、企业生产环境与社会环保要求相脱节。

（2）面对现状，创新和环保就必然成为大邱庄今后发展的路径抉择，但从内因角度出发，发动企业主动进行创新和环保显然难度很大，所以，考虑从外因角度出发，再由外因引起内因的改变，即实施政府推动的企业转型升级倒逼机制，迫使企业转型升级。值得注意的是，在这一过程中，政府部门一方面应尽快制定淘汰落后产能的政策、构建节能减排和循环经济新机制作为配套；另一方面还要注重转变政府职能，提高行政效能，做到法制、理制与情制相结合，才能持续推进。

（3）由外因迫使内因的改变，那么迫使企业改变什么？大邱庄企业家传统管理思想的根深蒂固封锁了其创新的步伐，所以从企业家管理理念改观入手，形成理念转变—研发转变—产品转变—生产转变—环境转变的环环相扣、逐步递进的转变历程，就成为大邱庄走出困境的最佳途径。

说明

　　原文发表于《科技管理研究》（2015 年第 21 期），本文略有修改。钢铁产业是天津的主要传统产业之一，钢铁产业转型升级一直是天津产业结构调整的重点和难点，时值"美丽天津"建设，天津市委市政府对大邱庄钢铁产业的"绿色"发展提出了迫切要求，从哪里入手？重点解决什么问题？采取什么手段？才能有效促进钢铁产业转型升级，成为当时笔者思考的主要问题。本文基于对大邱庄钢铁产业的实地调研，通过构建 SWOT 模型，从内部优势和劣势、外部机会和威胁四个方面对大邱庄钢铁产业进行分析，从科技创新、绿色节能等视角对大邱庄钢铁产业转型升级之路进行探索，最终，笔者意识到企业家的管理理念和创新精神与时代发展相脱节、企业技术创新与市场需求相脱节、企业生产环境与社会环保要求相脱节等内生因素才是导致大邱庄钢铁产业发展滞后的根本原因。本章相关内容整理后形成的大邱庄钢铁产业发展规划得到时任天津市副市长何树山的批示。

第 21 章

全球视角下我国烟气脱硝产业技术发展抉择与推动战略

脱硝是大气污染治理的重要内容，属于大气中氮氧化物治理子领域，在空气中，氮氧化物会刺激呼吸器官，容易引起呼吸道疾病，过多的氮氧化物还会造成酸雨、光化学烟雾、酸雾沉降，等等。有研究资料表明，如果不加强对烟气中氮氧化物的治理，未来 20 年，氮氧化物在大气污染物中的比重将会快速上升，并有可能取代二氧化硫成为大气中的主要污染物。因此，西方各国早在 20 世纪 80 年代就把发展烟气脱硝产业作为治理大气污染的重要战略。

21.1 ▶ 全球烟气脱硝产业发展状况

（1）国外研发起步较早，技术处于领先地位。20 世纪 70 年代，美国、日本、德国等发达国家就开始对燃料 NO_x 生成原理、炉内脱硝技术、低 NO_x 燃烧器以及炉后烟气脱硝技术等进行研究，目前已经开发出多种较成熟的低 NO_x 燃烧技术和烟气脱硝技术，并成功进行了商业化应用。尤其是 SCR 脱硝技术方面，日本和欧洲所取得的成就已经大量见诸文献资料，在氨的 NO_x 去除率、空间逃逸速度、空气预热器的设计等方面研发，日本和欧洲都处于比较领先的地位，利用 SCR 技术达到的脱硝率已经超过 90%。目前，对于寻求其他节能、高效的 NO_x 去除技术，是这些国家的主要研发方向。

（2）全球创新资源主要集中在德、日、美三国。据中国脱硫脱硝行业网调查，国外知名烟气脱硝研发生产企业共 17 家，其中丹麦 1 家、奥地利 1 家、德国 5 家、韩国 1 家、荷兰 1 家、美国 3 家、日本 4 家、意大利 1 家。德国、日本、美国的知名企业分居前三位，这三国的研发企业占到了世界研发企业总量的 70%，各国知名研发企业分布情况如图 21-1 所示。

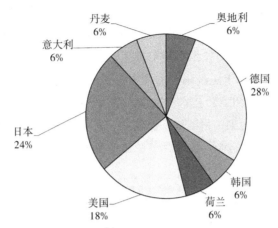

图 21-1　国外知名烟气脱硝公司区域分布图

（3）我国脱硝技术整体处于研发阶段，成熟技术多以引进为主。我国虽然自 20 世纪 80 年代以来就开始对脱硝技术进行实验研究，但是研究效果并不理想。如刘刚等人对现有烟气脱硝系统机组进行了改造研究，分析了目前较流行的几个控制系统的优缺点及其发展趋势，在增加脱硝装置改造机组的控制系统方面也进行了试验研究，但远远未达到商业化运用阶段；陈伟华等人进行了脉冲等离子体烟气脱硝试验研究，在脱硝温度选择、设备投资、脱硝效率等方面取得了一些突出的研究成果；研究体现出了良好的发展前景，但由于成本过高，还不能实现规模化推广应用。目前，我国企业普遍使用的脱硝技术绝大多数引自德国、美国、日本、意大利等发达国家，其中，95%的企业采用了发达国家的 SCR 脱硝技术，4%的企业采用了 SNCR 脱硝技术。

21.2 ▶　产业链、技术链的分析与构建

阅读文献发现烟气脱硝主要可以从三个环节进行控制：燃烧前控制、燃烧中控制、燃烧后控制。按照烟气产生与处理过程绘制产业链，如图 21-2 所示。

燃烧前控制是在燃料燃烧前将含有氮化合物的物质从燃料中去除，其成本高、难度大，目前该类技术还不成熟。燃烧中控制是采取措施降低燃料在燃烧中氮氧化物的生成量，主要采用低氮燃烧技术，其技术核心是形成缺氧

富料区，降低局部高温区的燃烧温度以抑制 NO_x 的生成，目前，低氮燃烧技术主要有空气分级燃烧技术、空气预热以及燃料分级技术、烟气再循环技术。燃烧后控制主要是对燃料燃烧后的烟气进行 NO_x 除去，主要原理是把已经生成的 NO_x 还原为 N_2，该类技术按照治理工艺的不同可以分为湿法脱硝技术和干法脱硝技术，其中，干法脱硝技术主要包括选择性催化还原（SCR）技术和选择性非催化还原（SNCR）技术，这些技术投资低，工艺简单，NO_x 脱除效率高，且不易造成二次污染，目前被广泛使用，尤其是 SCR 技术占据着市场主导地位。经相关资料深入分析，绘制烟气脱硝产业关键技术链如图 21-3 所示。

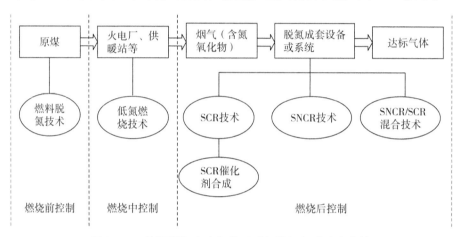

图 21-2　基于烟气产生与处理过程的烟气脱硝产业链

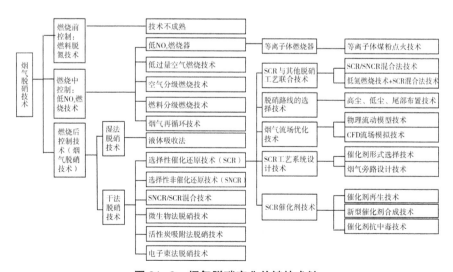

图 21-3　烟气脱硝产业关键技术链

21.3 ▶ 基于 SWOT 分析的我国烟气脱硝产业发展趋势判断与技术抉择

21.3.1　我国烟气脱硝产业 SWOT 战略分析

（1）产业内部优势。一是我国低氮燃烧技术相对比较成熟。目前，我国已有东方锅炉厂、龙源技术公司等几家国内较知名企业掌握了低氮燃烧技术，实现了低氮燃烧器的自主研发、设计、生产与安装，具备了规模化生产低氮燃烧设备的实力。二是我国 SCR 脱硝工程建设具有相当实力。SCR 是我国的主流脱硝技术，目前已经涌现出福建龙净环保股份有限公司、中电投远达环保工程有限公司、北京国电清新环保技术股份有限公司、浙江浙大网新机电工程有限公司等 20 多家具有较强实力的 SCR 脱硝工程建设企业，我国现有和拟建的烟气脱硝工程采用 SCR 脱硝技术的约占 95%，已经在脱硝工程设计、建设、辅助设备制造及运行管理方面积累了比较丰富的经验，预计"十三五"期间，SCR 工艺仍将占据市场主流。

（2）产业内部劣势。一是我国仍未掌握 SCR 工艺核心关键技术。虽然SCR 烟气脱硝系统较为简单，但涉及的关键技术或诀窍我国仍没有突破，其关键技术主要包括系统设计技术、SCR 脱硝催化剂再生技术和物理流动模型/CFD 流场模拟技术。而对于引进的技术，大多只是引进 SCR 工艺系统设计方案，对其物理流动模型、CFD 流场模拟和优化等核心技术掌握非常少。二是烟气脱硝产业缺乏系统性的技术规范。相对于国外，我国烟气脱硝产业整体处于起步阶段，在施工技术和规范标准制定方面不够详尽，存在一些问题：首先是部分标准只能参照技术引进国的标准，使得我国对 SCR 设计、安装、调试、验收只能以国外标准为准；其次，我国有关部门在制定技术标准或规范时，仍缺乏系统性考虑，脱硝产业涉及环保、机械、电力、建筑、化工等诸多行业，涉及设计、建设、调试、运行等各个环节，而且与脱硫、除尘等工艺紧密相关，但目前的标准设计很难使各领域和环节实现协调统一。三是脱硝催化剂行业缺乏统一检测和监测机构。目前，我国各催化剂厂家都是按照外方标准翻译来的企业标准进行产品检测，相互之间的差别很大，甚至对于同一检测指标的含义都有差别，导致招标方无从进行质量判断和产品选择。另外，我国在催化剂检验检测领域还没有行业性的第三方检测机构，无法对不同技术派别和不同生产厂家的催化剂进行统一评价；在催化剂招标中，由于缺乏专业的评价机构，使业主无从判断催化剂用量，对于工程实际所需的催化剂使用量没有科学的结论，导致催化剂用量完全由催化剂生产厂家说了算，使各厂家报价和用量差别很大，最终损害脱硝工程建设。四是我国催化剂生产的核心技术、原材料对国外依赖性较大。脱硝工程的核心成本就是催化剂，它占了整个脱硝造价的40%左右，但是，由于缺乏核心技术，我国脱硝催化剂的配方、生产工艺全部是依靠国外厂家，而国外厂家要求使用国外技术的同时必须使用国外原料，这样外商就控制了催化剂原材料的供应，导致催化剂价格居高不下，成为制约我国脱硝催化剂实现量产的关键问题。另外，与国外燃煤烟气相比，我国燃煤烟气的特点是高灰、高钙、高硫、高粉尘，导致催化剂寿命明显缩短，因此，我国还面临着怎样使国产催化剂满足国内烟气特点的问题。

（3）产业外部面临机会。一是国家政策驱动力强大。2011年4月13日，国家环境保护部发布了《火电厂大气污染物排放标准》，对二氧化硫、氮氧化物和烟尘三项主要污染物排放量做出了新的更为严格的规定。在脱硝方面，新标准规定了到2015年重点地区所有火电机组氮氧化物排放浓度不能高于200mg/m³、非重点地区不能高于400mg/m³，且重点地区的新增机组从2010年就必须实行200mg/m³的排放要求，新政策的出台对我国脱硝技术提出了更为严格的要求。二是我国火电厂氮氧化物排放量逐年加大。根据第一次全国污染源普查结果显示，2010年我国火电厂排放的氮氧化物总量为1038万吨，比2007年的840万吨增加了近23.5%，如果不进行处理，预计2015年、2020年火电厂氮氧化物排放量将达到1391万吨、1750万吨，比2010年分别增长34%和69%，逐年递增趋势明显。三是我国火电装机市场容量巨大。按照中电联的统计，截至2010年年底，我国已投运烟气脱硝机组容量约9000万千瓦，占煤电机组总容量的14%。根据"十二五"规划的要求，单机容量超过30万千瓦的燃煤机组要全部加装脱硝设施，目前，全国30万千瓦以上煤电机组占总的煤电机组容量的70%，保守估计未来2~3年，大约有3.6亿千瓦的火电机组将进行脱硝设施改造或建设。

（4）产业外部面临威胁。一是国外竞争对手实力强劲。目前，国际上知名的烟气脱硝研发与生产企业主要分布在欧美日等发达国家，这些企业具有很强的市场竞争力，我国的 SCR 脱硝关键技术主要引自于这些国家，而我国目前没有一家进入世界级知名企业的行列，与国外企业进行市场争夺将是一个艰难而漫长的过程。二是国外企业仍是我国市场上的技术主导者。我国 SCR 脱硝工程大多采用项目合作或技术引进方式建设，主要停留在技术应用层面，在合作项目建设中，外方仍是技术的主导者，以技术优势获取着大部分的市场利润。

我国烟气脱硝产业 SWOT 战略分析矩阵见表 21-1。

表 21-1　我国烟气脱硝产业 SWOT 战略分析矩阵

内部因素 外部因素		产业内部优势（S） ①低氮燃烧技术已经比较成熟 ②SCR 脱硝工程建设具有一定实力	产业内部劣势（W） ①仍未掌握 SCR 工艺核心技术 ②烟气脱硝产业缺乏系统性的技术规范 ③脱硝催化剂行业缺乏统一检测标准和检测机构 ④催化剂生产的核心技术、原材料对国外依赖性较大
产业外部面临机会（O）	①国家脱硝政策驱动力强大 ②我国火电厂氮氧化物排放量逐年增加 ③我国火电装机市场容量巨大	SO 战略（依靠内部优势，利用外部机会） ①完善脱硝行业电价补偿政策 ②加速成熟技术的科技成果转化力度 ③构建产业技术创新联盟 ④建立国内技术协作网	WO 战略（利用外部机会，克服内部劣势） ①联合高校科研院所进行共性技术攻关 ②加强关键技术引进，强化技术引进消化吸收再创新 ③出台催化剂相关产品标准技术规范 ④制定催化剂价格管理办法
产业外部面临威胁（T）	①国外竞争对手实力强劲 ②国外企业是我国市场的技术主导者	ST 战略（依靠内部优势，回避外部威胁） ①加强重大工程联合共建力度 ②加强国际技术研发合作力度 ③加强国外高端人才引进力度	WT 战略（减少内部劣势，回避外部威胁） 加强我国的市场准入门槛

21.3.2　我国脱硝产业发展趋势基本判断

通过烟气脱硝产业 SWOT 分析，可以看出我国脱硝产业发展的几个基本趋势。

（1）国外将继续加大对 SCR、SNCR 等核心技术垄断，我国将最有可能在电子脱硝技术领域取得新突破。结合我国烟气脱硝工程建设现状，综合国外对我国技术输入特点，可以看出，在工程建设领域，为获得高端价值和掌控我国市场，国外将继续加大对 SCR、SNCR 等核心技术的封锁，而我国随着电子信息产业的迅速发展，我国将最有可能在新的脱硝技术领域——电子束脱硝技术、脉冲电晕法脱硝技术方面取得技术突破，尤其是两者的结合将能够充分利用我国现有材料和设备，节约投资费用和运行成本，将最有可能率先实现工业化应用。

（2）具有自主知识产权的 SCR 催化剂合成技术和还原技术将成为我国脱硝行业研究的热点。催化剂属于消耗品，由于国外技术垄断，且对我国采用"技术输入加原料采购的捆绑策略"，致使我国催化剂价格昂贵，在整个烟气脱硝工程投资中占据了较大比重。对于可逆性中毒的催化剂和活性降低的催化剂可以通过再生重新利用，再生费用只有全部更换费用的 20%～30%，而活性可恢复到原来的 90%～100%，甚至更高。因此，研发具有我国自主知识产权的催化剂生产技术和还原技术就成为能否降低企业运行成本的最关键环节，这也必将成为我国脱硝行业研究的热点。

（3）多种脱硝技术的联合应用将成为我国当前满足脱硝标准的最佳选择。从基建成本看，SCR 技术脱硝工程约是等离子体低氮燃烧技术脱硝工程的两倍，从运行费用看，SCR 技术约是等离子体低 NO_x 燃烧技术的 20 倍，但 SCR 技术氮氧化物去除率较高。综合来看，结合两者优势，低氮燃烧技术和 SCR 技术融合将成为我国脱硝技术的主要趋势。另外，在我国颁布的《火电厂氮氧化物防治技术政策》中也明确倡导燃烧控制技术加烟气脱硝技术的综合治理方法。

（4）联合工程建设将成为我国对外技术引进、消化、吸收再创新的主要途径。由于国家新政的出台，未来，我国将迎来火电机组进行脱硝设施新建或改造的高潮，市场容量空前巨大。我国建设企业为了达到更加严格的脱硝标准要求，从现有技术水平看，只能采用国外 SCR、SNCR 等先进技术。针对这一现状，为了尽快使我国企业掌握自主核心技术，我国政府将很有可能重点支持国内具有研发实力的工程建设企业与国外技术机构共同进行示范脱硝工程建设，共同开展技术合作、工程试验，共同推动新型脱硝技术在脱硝建设工程上的实施和运用。

（5）加强行业监管、规范行业标准势在必行。长期以来，各种版本的脱硝技术没有相互统一的标准、不同厂家的脱硝催化剂没有统一评判的标准，更没有催化剂第三方独立检测与评估机构，导致了天津场监管的混乱。我国脱硝产业协会等机构一直也在倡导脱硝行业管理规范的出台，我国政府对此也给予了高度重视，加强对行业的正确引导必将成为我国政府的重要工作内容。

21.3.3 关键技术抉择

通过前文产业链、技术链分析和产业发展趋势的基本判断，本文认为未来 10 年我国应重点发展以下领域技术。

（1）电子脱硝技术。电子脱硝技术方面，我国处于相对领先优势，也最有可能率先取得技术突破，未来，应重点发展电子束脱硫脱硝技术、脉冲电晕法脱硝技术以及两种技术的综合应用。

（2）低氮燃烧技术。低氮燃烧技术很可能成为我国联合脱硝技术的标配，该技术性价比较高，未来，在该领域我国应重点研发等离子体低氮燃烧技术（包括等离子体低氮燃烧器设计技术、等离子体煤粉点火技术）、低氮燃烧控温技术、低氮燃烧空气混合技术和 OFA 分级送风技术。

（3）SCR 脱硝技术。重点通过与国外厂家联合进行工程建设，采用技术合作、引进、消化吸收再创新方式，开发适合我国国情的自主知识产权技术：一是开发 SCR 脱硝催化剂合成与再生技术。重点开发可低温运行的催化剂合成技术、基于稀土资源的 SCR 催化剂合成技术、耐高温催化剂合成技术、SCR 脱硝催化剂抗中毒技术、SCR 脱硝催化剂再生技术。二是开发 SCR 与其他脱硝工艺的联合应用技术。重点研发低氮燃烧技术+选择性催化还原技术（SCR）的联合应用技术、SCR/SNCR 混合脱硝技术。三是开发 SCR 烟气流场设计与优化技术。重点研究烟气流场物理流动模型技术、CFD 流场模拟技术。

21.4 ▸ 发展战略与推动措施

面对我国脱硝产业的技术发展现状、产业发展基础以及未来发展趋势，本文认为未来我国应以脱硝行业政策准入为契机，坚持"企业主体、政府引导、制度联动、创新引领、强化监管"的基本原则，按照我国对烟气脱硝技术实际需求，重点通过原始创新、集成创新、引进消化吸收再创新模式，突破制约行业发展的关键技术瓶颈，尽快形成我国烟气脱硝控制技术核心竞争力，推动企业在创新源、孵化、转化、产业化环节进行有效整合，加快科技成果转化，同时，将烟气脱硝控制战略与循环经济、可持续发展战略融于一体，实现协调发展。具体实现路径可以按照技术选择、技术组织、技术推进、技术实现四步推进。

（1）实施技术选择战略。按照我国脱硝产业对不同技术的迫切需求程度，在关键技术抉择基础上，进一步征求行业专家和企业家意见，制定产业关键技术开发路线图、开发时间图等，明确技术开发进程。

（2）实施技术组织战略。针对行业企业关键技术需求，整合相关高校、科研院所资源，发挥企业自身优势，共同构建脱硝产业产学研合作联盟、企业重点实验室、工程技术研究中心、企业技术研究中心等研发平台。

（3）实施技术推进战略。根据我国脱硝产业的客观需求，加强政府对脱硝产业的政策引导和推进力度，加强以企业为主体的脱硝产业技术创新体系建设，加强核心技术转移、转化和产业化等。

（4）实施技术实现战略。通过原始创新、集成创新、引进消化吸收再创新等多种方式并举，攻克关键技术、开发关键设备、建设标志性脱硝工程，缩小与国外脱硝产业发展差距，实现全面技术赶超。

说明

原文发表于《科技与产业》（2014 年第 12 期），本文略有修改。随着大气污染的不断加重，我国对烟气脱硝工程建设更为重视，烟气脱硝产业随之迎来发展高峰。笔者从国际视角入手，分析了全球及我国脱硝产业发展状况，梳理出脱硝产业的产业链和技术链，在此基础上，通过产业 SWOT 分析，对我国烟气脱硝产业发展趋势做出基本判断，提出未来 10 年我国烟气脱硝产业应重点发展的关键技术、推动战略和实现路径。目前，一些预测的技术已经发展成为产业发展的主流，相信本文的研究对今后该产业的发展仍具有一定的参考价值。

第 22 章

我国污水处理产业发展趋势及天津发展战略

美国、日本、德国等发达国家都将污水处理作为国家治理的重点，建立了较为完善的激励和约束机制，污水处理技术和设备相对成熟。随着发展中国家环保市场的不断发展，各种先进污水处理技术和设备加快向发展中国家转移，这为天津提高技术水平、提升污水处理产业竞争力提供了难得的发展机遇。

22.1 ▶ 我国污水处理行业发展分析

我国的污水处理行业起步晚，在规模、技术、品牌、管理与融资五大方面落后于国际领先的水务发展。近年来，国内企业已开始充分意识到中国水处理市场的巨大潜力和行业本身的低风险和稳定性的特点，不少企业陆续进入自来水厂与污水处理厂建设与经营等领域。

从生命周期的角度来看，我国污水处理行业的前景比较被看好，目前正处于快速发展阶段——成长期，具体表现为行业需求迅速上升、竞争者数量不断增多、技术趋于定型、利润迅速增长四个特征（见图 22-1），整个行业正面临着最佳的发展机遇，天津也应积极抓住这一战略契机，抢占行业制高点。

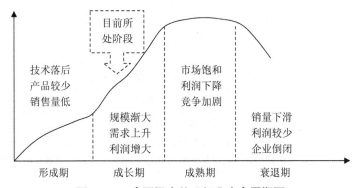

图 22-1　我国污水处理行业生命周期图

22.1.1 污水处理行业产业链分析

从整个产业链看，水务处理行业包括供排水、水电、水源工程、管网建设、节水、污水处理以及相关设备生产等一系列产业节点（见图22-2）。在水务处理的整个产业链中，污水处理属于偏下游产业，污水处理的上游产业包括污水设备提供商和排水管网制造产业。下游产业比较模糊，其中一部分水体进入自然水体，另外一部分进入企业和居民用户。污水处理属于市政公用行业的范畴，产业化程度相对较低。污水处理在设备制造和工程建设方面的市场化程度较高，而投资和运营这两个最重要的环节基本以政府为主体，市场参与度较低。

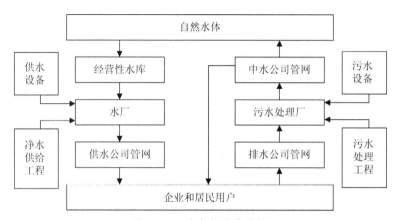

图22-2 水务行业产业链

从行业竞争特征看，污水处理行业存在供应商议价能力强、行业内竞争激烈、购买者议价能力强、潜在新竞争者的进入存在一定壁垒、替代品少的特点（见表22-1）。总体来看，行业竞争加剧，但仍具有一定的区域、政策壁垒，行业利润主要受政府扶持、水价调整等政策影响。

表22-1 污水处理行业竞争特征

竞争特点	具体内容
供应商议价能力强	对于技术含量较低的设备而言，原材料钢铁价格快速增长，使污水处理设备成本增加，使设备价格提升；对于技术含量高的设备，先进技术掌握在少数的外国企业或国内大型企业手中，中小企业很难有相应控制权

续表

竞争特点	具体内容
行业竞争激烈	我国单纯做污水处理的企业以中小型为主，具有污水处理业务的大量企业主要是大型国有水务集团、外资水务集团等，国内水务企业已经进入资本竞争和品牌竞争时代，具有资本、技术和品牌竞争优势的企业将通过兼并、重组迅速发展壮大，中小企业主要在本地参与竞争，发挥本区域内的优势
购买者议价能力强	我国的污水处理行业仅仅将经营权中的污水处理厂内部经营管理权交给了市场经营者，而产品或服务的购买者仍然是政府。污水处理价格主要由地方政府制定，并受到严格控制，价格上涨幅度将考虑到企业和居民的实际支付能力，企业还价能力较差
行业进入壁垒较大	行业发展加快，进入者增多，但由于污水处理行业存在政策壁垒、区域壁垒和技术壁垒，因此当前还无法形成极其激烈的竞争，企业主要以重组并购方式进入污水市场
替代品少	水作为一种不可再生资源，并且我国作为全球缺水严重的国家之一，基本上没有水的替代品，产品的差异性强，不会出现替代品的威胁

22.1.2　污水处理设备的比较及发展趋势

污水处理设备大体可分为通用设备和专用设备。通用设备包括泵、风机、管材配件等，专用设备较多，包括搅拌机、刮泥机、格栅、膜元件和组件等。目前，国内污水处理设备生产厂家大多规模不大，并以民营企业为主，能够提供成套设备的企业很少，大多数企业以生产成熟的单机产品为主。除了本土企业，利用国外技术的合资企业是这个领域的重要组成部分，并占据了高端设备市场，国内企业则集中在管材、水泵、风机等传统产品市场。与发达国家相比，国产污水处理成套设备在材质和工艺方面均存在不足，在使用可靠性、寿命等方面与国外设备尚有一定的差距，导致政府在选购设备时，特别是大型项目时，还是倾向于购买国外设备，近十年兴建的污水处理厂的主要设备约80%以上是进口的。

国内外污水处理设备差距比较见表22-2，我国污水处理设备发展趋势见表22-3。

表 22-2　国内外污水处理设备差距比较

主要差距	主要表现
尖端产品少	在我国一般机械产品和初级产品非常多,具有现代化水平的机、电、仪一体化装备非常少,除大型环保骨干企业外,大多数企业缺乏新产品的开发能力
技术水平低	我国 30%~40% 的产品属于国际 20 世纪六七十年代的水平,现行的国产污水处理设备中,约有 1/5 属于限制生产或限期淘汰的产品,2/5 属于需要改进的产品
设备成套和工程化能力弱	具有承担污水处理工程和成套化设备生产能力的企业很少,大多数企业主要从事单机生产和销售
产品出口竞争力差	我国的污水处理设备有一定的出口,但出口产品技术含量不高,出口类别和品种比较单一,出口地区比较狭窄,在国际市场上竞争力不强
企业效益差	除少数企业外,多数污水处理设备制造企业经济效益较差,污水处理设备的综合生产能力远远不能满足国内需要

表 22-3　我国污水处理设备发展趋势

主要特点	具体表现
污水处理设备向人性化、环保化方向发展	重点发展方向:一是污泥后处置(污泥的热干化设备、污泥焚烧设备等);二是除臭(化学除臭设备、生物脱臭设备);三是消毒(紫外线消毒设备、臭氧消毒设备以及二氧化氯消毒设备);四是再生利用(加药设备和膜处理设备——微滤、超滤和反渗透装置);五是节能新工艺与配套;六是传统处理设备的改进
污水处理行业竞争日趋激烈	一是国际知名污水处理设备制造企业为了进一步强化核心竞争力,在资源整合上不仅进行技术融合和产品融合,还进行全球市场的重新布局,推进跨国间的并购,使我国污水处理企业面临更加严峻的挑战;二是行业竞争已从量的竞争转变为质的竞争,新型污水处理设备以及关键材料、核心元器件、专用设备仪器等核心技术基础的研发和制造成为竞争的焦点
污水处理设备逐渐呈现出本土化趋势	随着国内污水处理设备行业的持续发展,我国已经成为国际上众多污水处理设备企业的制造新中心,国际上不少知名的污水处理设备制造企业纷纷在我国投资建厂,如全球最大的污水处理设备制造商瑞士苏拉集团在苏州设厂

22.1.3　污水处理技术的比较及发展趋势

(1)常用污水处理技术分析。污水一般情况下分为四类,即生活污水、工业废水、雨水和其他污水四类。按照污水处理的原理,一般将污水处理技术分为以下三种(见表22-4):一是物理方法,就是利用物理作用对污染物进行去除;二是化学方法,就是利用物质之间的化学反应,将污染物进行转化和分离,最终实现污染物取出的方法;三是生物方法,就是利用微生物对污染物质进行降解,最终实现污水净化的目的。

表22-4 水处理的基本方法

物理法	沉淀法、气浮法、筛网法
化学法	中和法、吹脱法、混凝法、消毒法、处理溶解性物质或胶体法
生物法	好氧法、厌氧法

我国现阶段的城市污水处理主要以生物法为主,物理法和化学法起辅助作用。目前,我国城市污水处理广泛使用的处理技术有传统活性污泥法、延时曝气活性污泥法、SBR、AB、UNITANK和氧化沟工艺、AO和A2O等。这些工艺被证明是行之有效的水污染控制技术。

(2)污水处理技术发展新趋势。

1)物理处理法新技术发展趋势。在进行污水处理中,物理方法一般作为预处理方法进行使用,但是随着污水处理要求的提高和对物理方法进行污水处理研究的深入,不少新的物理方法也被逐渐运用到污水处理中。高磁度分离技术就是常有的一种物理去除污水的方法,其原理为通过高梯度磁分离装置产生强于普通磁分离装置高几个数量级的磁力比,从而使得铁磁性和顺磁性的物质得到分离,并在混凝过程中,使用高磁度分离技术可以对弱磁性甚至反磁性的物质进行有效的去除,该技术目前被普遍使用在钢铁废水的处理中。另一种目前在污水处理中广泛使用的物理新技术就是膜分离技术,该技术的原理主要是利用特殊的半渗透膜对污水中的离子和分子进行分离去除。目前,常使用的膜分离技术一般包括反渗透、纳滤、超滤和微滤四种。通常情况下,膜分离过程就是一个简单的分离过程,并不会发生物质性质的改变,对于运行条件没有什么特别的要求,还具有节能和高效的优点。膜应用领域广泛:环保及低浓度污水处理、食品工业、制药工业、催化剂分离及回收、氯碱工业以及海水及苦咸水淡化、高纯水制备、锅炉用水制备、家用纯水制备。未来,膜法水处理技术有望取代传统工艺。膜工艺产业链如图22-3所示。

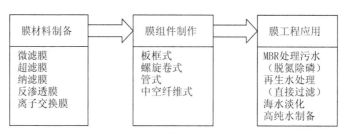

图 22-3　膜工艺产业链

2）化学处理法新技术发展趋势。随着对于污水处理研究的不断深入，运用化学方法对污水进行有效的去除也在不断发展中。最常见的如将原有的单一的活性炭吸附与臭氧联用，出现了臭氧-活性炭法。该方法不仅使得污水的处理效果得到了很大的提升，还使得活性炭的使用寿命得到有效延长，减少了活性炭的用量，从而降低了污水处理的成本。湿式氧化法也是近年来新出现的一种化学处理方法，其对难降解的高浓度有毒有害污水的处理效果非常好，在造纸和石油化工的废水处理方面得到了广泛的使用。使用电化学对污水进行处理也越来越受到人们的重视。很多专家学者对于现有的电化学法进行了有效的改进，将传统的电化学方法与氧化、催化氧化等作用结合起来使用，使得原来使用电化学法处理污水的问题得到了有效的解决。将超声波使用到污水处理中，不仅对于有毒、有害、降解有机物具有极为有效的去除作用，还不会产生任何二次污染。

3）生物处理法新技术发展趋势。在污水处理过程中，由于生物处理方法的二次污染较小，且易于操作，因此是污水处理中被使用最多的方法。随着近年来污水的水质和水量都发生了巨大的变化，该种生物处理方法得到了新的发展，下面就对该方法的新技术发展进行分析。

①活性污泥法的新发展。活性污泥法是用于污水处理的最原始的生物方法，经过多年的发展，其在运行方式上的改进不是很大，即使有也是在局部进行调整。但是对于曝气方式的改进却取得了不小的进步，现在工程实际中，经常使用的曝气方式有纯氧曝气、射流曝气和微气泡曝气。这些新的曝气方式都使得氧转移率得到大幅度的提升，使得氧的利用率得到提高，使污水中污染物的去除效果有很大的提高。活性污泥法还有向多功能方向发展的趋势，通过对活性污泥中的细菌进行培养和驯化，使其成为专有细菌，进而用来处理除生活污水中的污染物外的其他难处理的污染物质，进而使其使用范围得到拓宽。

②生物膜处理法的新发展。生物膜法是一种重要的污水处理方法，从其被使用到现在经历了百年的历史，但仍在不断地发展和改进。近些年，在传统的生物膜法上，发展起来了新的污水处理方法，经常被使用的有高负荷生物滤池、塔式生物滤池、生物转盘、生物接触氧化法、生物流化床。其中生物流化床是近年来新兴的一种污水处理方法，它是由砂、焦炭、活性炭这些颗粒材料为载体材料，通过在其上培养生物膜后，让污水以一定的流速通过，并在此过程中充氧曝气，使得微生物和污水进行充分的接触，进而提高处理效果。其具有处理效果好、处理效率高、BOD 容积负荷大、基本不发生污泥膨胀、耐冲击负荷高等优点。

③厌氧生物处理法的新发展。传统的厌氧生物处理法因为处理效率比较低、处理速度比较慢、系统中的甲烷菌对环境要求较高等缺点，一直没被直接用在污水处理中，而是用其对污泥进行处理。但是近年来随着水污染和能源短缺问题的严重，厌氧生物处理法因其可以产生能源而受到人们越来越多的重视。在现在的工程实践中，出现了很多新的厌氧生物处理法，如厌氧接触氧化、厌氧转盘、厌氧膨胀床、厌氧挡板反应器、厌氧流化床法和上流式厌氧污泥床反应器等。这些新出现的厌氧生物处理法不仅对污水起到了很好的净化作用，还能产生新的能源，称得上一举数得。

22.2 ▶ 天津市污水处理产业发展分析

22.2.1　天津污水处理产业的基础与优势

（1）天津污水处理产业技术水平不断提高。目前，天津污水、污泥处理与资源化技术和国际差距已经明显缩小，中小型污水处理设备成套化和工程化技术、污水处理和污泥后处置新型工艺及装备技术、工业废水深度处理和回用装备技术等居国内先进水平；工业用水处理药剂在国内占有重要地位，拥有多项自主知识产权和国内外专利；膜材料加工、膜技术应用、膜技术产业化等方面国内领先；部分产品和成套设备达到国际先进水平；海水和苦咸水淡化及综合利用技术全面，拥有多项自主知识产权，特别是海水预处理、反渗透、低温多效等方面实现了廉价装备材料的研制及选用、主要设备及部件的研制、系统优化设计等重大突破，达到了当代国际水平。

（2）天津已经形成一批较强实力的领军企业。天津市环保及相关产业通过规划引导、政策扶植、市场竞争、资源重组已经涌现出一批骨干企业，并呈现良好的增长势头，形成了一批有天津特色和品牌的环保优势产品，主要优势产品包括：城市污水处理专用设备、滗水器、曝气器、潜污水泵、带式污泥脱水机、生物膜中水回用成套设备、污水处理药剂等系列产品。领军企业中，天津百利环保装备集团公司自 2001 年成立以来，成功实现了由机械行业向环保产业的调整，取得了环保工程二级资质，开发出污水处理成套设备，成为集污水处理设备科研、设计、销售、服务及工程承包于一体的综合性企业。津南区天津甘泉集团是国内污水泵及其控制系统的重要生产基地和技术中心，在农村地表水及地下水处理、自动化供水、直饮水等供水技术和利用地温取暖技术全国领先。百阳环保设备股份公司在无轴螺旋输送机、螺旋输送压榨机、潜水搅拌机、砂水分离器、旋流沉砂池搅拌机及转鼓转筛浓缩带式脱水机等污水处理设备在行业中享有较高声誉。天津创业环保股份有限公司作为天津环保产业的龙头企业，直接运营天津中心城区 4 座污水处理厂，并投入大量资金对中心城区污水处理厂进行提升改造，通过对污水厂水质过程的控制管理，科学调整工艺，统筹安排生产及维修项目，确保出水水质稳定达标。天津国际机械公司以水处理装备和工程成套环保装备为重点，发展机电"六大成套"和"十大重点产品"，成为集设计、制造、施工、运营为一体的企业集团，目前企业已打开全国市场，相继在重庆、长春等地中标承建污水处理厂项目，年销售收入超过 12 亿元。

（3）天津建设了一批具有典型示范作用的污水处理工程。天津市在城市污水处理及资源化、海水利用、工业有机废水处理、水处理药剂开发、膜技术开发与应用等领域已取得了一批科技成果，并实现了产业化，建成一批科技示范工程并达到国内领先水平。如天津经济技术开发区污水处理厂、塘沽区反渗透海水淡化等示范工程。另外，除完成咸阳路、北仓、纪庄子 3 大污水处理厂建设外，2015 年以前，还要完成双林和张贵庄污水处理厂和咸阳路、东郊、北仓、双林和张贵庄再生水厂的建设。届时，全市污水处理率将达到 90% 以上，1990000m³/d 的污水处理规模和 450000m³/d 再生水量为污水处理和再生利用的设计、设备制造、施工、建设和运营业提供了空间。

（4）天津逐渐成为我国北方环保科技产业新基地。目前，天津已经形成了以天津国际机械产业园和津南密集区为主导的环保产业装备制造业发展布局，形成了以天津百利环保装备集团、津南环保产业密集区为主导的环保产业机械加工基地和规划建设中的开发区国家生态工业园，形成了北方环保科技产业基地的产业化格局。津南环保产业密集区拥有环保设备制造业企业 100余家，拥有 6 个大型环保企业集团公司，环保设备研究所 10 余个，产品涉及水处理各环节，并能承揽水处理领域的大型项目。

22.2.2　天津污水处理产业面临的主要问题

从全球范围比较看，天津污水处理产业整体处于起步阶段，发展潜力巨大。天津在污水处理产业尽管已具备一定发展基础，但仍存在一些问题：一是产业技术创新能力不足，先进技术、产品和服务附加值低；二是企业的龙头带动作用不足、实力欠佳，尚未形成上下游配套企业的规模化聚集；三是企业与高校科研院所联动的能力不足，污水处理技术优势尚未充分利用；四是产业服务体系建设力度不足，服务能力不强；五是产业市场刚刚起步，市场运行效率较低。

22.3 ▶　天津污水处理产业发展对策与建议

当前，天津市经济发展正处在全面上水平的阶段，天津作为中国北方的重要经济中心，天津市污水处理产业应顺应经济发展的需要，以循环经济理念为指导，以市场需求和国家产业政策为导向，以技术创新和体制创新为动力，依托行业龙头企业、高校科研院所和重点项目，培育核心技术能力，提高技术和设备的成套化水平，把污水处理产业的发展与天津市社会经济发展进程中急需解决的重大问题紧密结合起来，积极探索社会化、多元化和市场化的产业发展模式，形成特色鲜明、结构优化的产业发展体系，尽快将污水处理产业培育成为天津市环保产业的核心产业。

（1）加强天津对污水处理关键设备、核心设备的研发。我国污水处理设备在可靠性、防腐性上较进口设备有一定差距，维修工作量要大于进口设备，外观、自动化程度也与进口设备差距较大。从国际视角看，天津污水处理设备制造业今后应重点在稳定产品质量、强化薄弱环节设备方面加强研发制造，例如，考虑到离心脱水机自动化程度高，工作条件好，是污泥脱水设备的发展方向；滗水器随着 SBR 工艺的普及应用将越来越多；回转堰门和水下推进器是污水处理厂中使用数量较多的设备，有国产化的必要；污泥制肥是解决污水厂二次污染、变废为宝的有效措施，等等。今后，天津应重点加强污泥离心脱水机、回转堰门、滗水器、水下推进器、污泥制肥等设备的研制。

（2）加强天津对高效率、低成本污水处理技术的研发。从目前我国发展状况来看，一些投资高、运营成本昂贵的污水处理设备还很难被用户接受。目前，许多二级城市已经建设污水处理厂，但由于负担不起高额的运行费用，而不能保持正常运转。要解决这些难题就必须采用高效率、低投入、低运行成本的污水处理技术与设备，所以在未来的一段时间内，天津积极抓住市场发展机遇，重点开发具有以上优点的新技术、新工艺。

（3）加强天津对脱氮除磷为主的新技术、新工艺研发。目前，我国的许多污水处理厂并不符合处理的要求，在《城镇污水处理厂污染物排放标准》中对污水中的氮和磷都提出明确的指标，污水处理厂要增加设施去除污水中的氮、磷等污染物才能够允许工作和运转。而我国现有的研发技术并没有达到理想效果，因此，探索简便、节能、技术成熟的生物脱氮除磷技术成为目前的当务之急。今后，天津应抓住这一研发热点，加强脱氮除磷新技术、新工艺的研发，在该项新技术研发中，应重点解决技术中的泥龄矛盾、炭源竞争矛盾、空间和时间顺序上的矛盾、硝化和反硝化与有机物降解之间存在矛盾等关键技术问题，以达到更好的脱氮除磷效果。

（4）加强天津对产泥量少且污泥处理方便的污水处理技术研发。污水处理之后会产生数量巨大的污泥，对污泥的处理是污水处理产业中的一个重点和难点。国家环保部门公布的 2010 年污水处理的数据显示，城市污水的平均含固率为 0.02%，湿污泥产量为 9655620t/d，如此巨大的污泥量，再加上污泥成分复杂且含有有毒物质，会对环境造成巨大的污染，因此，一些污水处理企业在进行污水的处理之后，必须想办法对污泥进行二次处理。但从目前来看，有的污水处理企业没有完整的污泥处理工艺，甚至不能将污泥进行干化，这些都为污水处理企业的正常有效运转设置了巨大的阻力，天津应积极抓住这一研发制高点，加强对产泥量少且污泥处理方便的污水处理工艺研发，例如，加强对生物接触氧化法工艺、BIOLAK 工艺、水解—好氧工艺的深入研发等。

（5）加强天津对适用于小城镇污水处理技术和工艺的研发。目前，我国城镇化率达到 52.57%，城镇数量和规模不断扩大，我国小城镇数量不断增多，数量巨大的小城镇每天产生的工业污水和生活废水数量十分巨大，而这些小城镇对污水处理的投入能力有限，因此，投资低、运行成本小、管理相对容易的污水处理技术和设备的应用比较符合小城镇的实际情况，这也是未来一段时间需要努力开发的污水处理技术和工艺，天津应抓住这一时机，加大该领域技术研发。

（6）加强天津政策支持加快培育具有实力的大型企业集团。充分利用环保、科技、技改、节能和中小企业等各类专项资金支持污水处理企业发展，一是通过政策制定和调整，鼓励具有经济实力的民营企业进行跨地区、跨行业、跨所有制的兼并和重组，整合资源，壮大企业规模。二是重点支持企业进行污水处理产业重大项目和市场急需的关键技术、核心产品、名牌产品和拳头产品的自主创新、产品开发、成果转化、示范工程和国产化等项目的贷款贴息、风险担保等。三是通过制定更加优惠的招商引资政策和改善投资环境，积极引进国内外具有较强竞争力的大型企业集团来本市投资建业。

（7）加强天津污水处理产业服务体系建设。充分发挥行业优势资源互动，发挥环保产业协会作用，加强产业服务体系建设。一是逐步建立、完善行业行规，加强行业自律。二是协助企业开拓新技术和新产品市场，促进产业技术进步和企业经营管理水平的提高。三是推动企业之间、企业与外部的联系与合作，做好信息、技术等咨询服务。宣传贯彻国家和本市相关产业政策，搭建面向污水处理企业的专项信息服务和交流平台、企业技术和产品供需合作平台，有效提升信息服务的质量。四是构建行业专家网络库，充分发挥专家的知识、技术、信息优势，帮助企业解决关键技术难题。

说明

原文是笔者撰写的一篇产业技术研究报告，修改后成文。天津是个水资源匮乏和水污染形势严峻的城市，"美丽天津"建设对天津污水处理产业提出了更高的要求。从全国角度来看，天津污水处理产业的整体实力并不突出，但也要看到天津在某些细分技术领域已经走在了全国乃至世界的前列，例如，膜处理技术、污水泵及其控制技术等。面对现状，天津下一步应该怎么走？往哪里走？靠什么走？这成为笔者主要思考的问题，为此展开本文研究。希望本文的分析对相关政府、企业制定产业规划或研发计划有所裨益。

第23章

我国混凝土输水管道产业
技术研发重点、趋势与战略

我国混凝土输水管道产量居世界前列，混凝土输水管道产业的发展对于提升我国基础设施建设质量，加快城市化建设进程，促进国民经济快速持续发展，具有重大意义。

1856 年国际上 RCP 研制成功，1905 年 PCP 研制成功，1939 年法国邦纳管道公司（BONNA）研制成功 PCCP 并在北美、法国、俄罗斯、日本、韩国、德国、比利时以及中东各国开始广泛使用，而我国直到 2005 年 4 月才开始采用 PCCP。整体上看，我国虽然是世界混凝土输水管道制造大国、产量大国、需求大国，但是在混凝土输水管道研发方面却落后于国外，突出表现在大口径、抗压性、使用寿命、耐腐蚀性、抗渗性、密封性、抗震性等技术方面，技术受制于人，也就导致我国在海外承揽的高端项目往往难以获取应有的高端价值，导致我国混凝土输水管道产业总体处于"大而不强"的状态。因此，进一步明确我国混凝土输水管道产业研发重点、研发趋势，并提出可行的发展战略就显得尤为迫切和重要。

23.1 ▶ 分析方法与数据来源

专利是发明创造的结晶，也是世界上最大的技术信息源，通过分析大量的专利数据能够很好地了解行业技术研发动态、把握研发趋势，掌握竞争对手研发实力。本文拟采用专利管理图、专利技术图等分析方法，从专利分析角度对我国混凝土输水管道产业技术状况进行客观、科学的评价。

数据来源于中国专利数据库（CNPAT）和德温特世界专利数据库（WPI），在年限上主要采用从 1983 年至 2012 年在专利数据库中已公开的数据，在检索范围上主要围绕管口接头设计、管体复合材料设计和管身结构设计三个方面。经过数据整理，得到有效专利 202 项。

23.2 ▶　分析结果与讨论

23.2.1　专利申请与发展趋势分析

（1）我国的专利申请逐渐进入高速发展期。我国专利法于 1985 年开始实施，因此，我国的专利申请整体较晚。根据检索的专利绘制出我国混凝土管类专利历年动向图，如图 23-1 所示，可以看出，1997 年以前我国混凝土输水管道行业年均申请专利数量较少，年均申请量保持 1~3 件，起伏波动不大，该阶段基本处于萌芽期；1997—2001 年出现专利申请的两个小波峰，2002—2006 年出现第三个波峰，最多年专利申请量达到 10 件/年，波峰高度依次呈现递增趋势，该阶段基本处于成长期；2006 年，我国专利申请量开始突飞猛进，至 2010 年行业申请量达到 80 件/年，行业进入快速壮大期。再结合图23-2 所示的混凝土管类专利技术生命周期图，可以明显看出行业整体技术发展呈现出往复式前进形态，并且近年专利申请量逐渐形成突增态势，这也表明已有较多的企业开始投入研发，行业整体上进入技术研发活跃期。

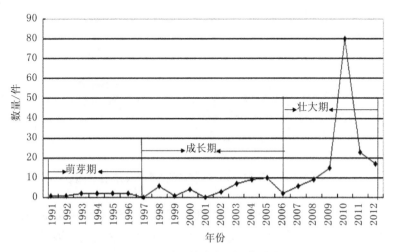

图 23-1　混凝土管类专利历年动向图

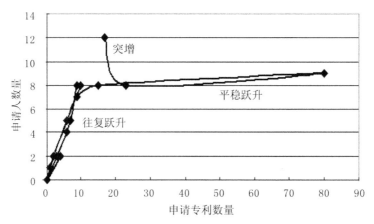

图 23-2　混凝土管类专利技术生命周期图

（2）管口接头、管体复合材料和管身结构设计是专利申请的热点技术领域。通过对检索的 202 项混凝土输水管类专利进行 IPC 分类，发现管口接头设计领域（F16L）专利申请数量最多，占总数的 30.2%；其次为管体复合材料设计领域（B28B、B32B），其专利数量占总数的 23.3%；再次为管身结构设计领域（E01C、E02D、E03F、E04C），专利占比为 15.8%；其他技术领域共占 30.7%。通过对三领域专利申请发展趋势分析，如图 23-3 所示，发现2009 年是专利申请量的重要转折点，在 2009 年以前三领域平均年度专利申请量不超过 5 项，2009 年以后年度平均达到 15 项左右。

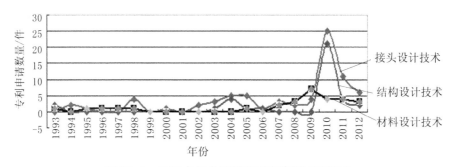

图 23-3　三重点技术领域专利申请发展趋势图

（3）管口密封性能、管体抗渗性能、防腐性能是专利申请的热点功能领域。从功效角度对检索专利进行分类，见表 23-1，发现主要涉及管口密封性能、管体抗渗性能、防腐性能、抗裂性能和抗震性能 5 个功能方面。从 1993年到 2012 年申请的不同功效专利数量来看，侧重管口密封性能专利最多，为

100项，占总数的49.5%；其次为管体抗渗性能专利，申请量约占总数的15.8%，防腐性能专利约占总数的11.3%，抗裂性能专利约占总数的5.4%，抗震性能专利约占总数的1.4%。由此可见，管口密封性能、管体抗渗性能、防腐性能方面的研究是行业所关注的热点；另外，从专利申请的年份分布看，均呈现出明显的递增趋势。

表23-1 技术功效年份分布表

年份＼功效	管口密封性能方面专利（项）	管体抗渗性能方面专利（项）	防腐性能方面专利（项）	抗裂性能方面专利（项）	抗震性能方面专利（项）	其他方面（项）
1993—1997年	3	3	3	0	0	1
1998—2002年	6	2	0	0	1	4
2003—2007年	15	3	3	4	2	10
2008—2012年	76	24	17	7	0	18
汇　总	100	32	23	11	3	33

23.2.2 技术研发重点与发展趋势分析

（1）管口接头技术分析。由图23-3可以看出，整体上，管口接头技术领域自2002年专利申请开始活跃起来，并在2003—2005年出现第一个较为明显的波峰，2010年达到最高值25项，近年该领域研发活动升温显著。通过绘制该领域的细分技术年份分布趋势表，见表23-2。可以看出，管头复合结构设计技术（技术2）专利量最多，约占总数的38%，其次，依次是管口设置承插口钢环技术（技术4）占23%，管口添加密封圈技术（技术5）占17%，密封圈与管头复合结构结合技术（技术7）占12%，密封膏技术（技术1）占5%，密封膏与管头复合结构结合技术（技术3）占3%，密封圈与密封胶结合技术（技术6）占2%；再从各细分领域专利申请趋势看，最近三年技术中以管头复合结构设计技术、设置承插口钢环技术、密封圈技术最为活跃，是当前和今后的研发重点。

表 23-2　管口接头设计细分领域技术年份分布趋势表

年份 技术代码	1993— 1997 年	1998— 2002 年	2003— 2007 年	2008— 2012 年	重点技术
技术 1	1	1	1	1	密封膏（填沥青麻絮、热熔胶、树脂基复合材料等）
技术 2	1	2	3	17	管头复合结构（如承口及插口部位开密封槽、连接钢筒、钢丝网片筒、固装内环台、开凿压齿、玻璃钢插头、塑料插头、外设高分子材料加强圈、可直焊接头等）
技术 3	0	0	0	2	密封膏与管头复合结构结合
技术 4	0	2	1	11	设置承插口钢环（凹式、凸出式等）
技术 5	0	1	5	4	密封圈（橡胶、弹性塑料圈等）
技术 6	0	0	1	0	密封圈与密封胶结合
技术 7	1	0	2	4	密封圈与管头复合结构结合（如承插口设环状凸台加内置密封圈）

　　（2）管体复合材料设计技术分析。管体复合材料设计技术在 2006 年以前仅有少量的专利申请，2006 年后才有了一定的发展，专利申请量逐年增加，到 2009 年达到顶峰，申请数量达到 7 项；再从专利内容看，申请的专利往往是一些常用管材的组合应用，涉及对新材料的合成和应用较少，重大技术突破更少。

　　对管体复合材料设计技术进行细分领域技术统计，结果见表 23-3，发现主要集中在化学防腐涂层、改良混凝土、纤维增强混凝土管、玻璃钢材料和塑料材料的使用等 7 个子技术领域，其中，改良混凝土（技术 9）和化学涂层（技术 8）两个细分技术领域专利申请量最多，分别占总数的 25% 和 17%；再从这两类技术年份分布趋势看，化学涂层防腐技术和改良混凝土技术在 2003 年后，申请活动开始活跃，并且在 2010 年前后达到新的申请高潮，预计今后该领域仍是管体复合材料技术研发的热点。

表 23-3 管体复合材料设计细分领域技术年份分布趋势表

技术代码 \ 年份	1993—1997 年	1998—2002 年	2003—2007 年	2008—2012 年	重点技术
技术 8	2	0	3	4	化学防腐涂层（水性环氧树脂、环氧煤焦油等）
技术 9	3	1	1	7	改良混凝土（硅酸盐、矿渣、防水剂、阻水剂、粉煤灰、细石混凝土、石粉、石蜡）
技术 10	1	0	0	5	纤维增强混凝土管（钢纤维、布纤维等）
技术 11	0	0	0	4	玻璃钢内护
技术 12	1	0	0	7	玻璃钢护套外护
技术 13	0	0	0	2	外衬塑料套筒
技术 14	0	0	2	4	内衬塑料套筒

（3）管身结构设计技术分析。从数量上看，管身结构设计技术领域的专利比较少，占检索专利总数的 15.3%，由表 23-4 管身结构设计细分领域技术年份分布趋势表可以看出，2008 年以前，该领域技术发展比较缓慢，研发重点主要为双层复合管道技术（技术 19）（该技术主要是指混凝土管道内层为水泥砂浆，外层为树脂或其他保护层）；2008 年以后，随着我国专利申请量的大幅度增加，管道结构关键设计技术也取得了一定突破，研发重点集中在采用钢筒、钢丝网片取代传统钢筋骨架设置（技术 15 和技术 16）方面。预计，今后各种新型的钢筋骨架局部改进设计技术将会逐步活跃。

表 23-4 管身结构设计细分领域技术年份分布趋势表

技术代码 \ 年份	1993—1997 年	1998—2002 年	2003—2007 年	2008—2012 年	重点技术
技术 15	0	0	0	8	采用钢筒、钢丝网片取代钢筋骨架设置纵筋
技术 16	0	0	0	8	采用钢筒、钢丝网片取代钢筋骨架无纵筋
技术 17	0	0	3	4	内嵌装钢筒且预应力钢丝外绕、制有保护层
技术 18	0	0	1	4	圆柱形钢筋骨架、预应力钢丝外绕且制有保护层（顶管）

年份 技术代码	1993— 1997 年	1998— 2002 年	2003— 2007 年	2008— 2012 年	重点技术
技术 19	3	0	0	0	双层复合管（内层水泥砂浆）
技术 20	0	0	1	0	外护钢套

23.2.3 技术功效分析

管口接头设计、管体复合材料设计、管身结构设计 3 个领域的专利技术功效主要体现在提升管口密封性能、提升管体抗渗性能、提升防腐性能、提升抗裂性能和提升抗震性能 5 个方面。根据检索专利的主要功效，绘制专利技术功效矩阵表见表 23-5，发现管口接头设计技术的第一功效是提高管口密封性能，第二功效是提升抗震性能；管体复合材料设计技术（含内壁涂层设计）第一功效是提高管体的防腐性能，第二功效是提升管体抗渗性能；管身结构设计技术（除管口外部分）的第一功效是提高管体的抗渗性能，第二功效是提高管体的抗裂性能。另外，通过专利技术功效分布还可以看出，针对提升管口密封性的管口接头设计技术数量最多，占总数的 40.8%，属于技术密集区；针对提升抗裂性能的管体复合材料设计技术和针对提升抗震性能的管口接头设计技术专利最少，均占总数的 2.6%，属于技术匮乏区；尚未在管体复合材料设计技术和管身结构设计技术领域检索到其首要功效是提升抗震性能的专利，因此基本判定这两个区域属于尚未开发区；再从专利申请数量发展趋势以及我国混凝土输水管道产业市场需求两方面考虑，今后，针对提升管体防腐性能的管体复合材料设计技术以及提升管道抗渗性能的管身结构设计技术两方面，会有较大的技术开发空间和市场空间，这两部分今后可能会成为我国混凝土输水管道产业发展最有利可图的部分。

表 23-5　专利技术功效矩阵表

技术类别 技术功效	管口接头设计 技术（项）	管体复合材料 设计技术（项）	管身结构设计 技术（项）
管口密封性能 （密封性能）	47 （技术密集区）		
管体抗渗性能		12	19 （有利可图区）

技术类别 技术功效	管口接头设计 技术（项）	管体复合材料 设计技术（项）	管身结构设计 技术（项）
防腐性能		14 （有利可图区）	8
抗裂性能		3 （技术匮乏区）	9
抗震性能	3 （技术匮乏区）	（尚未开发区）	（尚未开发区）

23.3 ▶　结论与建议

　　根据上述对我国混凝土输水管道产业专利技术具体分析，结合我国该产业结构现状，就我国未来混凝土输水管道产业发展提出以下几点建议。

　　（1）立足国情，根据不同技术领域发展状况，做好产业重点技术研发布局。我国虽然是混凝土输水管道生产大国，但还不是研发强国，面临当前世界新一轮的研发高潮，我国应该根据混凝土输水管道产业在不同细分领域的研发实力，做好技术研发布局：一是在管口接头技术领域重点做好管头复合结构设计技术、设置承插口钢环技术、密封圈技术3方面的研发工作，力争形成更大研发优势；二是在管体复合材料设计技术领域重点做好化学涂层防腐技术和改良混凝土技术这两方面的研发工作，同时还应加大对管体新材料的合成与应用研究，争取实现管材技术领域的重大突破；三是在管身结构设计技术领域应重点做好采用钢筒、钢丝网片取代传统钢筋骨架的设置技术研究，力争实现新工艺和新技术的突破。

　　（2）根据产业技术功效研发热点和不同区域的专利集聚度，规划产业发展方向。一是为提升管口密封性能进行研发的技术密集区，重点加大技术成果的转化力度，尽快实现高端技术的产业化；二是对提升管体抗渗性能和防腐性能的有利可图区，应继续加强产业研发力度，争取实现更多关键技术突破，进一步提升产品的抗渗性能和防腐质量；三是对抗裂性能和抗震性能方面的技术匮乏区，建议采用国外先进技术引进、消化和再吸收的战略路径，推动其稳步发展。

　　（3）加强对我国混凝土输水管道产业技术创新与成果转化的支持力度。

从专利技术含量上看，我国混凝土输水管道产业的重大技术突破较少，技术质量与国外仍有较大差距，这也造成了我国混凝土输水管道企业在国际地位上的缺失，今后随着国内外市场对高质量混凝土输水管道需求的持续增长，我国应进一步加大对混凝土输水管道的研发、转化与产业化支持力度。建议：一是以项目形式加大对企业技术研发的投资支持力度，帮助企业尽快研发一批关键技术成果；二是鼓励混凝土输水管道生产企业走产学研合作发展之路，积极组织大型企业与高校、科研院所等研发机构的联合攻关力度，推进双方的优势互补、协同发展，缩短新产品的开发和上市进程；三是制定新产品的出口补贴与税收优惠政策，加强企业对现有高端技术的成果转化力度，尽快形成一批质量高、效益好、利润大的新产品，尽快占领国际高端市场；四是由政府出资，聘请专业技术咨询机构，帮助一批研发实力较强的企业制定企业成长技术路线图，从国际角度规划企业研发蓝图，为企业发展指路导航。

说明

原文收录于第四届中国技术未来分析论坛论文集，本文略有修改。我国是混凝土输水管道生产大国、产品输出大国，明确产业研发重点、研发趋势和技术功效情况意义重大，时值笔者受北京工业大学黄鲁成产业技术分析团队邀请，做第四届中国技术未来分析论坛主题演讲。基于此，结合笔者当时负责的企业专利发展战略研究报告，形成了该章研究内容。文中针对我国混凝土输水管道研发的不足点，提出的产业技术研发布局、产业发展方向和促进产业技术创新与成果转化等相关措施，对企业或政府制定相关发展规划具有一定参考价值。

参考文献

［1］蔡坚. 产业创新链的内涵与价值实现的机理分析［J］. 技术经济与管理研究，2009
（6）：53-55.

［2］王富贵，曾凯华. 基于科技创新链视角的科技服务业内涵探析［J］. 现代经济信息，
2012（9）：23-25.

［3］代明，梁意敏，戴毅. 创新链解构研究［J］. 科技进步与对策，2009（3）：
157-160.

［4］Luoma-aho, Vilma, Saara Halonen. Intangibles and Innovation：The Role of Communica-
tion in the Innovation Ecosystem［J］. Innovation Journalism, 2010, 7（2）：1-19.

［5］Russell M G, Still K, Huhtamaki J, et al. Transforming Innovation Ecosystems through Shared
Vision and Network Or Chestration［R］. Triple Helix IX International Conference, 2011.

［6］黄敏. 基于协同创新的大学学科创新生态系统模型构建的研究［D］. 重庆：第三军
医大学，2011.

［7］杜德斌. 破解创新密码［N］. 文汇报，2012-11-21（12）.

［8］张运生. 高科技企业创新生态系统风险识别与控制研究［J］. 财经理论与实践，
2008，29（3）：113-116.

［9］张利飞. 高科技产业创新生态系统耦合理论综评［J］. 研究与发展管理，2009，21
（3）：70-75.

［10］柯文. 打造完备的创新生态系统［N］. 上海科技报，2012-11-07（01）.

［11］刘芹. 产业集群升级研究述评［J］. 科研管理，2007（5）：57-62.

［12］林森，苏竣，张雅娴，等. 技术链、产业链和技术创新链：理论分析与政策含义［J］.
科学学研究，2001（4）：28-36.

［13］严北战. 基于"三链"高级化的集群式产业链升级机理［J］. 科研管理，2011
（10）：64-70.

［14］Cadiss Y, von Hippel. Modeling a paradigm shift：from producer innovation to user and
open collaborative Innovation［J］. MIT sloan Research, 2010, 5（9）：406-419.

［15］Von Hippel E. Lead users：A source of novel product concepts［J］. Management science,
1986, 32（7）：791-805.

[16] 刘长虹. 基于增长极和产业集群理论的高新区发展模式研究 [J]. 探讨, 2011 (3)：80-81.

[17] 高雪莲. 基于钻石模型的集群竞争优势的比较 [J]. 中国科技论坛, 2009 (11)：140-142.

[18] 刘志彪, 张杰. 全球代工体系下发展中国家俘获型网络的形成、突破与对策——基于 GVC 与 NVC 的比较视角 [J]. 中国工业经济, 2007 (5)：39-47.

[19] 蔡宁, 吴结兵. 企业集群的竞争优势：资源的结构性整合 [J]. 中国工业经济, 2002 (7)：45-50.

[20] 张辉. 全球价值链下地方产业集群升级模式研究 [J]. 中国工业经济, 2005 (9)：11-18.

[21] 邢超. 创新链与产业链结合的有效组织方式——以大科学工程为例 [J]. 科学学与科学技术管理, 2012 (10)：57-60.

[22] Von Hippel E. Open source software projects as user innovation networks [J]. MIT sloan school of Management, 2002, 3 (2)：267-278.

[23] Birol Mercan, Deniz Göktas. Components of Innovation Ecosystems：A Cross-Country Study [J]. International Research Journal of Finance and Economics, 2011, 76：102-112.

[24] 李海超, 齐中英. 美国硅谷发展现状分析及启示 [J]. 国际经济观察, 2009 (6)：82-83.

[25] 覃朝晖. 欧洲工业园区发展经验借鉴及启示 [J]. 商业时代, 2010 (23)：131-133.

[26] 高秀艳, 邵晨曦. 国外高技术产业发展的几点启示 [J]. 沈阳大学学报 (社会科学版), 2013 (2)：10-13.

[27] 马晓国, 李宗植, 管军. 产业融合理论及发展江苏信息产业的分析 [J]. 科学学研究, 2006 (8)：158-162.

[28] 王征, 黄南. 产业融合：机理、走势与效应 [J]. 金陵科技学院学报 (社会科学版), 2014 (2)：6-10.

[29] 邢超. 创新链与产业链结合的有效组织方式 [J]. 科学学与科学技术管理, 2012 (10)：116-120.

[30] 薛捷, 张振刚. 科技园区的创新链、价值链及创新支持体系建设 [J]. 科技进步与对策, 2007 (12)：58-61.

[31] 曹洋, 陈士俊, 王雪平. 科技中介组织在国家创新系统中的功能定位及其运行机制研究 [J]. 科学学与科学技术管理, 2007 (4)：21-24.

[32] 崔永华, 王冬杰. 区域民生科技创新系统的构建 [J]. 科学学与科学技术管理, 2011 (7)：86-91.

[33] 洛光林. 浙江省科技服务体系的现状和发展思路 [J]. 科研管理, 2008 (5)：145-151.

［34］李晓锋，王双双，赵志强. 天津市生产力促进中心建设思路与发展对策研究［J］. 科学管理研究，2011（3）：34-37.

［35］李晓锋. 基于科技型中小企业成长视角的新型科技服务平台建设研究［J］. 科技与经济，2011（6）：61-65.

［36］程元栋，李开红，张春华. 我国科技中介机构的发展策略［J］. 改革与战略，2005（4）：26-28.

［37］刘锋，王永杰，陈光. 我国科技中介组织发展的国际比较及发展趋势研究［J］. 中国科技论坛，2005（3）：49-53.

［38］钟卫东，孙大海. 我国企业加速器的实践与思考［J］. 中国科技产业，2007（12）：56-59.

［39］何科方，钟书华. 国内"企业加速器"研究综述［J］. 科技进步与对策，2009（10）：152-155.

［40］傅梅烂，秦辉，王义嘉. 科技型中小企业各成长阶段的生命体特征［J］. 商业研究，2005（9）：34-36.

［41］程郁，王胜光. 从"孵化器"到"加速器"［J］. 中国科技论坛，2009（3）：76-81.

［42］王国红，陈中源，唐丽艳. 二次孵化——科技企业孵化器未来发展的必由之路［J］. 科学学与科学技术管理，2008（12）：24-28.

［43］李晓锋. 基于科技型中小企业成长视角的科技服务平台［J］. 科技与经济，2011（6）：61-65.

［44］李春成，马虎兆，和金生. 区域服务业创新影响因素的实证分析——以天津市为例［J］. 中国科技论坛，2008（9）：31-35.

［45］程梅青，杨冬梅，李春成. 天津市科技服务业的现状及发展对策［J］. 中国科技论坛，2003（3）：71-75.

［46］李春成. 科技服务体系建设实务［R］. 天津：天津市科学学研究所，2012.

［47］刘会武. 科技服务体系建设指导［R］. 北京：中国科学院科技政策与管理科学研究所，2012.

［48］张平. 我国科技企业孵化器企业化运营研究［J］. 软科学，2004（1）：67-70.

［49］梁琳，刘先涛. 科技企业孵化器自我孵化能力研究［J］. 科技管理研究，2006（1）：137-139.

［50］袁楚. 访车库咖啡创始人［J］. 互联网天地，2011（6）：32-34.

［51］吴炜. 车库咖啡为创业者飘香［J］. 中关村，2012（4）：23-25.

［52］王德禄. 从创业主题咖啡馆看人脉网络建立［J］. 中关村，2011（10）：38-39.

［53］卢锐，盛昭瀚，袁建中. 政府主导与我国企业孵化器的发展［J］. 科研管理，2001（3）：15-21.

［54］马媛，侯贵生，尹华. 技术创新的演变：从传统到绿色［J］. 科技管理研究，2014（19）：11-15.

［55］赵夫增，丁雪伟. 基于互联网平台的大众协作创新研究［J］. 中国软科学，2009（5）：63-72.

［56］宋刚，张楠. 创新2.0：知识社会环境下的创新民主化［J］. 中国软科学，2009（10）：140-143.

［57］张健，姜彦福，林强. 创业理论研究与发展动态［J］. 经济学动态，2003（5）：71-74.

［58］朱仁宏. 创业研究前沿理论探讨——定义、概念框架与研究边界［J］. 管理科学，2004，17（4）：71-74.

［59］买忆媛，周嵩安. 创新型创业的个体驱动因素分析［J］. 科研管理，2010，31（5）：11-21.

［60］张小宁，赵剑波. 新工业革命背景下的平台战略与创新——海尔平台战略案例研究［J］. 科学学与科学技术管理，2015（3）：77-86.

［61］景步云. 联合技术公司研发管理模式研究［D］. 上海：上海交通大学，2009.

［62］林强，姜彦福. 中国科技企业孵化器的发展及新趋势［J］. 科学学研究，2002，20（2）：198-201.

［63］刘晨静. 我国孵化器发展新模式的分析与研究［J］. 经营管理者，2015（4）：172-173.

［64］陈德权. 生产力促进中心发展模式与危机化解战略研究［J］. 中国科技论坛，2007（9）：23-24.

［65］丁希良，赵居杰. 国有特大型企业创办生产力促进中心的运行模式［J］. 科技进步与对策，2000（17）：33-34.

［66］科学技术部. 中国生产力促进中心发展报告［M］. 北京：新华出版社，2002：16-19.

［67］王雨生，刘久贵，刘彦. 面对增强经济竞争力的挑战——中国生产力促进中心协会赴台澳考察报告［J］. 中国软科学，1999（11）：111-116.

［68］武贵龙. 建立国家技术转移中心 推动企业技术创新［J］. 中国高等教育，2001（19）：27-28.

［69］李健. 生产力促进中心应成为中小企业的助推器［J］. 中国科技产业，2002（8）：10-12.

［70］杜传忠，郑丽. 我国资源环境约束下的区域工业效率比较研究［J］. 中国科技论坛，2009（10）：66-71.

［71］武建龙，陶微微，王宏起. 基于专利地图的企业研发定位方法及实证研究［J］. 科学学研究，2009（2）：220-223.

［72］刘永春. 基于 DEA 方法的中国工业效率研究［J］. 生产力研究，2007（18）：103-105.

［73］齐月升. 论我国质检机构的发展趋势及其对策［J］. 质量管理，2002，9（4）：1-11.

［74］谢东，王涛. 形成优势项目应对市场竞争［J］. 电子信息，2007，2（10）：2-6.

［75］吴白云. 实验室认可是质检机构发展的必然趋势［J］. 计量与测试技术，1999，5（2）：21-26.

［76］陈德胜. 硅谷、筑波和新竹三个高新区创新模式的比较研究［J］. 现代企业教育，2006（8）：173-174.

［77］唐礼智. 硅谷模式的模仿与创新［J］. 城市问题，2007（10）：91-95.

［78］罗良忠，史占中. 硅谷与 128 公路——美国高科技园区发展模式借鉴与启示［J］. 研究与发展管理，2003（6）：50-54.

［79］刘希宋，甘志霞. 硅谷与 128 公路地区的对比分析及对我国高技术园区发展的启示［J］. 研究与发展管理，2003（5）：53-57.

［80］王季，刘新宇，于静. 新竹高技术产业集群的国际化路径［J］. 现代管理科学，2007（4）：64-65.

［81］高雪莲. 基于钻石模型的集群竞争优势的比较［J］. 中国科技论坛，2009（11）：140-142.

［82］刘长虹. 基于增长极和产业集群理论的高新区发展模式研究［J］. 探讨，2011（3）：80-81.

［83］曾建国，唐金生. 斯坦福研究园与新竹科技园发展模式之比较［J］. 南华大学学报（社会科学版），2006（7）：42-45.

［84］罗晖. 我国高新区增长因素的实证分析［J］. 科研管理，2006（2）：66-70.

［85］杨亚琴. 中关村高科技园区的发展经验与启示［J］. 中国经济，2012（10）：27-30.

［86］郑永平，郑庆昌. 中心城区高新技术产业发展的战略选择［J］. 科技和产业，2009，9（4）：13-16.

［87］邓心安. 新时期制定科技规划的背景与思考［J］. 科技导报，2000（8）：56-57.

［88］宋有涛，仵凤清. 我国地方科技规划现状与对策［J］. 辽宁大学学报（哲学社会科学版），2008，36（3）：1-5.

［89］夏劲. 地方科技规划工作的特点与原则［J］. 科技进步与对策，2001，18（9）：74-76.

［90］Anderson James. Public Policy Making［M］. New York：Praeger，1975.

［91］沈小瑞，熊灵. 中国企业海外跨国并购的特征及战略趋向分析［J］. 国际经济合作，2008（12）：19-22.

[92] 胡峰. 中国企业海外并购的特点及公共政策支持 [J]. 云南民族大学学报，2006
(5)：178-181.

[93] 李自杰，李毅，曹保林. 中国企业海外并购的特征、问题及对策研究——基于141
起海外并购案例 [J]. 东北大学学报（社会科学版），2010，12（4）：311-316.

[94] 陈凯莉. 中国企业海外并购热潮的冷思考 [J]. 黑龙江对外经贸，2010（8）：
38-39.

[95] 吴敏敏. 金融危机下中国企业海外并购存在的风险与对策 [J]. 经营管理者，2009
(8)：51.

[96] 李自杰，李毅，曹保林. 金融危机下中国企业海外并购的特征、问题及对策研
究——基于对外经济贸易大学跨国并购数据库中国企业海外并购的实证分析 [J].
经济问题探索，2010（4）：152-157.

[97] 李敏. 后危机时代中国企业海外并购的机遇与挑战 [J]. 财政监督，2011（5）：
79-80.

[98] 赵伟. 中国企业"走出去"——政府政策取向与典型案例分析 [M]. 北京：经济
科学出版社，2004.

[99] 卢进勇，张之梅. 自主知识产权与企业"走出去"战略 [J]. 国际经济合作，2007
(2)：26-30.

[100] 孔令国，高天柱. 中国企业走向中亚地区的知识产权策略研究及建议 [J]. 中国
发明与专利，2015（6）：113-115.

[101] 王健. 国内外促进外资研发机构的技术溢出政策及其对北京的启示 [J]. 科技智
囊. 2008（5）：30-37.

[102] 刘华林，张仁开. 促进外资研发机构融入上海创新体系对策研究 [J]. 城市管理，
2013（9）：59-62.

[103] 张仁开. 我国利用外商 R&D 资源提升自主创新能力的问题与对策 [J]. 科技与经
济，2007（4）：36-39.

[104] 杜德斌. 跨国公司 R&D 全球化的区位模式研究 [M]. 上海：复旦大学出版
社，2001.

[105] 安德宏. 基于企业集群整合的高新技术产业园区建设研究 [J]. 财经问题研究，
2008（7）：119-123.

[106] 李明中. 区域产业核心竞争力架构分析 [J]. 科技进步与对策，2003（5）：
60-61.

[107] 范太胜. 区域产业核心竞争力研究：持续竞争优势的来源 [J]. 科技和产业，
2006，6（6）：44-47.

[108] 彭慧梅. 区域产业核心竞争力探析 [J]. 研究探索，2007（12）：10-11.

[109] 汪敏. 区域产业核心竞争力理论探析 [J]. 产经透视，2009（12）：53-54.

[110] 薛健徐，田江. 关于加快培育发展我省战略性新兴产业的思考 [J]. 陕西发展和改革，2010（2）：19-20.

[111] 刘丽芳，沈菊琴. 基于钻石模型对江苏省电子产业的核心竞争力分析 [J]. 价值工程，2005（6）：23-25.

[112] 罗斯托. 经济成长阶段 [M]. 北京：商务印书馆，1962：62.

[113] 施蒂格勒. 产业组织和政府管制 [M]. 上海：上海人民出版社，1996：30.

[114] 邱元柱，尹德山. 天津市传统优势产业技术升级战略与对策 [J]. 科学观察，2008（2）：21-23.

[115] 吴新银，刘平. 专利地图研究初探 [J]. 研究发展与管理，2003（5）：88-92.

[116] 王伯安. 基于熵值法的中国石化行业竞争力评价 [J]. 科学学与科学技术管理，2009（5）：197-199.

[117] 杨青，潘杰义，李燕. 基于熵值法的城市竞争力评价 [J]. 武汉：统计与决策，2008（9）：62-64.

[118] 王晓蓉，于晓虹. 熵值法及其在商业银行绩效评价中的应用 [J]. 哈尔滨：商业研究，2005（17）：70-73.

[119] 张文彤. SPSS11 统计分析教程（高级篇）　[M]. 北京：北京希望电子出版社，2002.

[120] 天津统计局. 天津统计年鉴（2008）[M]. 北京：中国统计出版社，2008.

[121] 张帆，肖国华，张娴. 专利地图典型应用研究 [J]. 科技管理研究，2008（2）：190-193.

[122] 虞晓芬，傅玳. 多指标综合评价方法综述 [J]. 统计与决策，2007（11）：119-121.

[123] 周元. 发展中国家区域科技指标设计框架 [J]. 中国软科学，1996（5）：111-114.

[124] 王伟光，唐晓华. 技术创新能力测度方法综述 [J]. 中国科技论坛，2003（4）：39-42.

[125] 郝丹炀. "互联网+" 与传统行业未来形态 [J]. 商，2015（3）：231.

[126] 唐德淼. 新工业革命与互联网融合的产业变革 [J]. 财经问题研究，2015（8）：24-29.

[127] 许慧珍. 转型升级形势下传统产业与电子商务融合发展研究——以广东省汕头市为例 [J]. 科技管理研究，2014（10）：149-153.

[128] 沈毅. 地方产业集群 "一体两翼" 升级模式探索 [J]. 理论与研究，2012（6）：48-50.

[129] 工业和信息化部. 印发《钢铁工业 "十二五" 发展规划》的通知 [EB/OL].[工信部规（2013）362 号] http://www.miit.gov.cn/n11293472/n11293832/n12843926/n13917012/15671262.html.

[130] 陈荣. 中国钢铁产业国际竞争力的实证分析 [J]. 商业研究, 2008 (10): 74-75.

[131] 吴义爽, 蔡宁. 中国集群跨越式升级的"跳板"战略研究 [J]. 中国工业经济, 2010 (10): 55-64.

[132] 李朝晖. 试论我国钢铁工业的战略性结构调整 [J]. 武汉科技大学学报 (社会科学版), 2002 (9): 26-29.

[133] 冯梅, 陈鹏. 中国钢铁产业产能过剩程度的量化分析与预警 [J]. 中国软科学, 2013 (5): 71-77.

[134] 岳志春, 陈雪娇, 张晓蕊. 河北省钢铁产业循环经济发展现状调查研究 [J]. 河北工程大学学报 (社会科学版), 2014 (1): 9-12.

[135] 韩英, 罗守权. 金融危机对中国钢铁产业的影响及对策 [J]. 生产力研究, 2010 (10): 198-200.

[136] 郭德生, 崔海卫, 王楠. 钢铁企业实施循环经济及节能减排优选项目评述 [J]. 节能, 2013 (7): 21-25.

[137] 中国环境保护产业协会脱硫脱硝委员会. 我国火电厂脱硫脱硝行业 2012 年发展综述 [J]. 中国环保产业, 2012 (6): 20-24.

[138] Fu Y, Diwekar U M. Cost effective environmental control technology for utilities [J]. Advancesin Environmental Research, 2004, 8 (2): 173-196.

[139] 陈伟华, 任先文, 王保健, 等. 脉冲放电等离子体烟气脱硫脱硝工业试验研究 [J]. 环境污染治理技术与设备, 2006, 7 (9): 21-26.

[140] 环发〔2011〕63 号, 国家环境保护"十二五"科技发展规划 [S]. 中华人民共和国环境保护部, 2011.

[141] 环境保护部: 将加大火电厂氮氧化物排放控制力度 [N]. 中国环境报, 2010-2-5. http://www.chinabidding.com.cn/zbw/dlpd.

[142] 邱广明, 宁占武, 兰学军. 烟气脱硫脱硝技术的回顾与综合利用 [J]. 内蒙古电力技术, 2000, 18 (5): 8-9.

[143] 李晓锋, 祝艳萍. 基于专利地图的企业专利战略制定方法及实证研究 [J]. 中国科技论坛, 2010 (6): 81-85.

[144] 赖院根, 朱东华, 胡望斌. 基于专利情报分析的高技术企业专利战略构建 [J]. 科研管理, 2007 (9): 157-162.

[145] 刘平, 张静, 戚昌文. 专利技术图制作方法实证分析 [J]. 科研管理, 2006, 27 (6): 109-117.